現代経営戦略の展開

林 昇一・高橋宏幸 編著

中央大学経済研究所
研究叢書 53

中央大学出版部

はしがき

　本書は，中央大学経済研究所に設けられた現代戦略問題研究会の研究成果を，中央大学経済研究所研究叢書として刊行したものである。本研究会が研究成果をはじめて刊行して，約5年が経過し，この間，世界は大きく動いた。混乱と停滞の時代の幕開けとなったのが，2000年代後半であった。サブプライム問題を材料に世界中で株価の急落や信用市場の混乱が起こり，またこのサブプライムローン（サブプライム住宅ローン危機）問題での損失処理を要因とし2008年負債総額，約64兆円というリーマン・ブラザーズの史上最大の倒産という事態が発生した。それと連動して，2009年6月1日，製造業として世界最大の負債総額1,728億ドル（約16兆4100億円）をかかえてたGMの連邦倒産法の適用申請。誰もが耳を疑うような出来事が相次いだ。日本企業が被った影響も甚大で，日本経済は深刻な景気後退に陥った。その傷跡は今なお癒えない状況にある。文字通り，日本企業の有力市場であった北米市場は混乱と低迷に晒された。これとは対照的にかつての「世界の工場」から「世界の市場」に変身を遂げつつある社会主義市場経済の中国の成長は，予想を遥かに超えるものがある。今や，日本ばかりでなく欧米の有力企業は中国市場を無視しては，その将来はあり得ない。こうした中国をはじめとするBRICsの国々に経済成長の軸足は移りつつある。

　急伸する新興国の台頭による競争構造の変化は，世界の生産拠点や市場をめぐる急速な変貌の下，日本企業の競争力の低下をもたらした。くわえて，最近の自動車産業での従来型エンジンからハイブリット，プラグインハイブリット（PHEV），あるいは電気自動車（EV）へというイノベーションが進行しており，これが産業に及ぼす影響ははかりしれない。これまでのアセンブラーを中心とした部品メーカーとの系列のあり方，自動車企業における新車開発にとどまら

ず，バッテリー・メーカー，家電メーカー，総合電機といったこれまで自動車産業に直接かかわりのなかった産業を巻き込んだ新たな展開に見られるように，産業の垣根が崩れ，競争構造が大きく変わり新たな戦略の立て直しが迫られている。

これまで順調に発展してきた日本経済そして日本企業に陰りが見えてきたことは，多くの論者によって指摘されてきている。かつて鄧小平の南巡講和での改革・開放を受け，社会主義中国は社会主義市場経済の御旗のもと大発展を遂げてきた。欧米先進国の有力企業，日本の企業が堰を切ったように中国に生産拠点を築きあげ，瞬く間に中国を「世界の工場」に仕立て上げていったのです。当時，日本では大企業と連れ立っての中小企業の中国への工場進出が相次ぎ，「産業の空洞化」の危機が叫ばれた。その後，中国は「先富論」のスローガン通り，いままでなかった富裕層の出現を見た。この富裕層と圧倒的に貧しい貧困層という二極分解がもたらされ，様々な深刻な社会問題を引き起こしたことは周知のとおりです。

今では，中国は国内総生産（GDP）で日本を抜き，アメリカに次いで世界第2位に進出し，目覚ましい経済発展ぶりを世界に印象付けた。その一方で，1人当たりのGDPでは3800ドルと世界第105位であり，収入1300元の貧困基準からみると，4000万人が貧困状態にあり，国連の1日1ドルの収入基準に1億5千万人が達していないという厳しい現実もある。それでも，家電製品，乗用車といった耐久消費財を購入できる中間層の所得層が確実に急増し，中国を有数の「世界の市場」に成長させたのである。その結果，中国はもはや単なる「世界の工場」としてではなく，中国の現地企業を含め，世界の有力企業が入り組んでの戦場となったのである。こうした中で，日本企業が置かれている状況は複雑である。時として起こる中国での日本製品の排除運動，日系企業への投石デモ，日系企業での賃金引き上げ要求のストライキ等，欧米企業にはない問題に直面し，中国という国に対するカントリー・リスクの高さを感じ始めている。

これまで日本企業は業界横並びによる企業行動すなわち戦略なくしての企業

行動で繁栄をとげることができた。上述したような状況にある日本の産業そして日本企業の今後の発展は，その戦略の良否によって決定されよう。いかなる戦略が良であり，また否であるかは一律には言えない。その置かれている状況に依存しているからである。また，企業の戦略策定に当たっては，実に多様な分野が絡んでくる。例えば，日本企業の場合，欧米企業を比較すると多角化企業，事業部制組織の採用はかなり開きがあり，立ち遅れが目立つ。この点は，日本企業では新規事業を子会社や分社（カンパニー）で対応してきたことと関係している。そこで，これらを含めて分析すると，欧米との開きはかなり縮小することになる。また，こうした日本企業のやり方はグループ経営を必然としていたにもかかわらず，それが親会社主義のもとで歪められてきたのも事実である。さらに，グループ経営に関連して，純粋持ち株会社が1997年の独占禁止法の部分的改正まで導入できず，不完全なグループ経営にとどまっていたケースが少なくない。あらためて純粋持ち株会社（ホールディングス）を採用してグループ経営戦略を策定し，グループ経営を実行しようとすれば，利益相反，少数株主，子会社ガバナンス，親子上場等々の解決すべき法律上の諸問題が発生する。こうした問題をめぐる法規制を考慮することなく戦略はとれない。

　かつて予想することのできなかった戦略をめぐる様々な複雑化した実務上の諸問題の登場，その解決への理論的提言を射程に入れた新しい戦略論の研究もますます盛んになってきている。

　こうした状況を踏まえ，現代戦略問題研究会の研究成果として今回，本書を上梓した次第である。本書はまずグローバル化の進展を基調として，日本企業の現状と将来の展望をもとに様々な問題を取り上げ，これらを整理し，3部編成にした。

　第1部は，現代経営のグローバル化と戦略展開で，本書の軸足にあたる日本企業のグローバル化を中心に据えている。第1章は，日本企業のグローバル競争力再構築の条理であり，第2章のグローバル展開と日本企業の課題，と並んで，日本企業が今日置かれている状況を踏まえ，競争力の再生を論じたものである。また，第3章ソフトウエア開発におけるオフショアとニアショアで，沖

縄におけるニアショア企業を取り上げている。

　第2部は，戦略連携，法規制そして CRM といったことをめぐる問題を取り上げている。第4章は，中国民営企業と東南アジア華人企業の戦略提携研究で，第5章は，産業の中でも際立った特徴を持つ航空機産業での戦略提携を論じた貴重な研究である。第6章は，近年注目されている株主間利害対立をめぐる法規制について経済学的な分析を試みたものある。第7章は，戦略論の中核をなす持続的競争優位について CRM の観点から展開したものである。

　第3部は，多様化した戦略上の問題を取り扱っている。その第8章は，日中比較の視点から，中間管理者のリーダー行動の実態を分析したもので，注目すべき調査結果が示されている。第9章は，日本経済に深刻な影響を及ぼしたサブプライムローン問題をリスクマネジメントの関連で取り上げたものである。第10章は，マーケティングについて購買者・消費者・生活者の3層モデルで展開したものである。最後に，第11章では，産業立地の変化に注目し，そこから生ずる都市体系の二極化を論じたものである。

　以上のように，本書はグローバル化の進展にともなう企業の新たな問題を中心に構成されている。なかでも，中国の大学関係者2名からの論文も投稿されており，ややもすると狭隘化しがちな視野に陥ることを回避する上で，資するところ大であった。今回は本研究会のメンバー以外に2名の方が共同研究者として執筆者として名を連れている。こうした例外的な取り扱いについて，音無経済研究所所長からご配慮賜ったことについて，あらためてお礼申し上げたい。

　最後に，本書の刊行について，ご支援をいただいた中央大学経済研究所の方々，また中央大学出版部の関係各位に感謝の意を表したい。

平成22年12月24日

　　　　　　　　　　　編集者　　中央大学総合政策学部教授　　林　　昇　一
　　　　　　　　　　　　　　　　中央大学経済学部教授　　　　高　橋　宏　幸

目　次

はしがき

第1部　現代経営のグローバル化と戦略展開

第1章　日本企業のグローバル競争力再構築の条理
　　　　──戦略経営学の視点からの探究──……………林　　　昇一…　3
　はじめに……………………………………………………………………　3
　1.　グローバル企業の舞台：進化する新世界秩序 ………………………　4
　2.　グローバル企業：5つの戦略的思考……………………………………　12
　おわりに……………………………………………………………………　30

第2章　グローバル展開と日本企業の課題……………西　藤　　　輝…　35
　はじめに……………………………………………………………………　35
　1.日本企業に考察される近代株式会社の歩み ……………………………　36
　2.　グローバル展開と日本企業の課題………………………………………　45
　3.　グローバル展開と課題……………………………………………………　55

第3章　ソフトウェア開発におけるオフショアとニアショア
　　　　──沖縄におけるニアショア企業のコスト削減と価値創出──
　　　　………………………………………………………丹　沢　安　治…　61
　1.　理論的背景：取引費用の経済学と地域クラスターの
　　　ガバナンス問題…………………………………………………………　63
　2.　ソフトウェアのニアショア開発分析の枠組み：
　　　取引費用と地理的・文化的距離………………………………………　63

3. 命題：地方自治体と企業にとっての含意……………………… 67
4. ディスカッション：沖縄の自然的環境と各インタビュー機関，企業
   における可能性と展望………………………………………………… 69
5. 結　　　論…………………………………………………………… 72

第2部　現代経営における戦略連携と法規制

第4章　中国民営企業と東南アジア華人企業の戦略提携研究
……………………………… 伍　華佳・秋山史彦… 77
はじめに ……………………………………………………………… 77
1. 戦略提携理論概述 ………………………………………………… 78
2. 中国民営企業と東南アジア華人企業戦略態勢分析……………… 81
3. 中国民営企業と東南アジア華人企業の戦略提携に対する
   実行可能性分析…………………………………………………… 88
4. 中国民営企業と東南アジア華人企業戦略提携構築……………… 92

第5章　航空機産業の競争戦略の研究
　　──戦略的提携の観点から── ………………閑林亨平… 101
はじめに………………………………………………………………… 101
1. 戦略的提携の理論的根拠 ………………………………………… 101
2. 戦略的提携の産業別実態 ………………………………………… 105
3. 航空機産業の特長 ………………………………………………… 111
4. 航空機産業の戦略的提携 ………………………………………… 117
5. 事例研究 …………………………………………………………… 120
おわりに………………………………………………………………… 123

第6章　株主間利害対立に係る法的ルールの経済学的分析
　　　　　　　　　　　　　　　　　　　　　　　　　原　　正　則… 127
　　はじめに …………………………………………………………… 127
　　1. 親子上場の現状分析 …………………………………………… 128
　　2. 株主間利害対立の分析 ………………………………………… 134
　　3. 株主間利害対立が引き起こす非効率 ………………………… 139
　　4. 親子会社間株主の利害対立への問題解決策 ………………… 140
　　5. 不完備契約論からみた少数株主保護のための法的ルール … 146
　　おわりに …………………………………………………………… 148

第7章　CRMによる持続的競争優位の構築 ………北 島 啓 嗣… 151
　　はじめに …………………………………………………………… 151
　　1. CRMとは何か ………………………………………………… 152
　　2. 価格競争としてのCRM〜FSPを中心に …………………… 153
　　3. 資源依存戦略論の概観 ………………………………………… 157
　　4. 競争環境下のCRM …………………………………………… 158
　　5. CRMにおけるユニークな経営資源確立のために ………… 161
　　6. 顧客分析能力というケイパビリティ ………………………… 162
　　7. 経営者というケイパビリティおよび戦略連携 ……………… 170
　　おわりに …………………………………………………………… 173

第3部　現代経営戦略の発展

第8章　中間管理者のリーダー行動の実態に対する調査分析
　　　　　──中日比較を中心に── …………………申　　淑　子… 179
　　はじめに …………………………………………………………… 179
　　1. 中間管理者に関する理論研究 ………………………………… 180

2. アンケート調査と比較研究の方法 ……………………………… 182
　3. リーダー行動，職場，組織コミットメントの因子分析 ……… 184
　4. リーダー行動，職場，組織コミットメントの平均値の比較 …… 187
　5. 中日両国企業における，中間管理者のリーダー行動の再考 …… 190
　お わ り に……………………………………………………………… 194

第9章　サブプライムローン問題の検証と
　　　　リスクマネジメントの再構築………………後 藤 茂 之… 197
　1. リスクマネジメント ……………………………………………… 197
　2. サブプライムローン問題の検証 ………………………………… 201
　3. リスクマネジメントの再構築 …………………………………… 217
　4. 伝統的リスクマネジメントの課題 ……………………………… 219
　5. 行動リスクマネジメントの導入 ………………………………… 226
　6. 環境変化への対応 ………………………………………………… 234
　7. 戦略経営における行動リスクマネジメントの意義 …………… 238

第10章　生活導線マーケティング
　　　　──購買者・消費者・生活者調査の3層モデル──
　　　　………………………………菅 原 昭 義・井 原 久 光… 243
　は じ め に……………………………………………………………… 243
　1. 従来の消費者調査（アンケート調査）の限界と
　　　衝動購買の固定観念 …………………………………………… 244
　2. 衝動購買調査からみる消費者の購買行動の実態 ……………… 246
　3. 一方通行的マーケティング理論への疑問 ……………………… 252
　4. 生活導線マーケティング ………………………………………… 254
　5. 生活文脈視点からの研究 ………………………………………… 258
　6. 生活導線マーケティングと三層モデル：
　　　生活者・消費者→shopper→purchaser ……………………… 260

おわりに………………………………………………………………… 264

第11章　産業の立地変化による都市体系の2極化…石川利治… 269
はじめに………………………………………………………………… 269
1. 広域化する生産経営の活動と中規模都市の衰退 ………………… 271
2. 小売経営の市場地域の変化による都市規模分布の2極化 ……… 275
3. 運賃率の低下による小売経営の市場地域の変化 ………………… 285
4. 運賃率の低下による都市立地体系の変化 ………………………… 287
5. 消費者密度の低下による都市立地体系の変化 …………………… 291
おわりに………………………………………………………………… 292

第1部　現代経営のグローバル化と戦略展開

第1章

日本企業のグローバル競争力再構築の条理
―― 戦略経営学の視点からの探究 ――

はじめに

　日本企業は，かつてない混乱の渦中にある。この極度の混乱は思考を停止させる。混乱の根本は，古い国家との絆（バリューチェーン）を断ち切らなければならないという窮地に追い込まれていることだ。かつて国家が強国にならんと欲すれば，経済力を高めるために産業を興し，企業を温かく育成して輸出力を高める戦略を行使した。企業は，国家繁栄の手段であった。こうして1980年代までの日本は，競争力を高める戦略的思考として，貿易立国志向であった。国家は，経済力が高まれば，それをテコに軍事力・技術力・文化力も高められるからである。ところが時代が進み，国家も企業もそれぞれが独自に進化してきた。国家間には競争力格差が生じ，企業間でも大きな格差が生じるようになってきた。市場という企業の活動舞台を取り仕切る国家は，先進国と新興国，さらには世界超大国と地域大国と大国を取り巻く衛星的国家群とに分類され，それぞれの固有の役割の明確化が求められるようになってきた。同じく企業も進化して，国内市場中心から海外市場に輸出する国際企業へ，さらに海外市場に生産・営業拠点を多数構築する多国籍企業として，また地域多角化戦略を展開する企業へ，さらには地球全体の観点に立って新しい世界経済秩序の形

成に参戦するグローバル企業が現れてきた。これが本稿の対象とするグローバル企業とその舞台なのである。日本企業の競争力の問題は，このグローバル企業の戦略的思考の欠如に端を発する混乱から生じている。そこでこのグローバル企業を中心にして，どのような戦略的思考が必要なのかを考察し，日本企業のグローバル競争力再構築の条理を究明するのが本章の課題である。

1. グローバル企業の舞台：進化する新世界秩序

21世紀の進化する国家と企業は，既成の国民国家体制の下での単線的かつ垂直的な関係から，より複雑な水平的関係へと変態・進化を繰り返しながら，それぞれ独自の持続的成長を志向するようになってきた。そこには国家と企業の「ネジレ現象」すら生じている。現代の企業研究には，このような国家と企業との錯綜した関係を解明する実証研究が急務であるにもかかわらず，いまだ十分な研究が蓄積されてはいない。とりわけ世界超大国とグローバル企業との相互作用の究明は，国家の政策立案においても，また企業の経営戦略立案においても，きわめて現代性・先端性をもつ重要な研究テーマであるにもかかわらず，十分な研究蓄積がなされてこなかった。ただ国家間の競争研究は，欧米では地政学（Geopolitics）としての発展の系譜をもち，また企業のグローバル競争研究は，戦略経営学（Strategic Management）としての発展の系譜をもち，ともに世界新秩序形成に影響を与えてきた[1]。

---

1) 地政学（Geopolitics）については，Z・ブレジンスキー（1998），および奥山真司（2004）を参考にした。後者は，地政学の歴史的役割についても言及されていて日本の研究者にとって興味深い。また，戦略経営学（Strategic Management）については，日本でも近年，林昇一・高橋宏幸編著（2003）『戦略経営ハンドブック』の刊行や中央大学に「戦略経営大学院MBA」，いわゆる米国流のビジネススクールが創設され，それに続く「国際戦略経営研究学会」の新設などの動きが見られるが，米欧の研究蓄積の厚さには遅れをとっており，今後の急速な発展が期待されている。いずれの学問にしても，激動する地球を政策対象にしている点では共通した領域も多く，今後何らかの統合理論が必要と考えられる。戦略経営学について参考にした次の文献は，900頁から成る大著であり，歴史的・学派別に体系的整理が施され，充実のほどが理解できる。

　Peter McKierman (ed.), Historical Evolution of Strategic Management (VolumeⅠ・VolumeⅡ), 1996.

図 1-1　戦略経営学の研究視座―国家と企業―

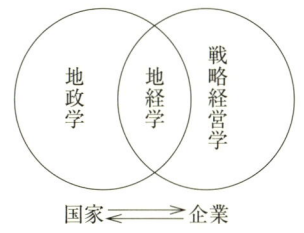

（注）グローバル企業の戦略経営には，国家と企業の相互作用プロセスのコントロールが重要である。従来の戦略経営学では，外部環境として製品・市場環境に重きが置かれていたが，それでは現実を十分反映しているとは言えない。研究視座に，国家と企業の戦略的経済政策の相互作用のメカニズムを究明する地経学との学際的領域を含めるべきと考える。

　グローバル企業という概念は，今日では一般化しているが，その本質理解についてはいまだ漠然としている。それにもかかわらず，米英の経済誌・経済新聞では，先進国企業に限らず，新興国企業の中からもグローバル企業が続々と台頭する時代になってきたと報じ，世界ランキングが毎年公表されるようになっている[2]。一般に企業は資源を取り込んで，新しい製品サービスを創造するために，競争して進化を遂げていく有機的組織体である。この進化する企業が，資源を世界から調達し，世界に向けて製品サービスの生産・流通・販売する時代が，現代のグローバル資本主義社会であると認識されるようになってき

2）　経済紙では，英フィナンシャルタイムズが時価総額ランキング 500 として，毎年世界グローバル企業の上位 500 社を発表している。2010 年 5 月発表のランキングでは，中国のペトロチャイナが世界一になったことで注目を浴びた。米経済誌フォーチュンのグローバル 500 社も有名だ。ランキングは売上高を基準にしている。この 2009 年版によると，世界一は，ロイヤル・ダッチ・シェルとなっている。その他，米経済誌フォーブスもグローバル 500 社をランキングしているが，ここでは売上高や利益や資産，時価総額など複合的な基準でランキングを行っている。どのランキングが適正かの議論は，利用者の立場によって評価は異なるが，今後議論されるべき課題である。

表 1-1　世界時価総額ランキング（2010 年末順位）

（単位億ドル）

順位	社　名（国名）	時価総額
1	エクソンモービル（米）	3,687
2	中国石油天然気（ペトロチャイナ）（中）	3,032
3	アップル（米）	2,958
4	マイクロソフト（米）	2,388
5	中国工商銀行（中）	2,333
6	ペトロブラス（ブラジル）	2,290
7	中国建設銀行（中）	2,222
8	ロイヤル・ダッチ・シェル（英）	2,087
9	ネスレ（スイス）	2,035
10	中国移動（チャイナモバイル）（中）	1,988
11	バークシャー・ハザウェイ（米）	1,983
12	ウォルマート・ストアーズ（米）	1,961
13	ゼネラル・エレクトリック（GE）（米）	1,951
14	グーグル（米）	1,888
15	シェブロン（米）	1,829
16	IBM（米）	1,823
17	プロクター・アンド・ギャンブル（P&G）（米）	1,800
18	HSBC（英）	1,794
19	AT&T（米）	1,745
20	ヴァーレ（ブラジル）	1,701
＜日本勢の上位＞		
32	トヨタ自動車	1,368
74	NTT ドコモ	768
75	三菱 UFJ フィナンシャル・グループ	765
87	ホンダ	718
89	NTT	713
94	キヤノン	691
140	三井住友フィナンシャルグループ	504

（注）野村証券金融工学研究所センター調べ，英 FTSE 算出ベース
（出所）日本経済新聞，2011 年 1 月 18 日

た。これは 90 年代以降の現象である[3]。1990 年以降の社会主義経済圏の制度崩壊，21 世紀に入っての資本主義圏におけるたび重なる経済危機，中国やイ

---

3) 林昇一・徳永善昭（1995），および徳永善昭（2010）を参照されたい。前者は，日本において初めてのグローバル企業論として刊行された文献であり，その後のグローバル企業研究のきっかけを与えたものとして参照されたい。また後者の論文は，グローバル企業に向けての企業進化の過程が明確に究明されているので参照されたい。

ンドなど新興国市場の興隆など，日本は戦後に経験したことのない環境激変の巨大波に翻弄されている。どこまで押し流されていくのか，日本は確たる成長戦略が描けないでいる。本章は，こうした未来に不安と恐怖に戦く日本社会と多くの日本企業の競争力再構築のために必要な新しい進化の条理（戦略的思考）を探究するものである。

［戦略的思考の分析枠組み：3つの戦略的要因の相乗作用］

　まず明確にしておかねばならない点は，資本主義経済に巨大波を引き起こしている源泉である戦略的要因についてである。戦略的思考は，戦略的要因に依存するからである。そこで明確にされなければならないのは，いったいなぜ世界は極度の不確実性に満ち溢れた激動期に入ってしまったのか，ということである。企業を取り巻くこの外部環境激変の本質について考察する必要がある。なぜなら，グローバル企業の戦略的思考は，この資本主義経済の巨大波の特性に依存するからである。そこで巨大波のエネルギーとなっている戦略的要因を分析し，その全体構造を明らかにした上で，巨大波を乗りこなすグローバルな戦略的思考を究明する。ただリスクの高い巨大波に怯え防戦一方に陥るならば，過去に蓄積してきた豊かな資源を消耗し，日本全体が生存の危機に追い込まれることになる。

　本章は，1970年代から80年代にかけて始った世界経済構造変化を整理し，そこから戦略的要因を3つに絞って考察することとした。1つは規制緩和・撤廃，2つは技術革新，3つは金融のグローバル化である。これら3つの戦略的要因は，相互に刺激し合いながら，巨大波をさらに大きな巨大波へと高めて今日に至るエネルギー源と捉えている。

　第1の要因である規制の緩和・撤廃とは，旧来の価値創造の仕組みや制度やルール（既成のシステム）の撤廃に向けての地球規模での改造運動のことである。これにより古い制度に拘束されてきた価値創造のための経済・経営資源が自由化され，新たな視点であるグローバリゼーションのもとに世界の新しい価値創造をめぐる覇権主義的・地理学的な政治経済が開始された。つまり新「地

政戦略」の始まりである[4]。戦後の世界貿易を管理してきた GATT は，金融や情報などその他のサービス業を含めて自由化を拡大するために WTO（世界貿易機構）という新しい枠組み（ゲームの形）に格上げされて機構改革が行われたのが象徴的な第一歩であった。1980 年代の英国のサッチャー首相と米国のレーガン大統領に日本の中曽根首相も加わって規制撤廃の声明が世界に向けて発せられた。このころから 1990 年にかけての日本は，国民 1 人当たりの GDP が，世界ナンバーワンに向かって破竹の勢いを見せていた。モノづくり大国「日本」ブランドが世界のヒノキ舞台に初めて上ったのである。日本企業がこの勢いの源泉であった。そしてその未来は，実に世界の構造改革をベースにして世界経済を席巻するのではないかとの恐れすら与えていた。その頃欧州ではドイツとフランスを中軸に EU が創設され，米国はといえば NAFTA，APEC，FTA などの地域的経済統合を戦略目標として地政戦略が展開されていた。それまでの国家主導の国際経済体制を破壊し，代わりに地域経済圏中心の世界経済体制，つまりグローバル経済秩序の創造に向けて世界は動き出していた。ところが日本は，平和ボケといわれようと，政府，企業，家計のすべてが幸福感に満たされ，21 世紀は日本の世紀との称賛に酔い痴れていた。

　ところが 1990 年を境にして，なぜか不幸の坂道を下り始める。いまでは「失われた 20 年」といわれている孤立化の始まりである。グローバル化に適応できなかったのだ。何かが日本の発展を邪魔していたのだ。本章はこの点に格別の関心をおいて，「日本には戦略的思考が欠けているのではないか」との仮説をもって考察していく。日本の転落のきっかけは，FTA のような肌理細かい自由経済化協定の積み上げに基づいて成長戦略を描くという民族の気構えに欠けていたことにあると考える。日本企業の停滞とは逆に，世界政治経済は既成

---

[4] 地政戦略とは，地球におけるプレーヤーとしての主体，とくに国家が地理的な状況から世界変動の要衝となったり変動を引き起こす戦略的プレーヤーとなったりすることを予測し，その変動に対応するために樹立する競争政策を意味する。本稿では，Z・ブレジンスキー『前掲書』を参照している。そこでは，地政戦略とは，各国が世界覇権や地域覇権を目指して展開する領土支配の政策を意味しており，具体的にソ連崩壊後の世界の覇権競争を考察し，興味深い見取図を提示している。

の仕組みや制度に囲い込まれていた経済・経営資源や社会主義圏に囲い込まれていた多様な資源を取り込み，新たな視点からグローバリゼーションの巨大波を創造していくのであった。これに対し，「その政治経済の戦略主体は米英両国をベースにしたグローバル企業群である」との仮説も設定している。

　第2の要因は，技術革新（イノベーション）である。その典型的な革新技術は，ITとバイオ技術である。いずれも米国の宇宙開発を含む軍事技術から生まれたハイテク技術である。米国では，これらの基礎科学知識をベースにシリコンバレーなどでベンチャー企業が創出され，ここから軍事技術の民需への転換と累積していた軍需技術開発資金の回収への道が拓かれたのである。これらの技術をベースに，旧来の技術に基づくすべての成熟産業の価値創造プロセスが見直されることになった。創造的破壊が始まったとみるべきである。半導体技術はコンピュータを手始めにあらゆる産業に導入・活用され，かつ知識産業の革新をも促した。他方，遺伝子工学は医療や食糧など未知の価値創造の可能性をもたらし，先端技術産業の開発競争が進められた。このような先端技術を経済社会価値に転換し普及させる（イノベーション）には，これを受け入れる側の協力と理解がなければならない。つまり，社会が考え方を変えて受け皿となり，新しいライフスタイルの創造に熱心に取り組むように，この社会的方向づけをだれかが仕掛けなければならない。ここでグローバリゼーションがイノベーションの受け皿として融合し，世界的な規模で各国経済を改革に巻き込む複合的巨大波となっていくのであった。IT革命の本質はここにあると考える。

　このグローバル・イノベーションへの政治経済的枠組づくりの手段として活用されたのが第3の要因の金融のグローバル化である。通貨統合や外国為替の自由化，さらには証券の自由化が，金融の流れをグローバル・イノベーションの拡大に向けて制御・統制する戦略手段に活用されるようになったのである。これらの自由化の手段は，いうまでもなくかつては国家単位で制御・統制されてきた。ただ国家単位の金融制度は，国益中心に偏りがちで，しばしば貿易摩擦を引き起こし，国際関係を緊張させてきた。その賢張の極みが軍事力による紛争解決である。その典型は第2次世界大戦である。まさに，国家単位の金融

制度の崩壊がもたらした究極の悲劇であった。この反省をもとに戦後は，戦勝国米英を中心としたIMFやBIS（国際決済銀行）やWB（世界銀行）が国際金融を管理してきた。米英の金融政策の戦略化が目立ってきたのは，米国の金ドル交換停止後のことである。先進国間での協調（G7）による金融政策とFRBや先進国中央銀行を中心としたグループ金融の流れの創造が機能し，さらにまたこれらの動きを読むヘッジファンド資金も合流して，国際金融の側面から世界経済の構造改革に向けて新たな戦略的パートナーシップ（ネットワーキング）を促進してきた。社会主義圏にあった国々の新興国への移行，最貧国の発展途上国への移行をグローバル・イノベーションの観点から支援するという地経戦略[5]が展開された。つまり，世界の社会的価値の創造的破壊が，金融戦略によっ

図1-2 グローバル企業の戦略的思考——3つの戦略的要因——

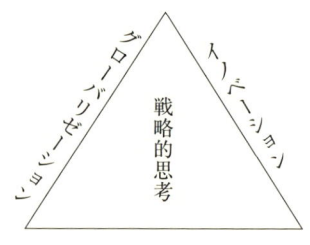

（注）ここで戦略的思考とは，超常識的思考のことで，危機的状況に臨んで，組織全体を安全地帯に導く思考のことである。部分よりも全体を重視し，枝葉末節にとらわれない本筋の思考とも言う。具体的には，危機的状況を認知し，過去の認識を棄却し，危機をもたらしている戦略的要因を明確に分析し，補強の行動を起し，同時に危機の裏側に潜む機会を摑む行動を起すよう組織文化を変革する思考のことである。外部環境と組織全体をつなぐ媒体の機能をもつ重要な戦略経営の思考回路のことである。

---

5) 地経戦略とは，地政戦略から経済問題を切り離して専門に世界の経済問題を研究するために登場した戦略論。ただし，戦後日本の政経分離による経済発展を志向する経済政策理論とは異なり，政治と経済とを統合した経済発展モデルを考えている。米国「戦略国際問題研究所（CSIS）」の論文（1990）で初めて使われた概念といわれ，冷戦後の戦略が軍事戦略から経済戦略にシフトすると予想し，そこでは日本は「地経学的超大国」と呼ばれ，経済大国日本研究が活発になされた。

て（かつての軍事力の行使ではなく）進められたわけである。時にはバブル経済に振れることも，またその反動として金融危機・収縮を招いたりするのも，またその繰り返しによって，第一の要因である規制の緩和・撤廃を促進したり，他方で先端技術であるITやバイオ技術の社会的受け皿の拡大を促したりしているのも金融という戦略的手段の威力によるものであると考える。

　以上の分析は，シュンペーターの経済発展の理論モデルから示唆される企業家の資源新結合モデルを参考にしている[6]。要するに，21世紀の特徴になる社会経済的価値と新世界秩序は，3つの戦略的要因の絡み合いの中から創出されてくるということであり，その主役（シュンペーターのいうEntrepreneur）としてグローバル企業が資源新結合（シュンペーターがいうNew Combination）を企画・演出しそれを米英を中軸とする先進諸国政府が支援していると考えている。そこでは古い価値にしがみつく国家・企業・社会と新しい価値を提唱する国家・企業・社会との価値主権をめぐる戦略的闘争が地球規模で繰り広げられるのである。さらにこれに民族紛争が絡むといっそう複雑な様相を帯びた現実を形づくるが，この領域には本章は言及しない。

---

[6] Schmpeter, J. A.（1934）。要するに，本稿はシュンペーターの経済発展モデルを参考にしており，21世紀の特徴となる社会経済的価値と新世界秩序は，3つの重要な要因の絡み合いの中から創出されてくるということを想定した。その主役（シュンペーターのいうEntrepreneur）としてグローバル企業が資源新結合（J. シュンペーターがいうNew Combination）を企画・演出していると考えたのである。そこには古い価値の衰退と新しい価値の興隆という新旧交代の覇権ドラマが演じられている。古い価値にしがみつく国家・企業・社会と新しい価値を提唱する国家・企業・社会との価値主権をめぐる戦略的闘争が地球規模で演じられていると考えるのである。

　イノベーションという言葉を初めて使ったのはSchmpeterであり，新結合（new combination）による経済成長こそ発展であり，過去と同じ生産物が生産され続け，また人口や富の増加の観点での成長は発展とはいえないと主張し，新結合機能に注目すべきと主張している。その上で，この機能を担う経済主体として企業家（entrepreneur）に注目し，かれこそが経済発展の原動力（dynamics）になると指摘している。かれの新結合の定義は，経済発展の原動力となる諸資源の新しい結合ということである。つまり，生産要素（資本財，労働，土地）の結合の仕方，すなわち生産方法における一切の新機軸（innovations）を意味している。

2. グローバル企業：5つの戦略的思考

　新しい価値と古い価値の主権をめぐる基本戦略（グランド・ストラテジー）の主役はグローバル企業である。一般に意思決定には，2つのタイプがあり，ひとつはそれぞれが特定の目的を持った多数の「独立案」件の中からどれかを優先的に選好するタイプの意思決定，他は特定目的のもとでの多数の「代替案」の中から最も経済的合理性の高いものを選択する意思決定に分けられる。企業家としてのグローバル企業は，新旧価値の戦い，すなわち目的の異なる複数の独立案件の中から選好・実施する戦略にかかわりながら，上記3つの巨大波を形成する戦略的要因の絡み合いを企画・演出する。その意味で，新世紀の価値基盤の創造・普及のリーダー的役割を担うものである。いいかえれば，押し寄せる巨大波を脅威として受け止めるのではなく，その反対に巨大波をさらに高めて自らの進化と成長の糧にする有機的組織体として重大な使命を担って1990年代に登場した存在である。旧来の国益中心主義の企業とは，ビジョンも異なれば，事業モデルも使われる経営資源も異なる。新しい価値の創造に適した組織的革新・進化をも伴うものである。

　ここで，グローバル企業と多国籍企業との相違点を明確にしておくことも重要である。世界市場を創造・開拓し統御する点では，両者は似ているが，多国籍企業の場合，母国の利益を視点として統御されるのに対し，グローバル企業は，国籍による拘束から自由であり，世界市場の創造を目指して国益より「地球益」を優先する点が異なる。多くのグローバル企業は，過去に多国籍企業としてのインターナショナルな「経験的智恵や知識」（経験知と略す）や現地法人などの拠点を構築している場合が多い。それゆえ米英は20世紀に始まる多国籍企業を基盤として進化したグローバル企業が世界的に突出している。米英系グローバル企業の競争優位は，多国籍企業時代の経験知と地理的拠点を有力な競争優位構築のための経営資源にして，本国とは直接関係のない第三国間のビジネスにも積極的にかかわっている（海外子会社間の力強い取引調整）点を見落としてはならない[7]。つまり，日本企業の場合，戦後の高度経済成長期を導い

たのは国内のビジネス基盤から立ち上がった輸出競争力であった。しかし，この貿易依存体質を打破し，その後の直接投資時代の多国籍企業化ないしインターナショナル化に戦略をシフトさせてきたのはせいぜい1990年以降のことであり，今なお，グローバル化は今後の戦略目標であると宣言するに止まる企業が多い。

要するに，今日のグローバリゼーションの巨大波は，アングロサクソン系グローバル企業のイノベーション（価値の創造的破壊）という仕掛けが引き起こす基本戦略（企画と演出）の影響と解釈することができる。日本などグローバル化初期段階に移行しつつある多国籍企業を金融戦略によって世界市場開拓に取り込みながら（ネットワーキング），新しい価値の創造と旧価値の破壊活動を展開しているのが，アングロサクソン系グローバル企業だと考えることができる。このグローバル企業の戦略行動は，結果として，世界のすべての国家と企業に新価値への連鎖を強要する仕掛けをもつ。古い価値を核心に置く制度や仕組みを廃棄し，見直し，新制度や仕組み（世界新秩序）への移行を迫っていると考えられるのである。

以上から導かれるグローバル企業の戦略的思考のキーワードは，グローバリゼーション，イノベーション，ネットワーキングの3つである。これらのキーワードを経営戦略のコンテンツとするところに競争優位のグローバル戦略が構築されていると考える。そこで以下，日本企業の競争力再構築に向けて必要な5つの戦略的思考を考察・提言する[8]。

7）　マイケル・ポーター（1989）34ページ。かつて，日本製品と言えば，「made in Japan」のことであったが近年では，これに加えて「made by Japan」，つまり日本領土で製造されたものではないが，日本企業の意志で開発・設計された製品をも含めて日本製・日本ブランド品と捉える見方が広がってきた。これこそ多国籍化段階に進化してきた証拠と言えよう。

8）　鈴木敏文・林昇一（2008）第一章参照。ここでは業種は異なるが，味の素の中興の祖たる江頭元社長は，グローバルなスケールで，世界ナンバーワンでなければ利益は得られない，二番ではとんとん，三番では赤字だと，今日の驚くほど厳しいグローバル・シェア基準を明示し注目された。グローバル・ナンバーワンになる戦略経営学が求められていると解すべきであろう。

戦略的思考の１：「効率性の罠」を脱し，有効性原理を優先すること

　日本企業の戦略的思考は米欧企業に比べて長期志向的である，というのが過去の常識であったが，今日でもこれが真理なのかどうか疑わしい。「失われた20年」ともいわれる近年の日本企業の長期低落傾向は，日本企業観の見直しを迫っているからだ。グローバル時代の戦略経営者であろうとすれば，日本企業経営者は，この点を深く反省しなくてはならない。戦略経営者とは，時代が大転換するときに，企業の長期持続的発展を目指して旧来の枠組を変革し進化を促す存在でなければならない。時代を超えて安定した同質の外部環境が永続することはないからだ。むしろ外部環境は，Ｊシュンペーターの描くような長期循環の波動として捉えることのほうがより現実に近い[9]。日常的に捉えれば，日々の変化は取るに足らずであるから，ビジネスのルールの変革を求めるニーズは低い。決められた枠の中で効率性だけが優先されがちである。しかし，長期的に捉えれば，外部環境はダイナミックに変化する。はたして日本企業にこのような長期的変動に対応する戦略的思考があるのかどうか。例えば，前例主義のような過去志向に陥っていないか，過去の成功体験に縛られていないか。ゼロベースで明日を展望できるか。原価主義を捨てて時価主義思考ができるか。市場や顧客の観点から自社を見直すことができるか。縄張りや内部抗争が外部競争より重きをおかれてはいないか。問われているのは，未来に向けた全体観（ビジョン）が欠けているのではないかということである。

　前例主義という過去の経験に基づいて，目先の利益ばかりを優先する「効率性の罠」に陥っているとしたら，その企業は不幸である。逆に，変革による長期持続的成長を優先する「有効性追求型の経営」ならば，細かい問題よりも大きな問題に挑戦できる。戦後マネジメント学を創設した経営哲学者のP. F. ドラッカーは，効率性に囚われた企業では，「適切に行うこと」に関心が置かれるため，明日何をなすべきかを考え，「適切なこと」を行うことができない

9）　吉川洋の認識も，「シュンペーターの考え方を基本的に正しいと思う」と支持している。吉川洋 49–53 ページ。シュンペーターの考えるように歴史は不可逆的に進化するものである。

と教示している。この指摘は，前述した「代替案」志向の経営を戒めている。いかに行うべきかを考えることが優先される効率性追求型の企業は，環境が激変する転換期には，希薄な目的志向性ゆえに環境不適合の無駄な投資（埋没コストの積上げ）を過剰に行う失敗を犯すことになる。明日への方向が定まらず，過去の枠組み内でのカイゼン（改善）や配置換えに安住し，明日ベースのイノベーション（革新）を怠るからだ。その行動軌跡は祭りの「みこし」のように右往左往する。トップは調整役にすぎず，目的志向性が希薄であるから全社的方向が定まらない。烏合の衆ともいうべき集団主義経営に陥る。目的志向性を高め，困難だが独立案の選好に思考を切り替えないと，集中投資されるべきエネルギーが過剰に消費されやすい。バブル経済以降の失われた20年間，設備と雇用の過剰能力が解消されずに，人員削減とデフレを繰り返す日本企業の疲弊は，適切なことを選択し資源をそれに集中するイノベーション能力に欠けていたからだと考えられる。

　ではなぜ日本企業に戦略経営者が不在なのか，を考察しておかなければならないが，1つの説明として逆説的ではあるが，誰かがやってくれるとの甘えの構造が，戦略経営者を求めない集団主義経営をつくったといえなくもない。これを有効性追求型経営に転換するには，異常なエネルギーが必要であることは，松下電器（改革後パナソニックに社名変更）や日産自動車（ルノーと提携）の事例が雄弁に物語っている。

　有効性追求の経営とは，経営者が長期生存意識を高くもち，目先の問題に囚われず，内外環境適合の新資源結合と構造改革を起こすことである。何もしない場合は，経営者を追放する客観的基準でチェックされねばならない。長期生存戦略が第1の目的であって，そのためには目先の利益を犠牲にすることも進んで実行できなくてはならない。英国の諺に「街灯の下で鍵を捜す」という諺があるが，使い古した知識の中から問題解決の鍵は見つからない。たしかに古い経験智はだれにでも了解しやすい知識だが，その中にはいま捜している問題解決の鍵はないのだ。別の暗がり（未来の不確実性）の中に落ちているからだ。暗がりの中で，手探りで捜す勇気こそ問題解決の近道なのであることを教えて

いる。

　成功する戦略経営者の場合，有効性が優先されるが，この場合どのような意思決定プロセスに従うのであろうか。戦略経営学の知見に従えば，次のようである[10]。

① 全社的，長期的に適切なこと，すなわち生存に必要な社会経済的価値の創造を構想（ビジョンの明確化）し，全社戦略に反映させる。

② ビジョンの定義に適合する製品価値はなにか。価値を実現する事業対象は何か。どのような他社と連合して価値を実現するのか。バリューチェーン（研究開発・製造・流通・販売）の全部と関わるのか，それとも特定ユニットだけか。多角経営を行っている場合は，複数市場における事業ポートフォリオが，社会的経済価値にどのような点で結びついているかを明確にした上で事業全体の組み立てを行う。

③ 組織（権限・責任・報酬・文化）の再設計を厭わず明確にし，実行する。会社ブランド，製品ブランドの設計と管理を行う。

　以上3つの戦略的意思決定を総合的・体系的に行う必要がある。これによって企業は，目先の利益を離れて「適切なこと」を行うことができるのだ。長期的観点からみれば，枝葉末節な部分の効率化をいくら積み上げても，組織外から襲ってくる巨大波の圧力を戦略に吸収させなければ価値は生まれないのである。かくてグローバリゼーション，イノベーション，ネットワーキングを戦略的要因とする価値創造の戦略構築に集中的に取り込まなければならないと言えよう。戦略的思考は，その戦略的要因の絡み合い，ないし融合に働きかける媒介変数としての効果を持つ。

　この有効性の原理との関連で，もう一点，日本企業の弱みを改める必要があ

---

10) David J. Collis & Cynthia A. Montgomery（1998）参照。近年，グローバリゼーション対応の戦略をモジュール化，アウトソーシングなど取引費用の観点から形成すればよしとする学術的風潮がみられるが，度が過ぎると危険である。コリス＆モンゴメリーは，事業拡大には，「地理的・製品市場・垂直統合」の3次元から実行可能性を確認しなければ，高い代償を伴う多くの失敗を回避できないと警告している。

る。それはリスクに対する過剰反応である。失敗を恐れる文化が強い場合，取引にノーリスクを求めることが考えられる。ベンチャービジネスに対する金融機関の姿勢やリスク管理ノウハウの欠如などが典型である。しかし，ノーリスクを求めれば，ノーリターンになる。適切なリスクを進んでとりにいく強かな文化を創造しないと，適切なリターンを手に入れることはできない。「適切なことを行う」のなかには，「適切なリスクを取る」ことが当然含まれていることを見落としてはならない。ただリスクヘッジは妨げない。

戦略的思考の 2：ゲームの設計者が競争優位を獲得する

　ビジネスは一面，ゲームでもある。グローバル市場は大きく，したがってゲーム論的発想から競争優位を獲得するチャンスも多い[11]。多くのプロジェクトの中から適切な価値の創造プロジェクトを選択・集中する有効性原理が，特定のプロジェクトにこだわる効率性原理に勝るのは当然だ。しかし，現実の企業の多くは，効率性の罠から脱していても高付加価値が得られず苦しんでいる。なぜなら有効性原理を使った経営でも，さらに高等な戦略的思考を使ってゲーム理論上の競争優位を獲得できる戦略があるということを理解できていないからである。適切な製品価値を選択し，その実現に向けて経営資源の集中ができたとしても，その出口には大抵強力なライバルが待ち受けていることを考えなくてはいけない。これが第 2 の戦略的思考である。第一の戦略的思考が企

11）　歴史的にみると，企業が今日のようなグローバルな富の争奪戦の主役になる以前には，国家間の富の争奪戦が繰り広げられてきたわけで，つまり戦争という形式であたかもチェス・ゲームのように国富が収奪されてきた。このような点に注目し，ビジネス競争をゲームとして捉えることによって，歴史的なゲームの勝利者の戦略的思考に学ぼうとするアプローチも近年見られる。筆者も，戦略論である限り，この歴史的ノウハウをグローバル戦略の理解の一助として活用すべきと考えている。次の文献を参照。竹内靖雄（2005），および菊澤研宗（2008）。そもそも Strategy という概念それ自体，歴史を遡れば，将軍（リーダー）の学問にたどり着くのであれば，この戦略概念を組み込んだ戦略経営学も，歴史の源流に言及し，そこにおける歴史的知恵の遺産を活用することが必要ではないかと考えている。それによって戦略経営学に人間科学・社会科学としての正当性が授与され，進化する戦略経営学としての存在感が高まるものと考えている。

業成長の戦略思考とすれば，第2の戦略的思考はライバルを意識した企業間のパイの分配関係に向けられる。

　ハーバード大ビジネススクールの戦略研究家マイケル・ポーター（M.E..Porter）は，産業組織論的観点から，業界内でのライバルに負けない競争優位の戦略（競争戦略）パターンを究明し，コストリーダーシップ，差別化，集中化の3つの戦略型を発見した。このなかの1つを選択して経営資源を集中することで事業競争上の優位を確立すべしと主張した[12]。

　戦後の日本企業は，標準化された製品価値を低コストで提供するコストリーダーシップ戦略を展開し，低利潤をも厭わずに先進国マーケットを切り崩し，スケールメリットを活かした低価格戦略によって輸出シェアを高めた。ただこのアプローチには限界があった。それは製品価値を提供する製品市場が安定的に成長する状況であれば問題はないが，本章が対象とする不確実性の高いグローバル市場での競争戦略としては限界があることがわかってきた。中国やインドなど新興国企業が，低賃金を活かした絶対的なコスト優位で製品価値を提供し，新たなライバルとして登場したからだ。勤勉な労働者集団をベースとするかつての日本型経営のコストリーダーシップ戦略は，国内の雇用を含めた物価高と円高から輸出可能な海外市場を次々と奪われ，年々シェアを落としコスト優位性を失ってきた。国内市場も，人口の減少や高齢化によってすでに経済規模の縮小傾向が始まっている。

　しかしそれでも，希望が全くみられないわけではない。ユニクロ・ブランドのファストリテイリング（Fast Retailing）や任天堂の戦略的思考は，グローバル市場でも有効な競争優位性を構築・維持している。小売業のイオン（AEON）やセブン＆アイ（SEVEN&I HOLDINGS）でもフランチャイズやPB商品開発によっ

---

[12] Michael E. Porter（1998）を参照されたい。本書では，ポーターは競争戦略とともに企業戦略（本稿でいう成長戦略）を論じている。ただそこではポートフォリオやリストラや資源移転の戦略的思考が展開されてはいるが，今日のグローバルな外部環境の激変や時代の移行期との関係で具体的にどのように成長戦略を形成したらよいのかについては，言及されていない。本章は，これを補強し，現代の企業戦略論（成長論）にとって有効な戦略的思考を一層高めるための考察を行っている。

て独自の競争優位を構築している。これら各社に共通する戦略的思考は，ゲームの支配者のポジションを確保するためのコア・コンピタンスを資源ベースの戦略に活用している点にある。なぜ競争優位が構築・維持できるのか。

　これらの企業に共通する戦略的思考は，ビジネスゲームのルールを主体的に設計・変更することによって，バリューチェーン（価値連鎖）の中での競争優位なビジネス・ユニットを占拠しているからである。いってみれば，バリューチェーンの仕切り屋のポジションをとることにある。つまり，サプライヤーから流通業者，さらに顧客までを含めたバリューチェーン全体の設計・変更やプレーヤーの数をコントロールして，競争優位の再構築を連続的に行う思考法をとっている。ゲーム論的にみると，ゲームのルールばかりか枠組み全体を変えてしまうことは，知の組み換えの思考法として他企業の模倣・追随を許さない有力な戦略モデルとなっている。

　ファストリテイリングの事例は，製造小売という事業範囲を広げた新しいアパレル事業モデル（SPAという）をグローバル視点で構想し，品揃えを限定したバリューチェーンのメンバーに中国やベトナムなどの低賃金の現地企業を自社専属の工場として有利な契約条件の下に組み入れ，競合する伝統的ビジネスモデルのメーカー（ライバル）の競争ポジションを劣位に追い込んだのだ。任天堂の事例も自社に有利になるようなソフト納入業者との独占契約をベースに，バリューチェーン全体の設計者に与えられる最大のうまみ（高付加価値）を享受している。フランチャイズの設計者やPB商品の開発者も，製造業者や販売店を自社の設計するバリューチェーンの中に取り込み，付加価値全体の中で自社に分配される付加価値を最大にする競争優位を構築している。各社に共通する戦略的思考は，利潤の薄くなった既存の事業モデルを破壊する目的で，新たな視点から事業モデルを設計し，業務のルールを詳細に定め，事業に参加する企業を広く世界に求めて価値連鎖を構築しようとすることである。したがって，その戦略的思考は，「ゲーム理論」的思考に近いものがある。

　ビジネス競争を所与の競争ルールの下でのプレーヤー間の付加価値争奪戦と捉えたのが，従来の日本企業の思考方法であった。しかし，ゲーム理論からす

れば，ビジネスの「場」を自ら設計し管理するオーナーも，ゲームのメンバーに加えなければならない。オーナーはビジネスモデル（ゲーム）を設計し，特定の価値を創造するために参加する企業（プレーヤー）を集める。プレーヤーはオーナーの定めた場所（ゲームのルールの束）に従ってゲームを行う。ゲームの結果，ゲーム全体が生み出す付加価値を計算し付加価値分配を支配することでゲームは終結する。このとき，場の設計者であるオーナーが最も高い配当を得るのが普通である。パソコンのデル，携帯電話のアップル，アパレルのギャップ，小売のウォルマートなど高収益の米国企業に多く見られるビジネスモデルである。かれらは，バリューチェーンを構成する個々の専門知識をすべて持っているわけではない。他の多様な専門知識を結合して，新しい価値ある知識を創造しているのだ。

　勤勉な集団主義的活動によって現場コストのカイゼンに依存する伝統的な日本の戦略モデルも大事だが，ゲームのルールを設計・変更することで自社が優位なポジションを獲得する戦略的思考を学ぶべきだった。例えば，ハード機器は無料で提供し顧客を吸引しておいてソフトで儲ける戦略も勝つためのゲームの設計に基づいている。またゲームの細かいルールにおいても変更することで自己に有利なポジションを確立することもできる。また，ガソリン自動車を電気自動車に転換することや，さらには金融のグローバル化（自由化）の下で，BIS基準（銀行に課せられた自己資本比率）のレベル引き上げたり，会計基準を国際財務報告基準（IFRS）に変更させたり，外国為替水準を急激に高くしたり低く抑えたりして，国家と企業の連携による競争優位の再構築に影響を与えることなどが第2の戦略的思考である。

　いずれにしても，日本企業に戦略的思考があるのかないのか，ただ勤勉に一つの枠組内に留まり，その中でひたすら働く精神だけが強要されてきたように思われる。ところがグローバル市場は広く多様だ。ビジネス・チャンスも多く，バリューチェーンの形態の多様性も広がっている。このため有利にゲームを進めるために，枠組み設計や変更自体が大きな付加価値をもたらす源泉になってくる。特に内向的文化の強い日本企業で嫌われるM&Aや戦略的アライ

アンスにおいては，有利な価格で取引を進めるためにゲーム論的な思考方法が活用されている。ここでは勤勉な才能が勝利を呼び込むのではない。ゲームは双方向のコミュニケーション能力（交渉力）が勝利を呼び込むのだ。グローバル戦略の展開において，海外におけるM&Aや戦略的アライアンスは市場競争のスピードを上げ，バリューチェーンそれ自体の変革を加速化している。たしかに企業をモノと同じように商品化して売買することを嫌う日本企業は多い。企業は勤勉に働く従業員のものであるとの価値観や信念を醸成する終身雇用制や権威主義的「お上意識」を高める年功序列型人事制度を尊重する日本企業だからこそ，企業の商品化を受け入れることができないことは理解できる。しかしこの論理は，企業成長に必要な論理の1つの形態ではあるかもしれないが，多様化に寛容でなければならないグローバル時代には，ゲームに勝つ戦略的思考としては極めて限界がある。

戦略的思考の3：オンリーワンの戦略：競争優位はコンピタンスが創る

　日本企業の弱みとして指摘できるものに自前主義という考え方がある。自前主義は，総花的ビジネスモデルとも呼ばれるが，他社に任せず，自社に抱え込める業務はすべて囲い込むという意味で何でも抱え込む自前主義といわれる。よほど高収益の事業なら他社にアウトソーシングしないで，自前で引き受けたほうがいいに決まっているが，低収益の事業でも自社に抱え込んでしまうという考え方には問題がある。なぜ自前主義なのかの説明としては，終身雇用主義の日本企業では社員を家族とみなして社員の雇用を維持・拡大するために様々な事業を取り込んで業容拡大する，つまり社外に仕事は持ち出さないで自社や系列会社内で大切に保持するという大家族主義的な価値観が影響しているからだと考えられる。たとえ株主に分配するほどの利益は得られなくとも従業員給与だけ確保できれば仕事を拡大するといった従業員中心の家族主義経営が行われやすくなる。

　しかしこの考え方は，従業員が他人の資源である資本を自己都合で借用するといった資本主義としては反倫理的な思考法である。どうしてこのようなおか

しな価値観が根付いてしまったのかについては次のように説明できる。戦後の資本不足時代には，企業金融は間接金融方式が支配的であった。このため株主の地位は低く，逆に銀行の地位は高かった。この銀行にとってよい企業とは，銀行に金利支払いと元本の期限内返済のできるものであった。企業にとっても良い銀行とは，借り入れに柔軟に応じ支援してくれるものであった。低収益事業でも赤字を出さなければ，抱え込んでしまったほうが双方にとって利益だったからだ。これに輪をかけたのが，大企業信仰であった。大きいことは貸す側，借りる側の双方にとっていいことだと，非合理的な多角化経営まで盛んになった。このため一般に日本企業のROA（総資産利益率）や労働生産性が先進国レベルで見ると非常に低い，という事実が欧米から批判されている。

　しかし，時代は金融のグローバル化が進むにつれ，低収益の日本企業の格付けは低くなる傾向におかれ，有利な資金調達は容易ではなくなってくる。逆に，技術革新を取り込んだ新規投資には資本を回さなければ競争力が維持できないという矛盾に直面するようになってきた。さらに異業種企業やベンチャービジネスが業界の垣根を越えて新規参入することも多くなり，規模が大きいだけでは生存できないという危機感が生じてきた。例えば，ネット企業が金融や小売業，さらには放送や広告業やスポーツ業界にまで多角化の触手を伸ばす。楽天やソフトバンクやグーグルなどがその事例である。

　こうなると日本企業に必要なのは，高収益を獲得する資源結合力を高めることである。それには強みとなるコア・コンピタンス（中核になる競争要因）が何かを把握し，伸ばしていく経営をしなければならない。コアにならない余分な事業や資産や社員を整理し，コアになる事業や資産や社員の獲得に資金を集中することが競争力を高める戦略になる。ナンバーワンになる前に，まずオンリーワン，つまりコンピタンスで輝く企業たれということである。

　それではコアとなる競争要因（能力）をどのように蓄積するかということだが，日本企業のような集団主義・平等主義・横並び主義の価値観に染まった組織では，コアか否かの評価（格差付け）は難しいのが現実だ。こうした状況を打破する提案として，「他社にできることは他社に任せる」という市場経済的

視点の取り入れを考えてみるべきである。自社でできることでも他社はより安い価格で仕事を請け負うということであれば，他社に任せることで低収益事業から逃れられる。数量化された価格基準ならば，組織全体にわかりやすく客観的評価も可能である。それでも，この考え方を市場主義の導入だと批判する勢力も強い。たしかに市場価格を判断基準にして事業をふるい分けすることには問題もある。市場価格から見ての損得勘定でふるい分けをしてはならない場合もあるからだ。損得につながらなくても仕事から学ぶ経験は将来の貴重な成長潜在能力になる。確かにその通りかも知れない。ただ安ければいいとする安易な市場主義は排斥すべきである。しかし，ここでの議論は，資源新結合による高収益の競争力向上であるから，他社にできることはできるだけ他社に任せる（模倣を恐れない）というふるい分けを取り入れることで，組織全体に外部との競争意識を高め，自社独自のコア能力（オンリーワン）を育てようとする力強い組織文化を醸成する効果に期待すべきだ。

戦略的思考の4：イノベーション型マーケティング戦略を展開すること

　ここでは技術革新がもたらす新付加価値の普及戦略について述べる。シュンペーターが主張するように，経済発展は革新技術を使った新しい価値を社会に普及・定着・制度化させることであり，そのためには当該価値の社会的な「布教」活動が不可欠である。通常の製品サービスのマーケティングとは異なる社会的に新しい生活スタイルや価値観を提案し布教するマーケティング戦略がなければ，新しく社会に価値を付加することはできない。ここで敢えて宗教用語の「布教」と呼んだのは，通常のマーケティングとは異なる価値観の宣伝だからである。従来信じられていた価値観を消費者が変えるには，それ相当の出来事が起こらなければならない。つまり人間の信念を揺るがすショックが加えられなければならないのだ。時間がかかるであろう。辛抱強く新しい価値を伝え，その効用を納得させ，心に浸透させなければならない。それはあたかも新興宗教の布教活動にも似て，異端者扱いされる場合も少なくない。

　ソフトバンクの事例が示すように，企業成長にはイノベーション戦略の進め

方が重要である。ソフトバンクは，情報ソフトという新しい価値財をどのように普及させたのか。実に，意表をつくようなマーケティング戦略を展開してきた。リーダーの孫正義は，異端者扱いに甘んじなければならなかった。企業の命運をかけた身分不相応な規模のマーケティング投資を実行した。それは，米インテル社の創設者であるゴードン・ムーアが唱えた Moor's Law という法則にみるように，情報技術の進化（情報コストの低減）の速度は，画期的だったからだ。日本企業にはこの進化の本質が見えず，スピードに付いていけなかった。追随できないということは，技術開発に投資した資金の回収が十分でない状態のまま，次々と新しい革新技術の開発に資金を回さなければならないということである。その結果，技術だけが積みあがり日本の通信企業は技術の宝庫とはなったが，［ガラパゴス現象］と冷笑されるように利益なき繁忙の会社となった。実体は資金回収不能の不良技術の在庫の山を抱え込んでしまったのだ。携帯電話にみる日本メーカーのグローバル市場での敗退の真因は，新しい付加価値型マーケティングが理解できなかったことにあると考える。

　このように第4の戦略的思考としては，研究開発投資を回収する強い意志を持ったマーケティングの重要性を認識するものでなければならない。しかしなぜ日本企業はこの重要性が認識・反省できなかったのか。この説明として，日本企業は，研究開発投資とその回収のためのマーケティング投資とはまったく一体だという認識ができていなかったからだと考える。つまり，技術開発の成功は，社会的価値を生み出すことと同じではないという認識に欠けていたということだ。別の表現を使えば，invention（発明）と innovation（革新）の区別ができなかったということであろう。

　技術の発明は，たとえその技術がノーベル賞クラスのハイテク技術であっても，それ自体が価値を社会にもたらすものではない。日本は技術者信仰が強く，研究所はエリート集団であるとして別格扱いする傾向が強い。だが，研究部門だけがいくら頑張っても意味がないのだ。社会的価値の観点から，平たく言えば，顧客の視点から技術価値の評価がおこなわれていなければならない。顧客に価値が受け入れられ，現金の支払いがなされなければ，研究開発投資の

回収は不可能である。顧客満足の程度に応じてしか資金は回収できないはずだ。であるから，顧客に価値を認知・浸透させること，さらに価値の品質や機能を顧客満足に合わせて高めていくというマーケティング部門中心の全社的展開にしなくてはならないのだ。研究開発，マーケティング，ファイナンスの「三位一体の総合戦略」が不可欠なのである。これらの一連の顧客満足志向の活動こそイノベーション型マーケティングの本質であり，持続的競争優位の源泉なのである。

このイノベーション型マーケティングの勝利は，提供する価値の社会的標準化（ディファクトスタンダード）の勝利によって決まる。ディファクトスタンダード（defacto standard）とは，事実上の標準という意味だが，その真意は標準の決定権を握るものは，顧客の創造者である企業家にあるという考え方だ。前述のシュンペーター理論は，だから経済発展は，企業家によって創られると主張したのである。ドラッカーもこれを支持し，顧客の創造こそ企業成長の源泉だと主張した[13]。

例えば，薄型テレビを例に採ろう。家電量販店には液晶とプラズマの2つの技術系統の薄型テレビが陳列されている。実際はその背景には，それぞれの技術系統のテレビを顧客に提供する一連の付加価値活動（価値連鎖）が互いに「覇権を目指して競争」している。顧客にとっては品質・価格・機能の点で満足を満たしてくれる製品ならばどれでもいい。つまり結果よければ，である。新興国市場を見れば，機能や品質が劣っていても，それ相応に安い価格の製品を支持し購入する多くの顧客がいる。その選ばれた製品価値を提供するバリュー

---

13) P. F. Drucker（1954）。本書の中で，ドラッカーは，企業の目的は顧客の創造であると主張する。それは，顧客の認める価値を創造するのが，企業の目的でなければならないからである。かくて経済発展を主導するのは，顧客価値を志向する企業（家）ということになる。この点に言及して，ドラッカーは「現在の経済理論には，技術やイノベーションの入る余地がない。しかし，現実には，企業家精神と，発明と，イノベーションが経済を一夜にして根本から変えてしまう」（ドラッカー（1992））と述べ，現在の経済学の限界を指摘する。国家は，企業をどう活かすかが国益になるのであって，企業と敵対したり，支配・介入したりする対象にしてはならないことが示唆されていて実に鋭い。

チェーンが勝利を収めるのである。勝者には，敗者のマーケットシェアがリターン（褒賞金）として与えられて，さらにコストを下げて市場支配力を強化することができる。それが社会的標準化を不動のものにしていく。

こうした価値連鎖間の戦いに勝利しない限り，技術をいくら積み上げても資金は回収できない。やがて保有資金は枯渇する。日本企業が反省すべきは，ディファクトスタンダードを戦略の中心に据えて，それに対応するマーケティング戦略をしなくてはならないということである。国内で，家電メーカー同士が潰し合いをするのではなく，グローバルレベルの価値連鎖（企業連合軍）を構築するための海外現地企業の取り込みをしなければならないのだ。排斥主義ではなく同胞主義に徹しなくてはならないのがディファクトスタンダードの戦略的思考なのである。それにしても，こうした目的のもとに協調することがなぜ日本企業にできないのであろうか。

その説明として，日本企業の戦略的思考には協調概念が希薄だということが考えられる。これは一見すると日本の常識から外れた見方だと思われよう。しかし，現実は，国内競争にみるように排他主義の横行が目立つ。求められているのは，ウィン・ウィン（共生）の思想を理解し，活用する能力なのだ。日本人による日本人のための日本の企業という思考・慣習・制度はソトに対して冷たく排他的である。これを根本的に見直さなければ，ディファクト・スタンダード戦略は日本企業には無理だということになる。グローバルな戦略は，世界を顧客として，また世界を生産者仲間として捉え，自らを中心にするバリューチェーン集団としての勝利を目指すものだ。ウィン・ウィン・ウィンのウィンをいくつ重ねることができるか。これこそ勝者の戦略的思考というべきものなのである。日本人のウチとソトを分ける文化には，限界が見える[14]。

---

14) 戦後の「日本的経営」の強さを論じたジェームス・C・アベグレンは，新訳版として『日本の経営』，日本経済新聞社，2004年を出版した。この序文の中で，アベグレンは，いまなお日本企業は終身雇用制（文化）を捨ててはならないと警告している。しかし筆者は，この考えはグローバル時代には，成長戦略の設計と実施にとって限界があると考えている。成長戦略は，海外の異質な文化を持つ人的資源を積極的に取り込み，世界のさまざまな資源結合を実現しなければならないからである。

戦略的思考の5：「企業品格」を競争優位の構築に利用するガバナンス戦略

　第五の戦略的思考としてコーポレート・ガバナンス戦略を取り上げねばならない。企業統治の戦略と訳すが，外部に対しては「企業の品格」（Corporate Integrity）を意味している。一般に，ガバナンス概念は，企業だけのものではなく，政府や社会・家庭でもガバナンスは機能しなければならない。それが機能しない組織には，人が付いてこないからだ。しっかりルールにしたがって統治されていれば，他人は信頼して付いてくる。これが持続できれば，信頼は尊敬に変わる。日本企業は，まず「信頼企業」を目指して，それから「尊敬企業」へとレベルを高めていくことが，多様性に満ちたグローバル市場では重要なのである。第2次世界大戦の「負の遺産」をいまだに引きずっている日本企業は，国家あげての共通した戦略的思考をとらねばならない。企業には社員が，政府には国民が，家庭には家族がいる。それぞれの部門に所属するすべてのメンバーが品格のある価値創造に連鎖していかなければ日本の交渉力を高めることはできない。成功すれば，血縁を超えた普遍的な人間の強い絆が得られる。米企業が人権を尊重し，民主主義の普及をスローガンにしているのは，多分にこの戦略のためである。

　ところがこのグローバル時代に，各国の政府，企業，社会・家庭といったグローバル・プレーヤーの間にガバナンスの相違があることが問題になっている。なぜ問題かというと，種類の違うプレーヤー間の相互作用が高まり，それぞれの文化や制度の違いが摩擦を起こし始めたからだ。日本企業にはお互いに暗黙の了解というコンセンサス文化の上で企業統治がなされてきた。社員は，新卒一括同時採用に始まり，同時に定年退職する。しかし一般に，ガバナンスの在り方は，欧米の論理ばかりが正当だということにはもちろんならないが，歴史的文化（経路依存性）を尊重するとともに，グローバルなガバナンス標準なるものが時間をかけて形成されていくプロセスを受容するのが自然だとも考えられる。

　したがって相互に到底理解できないほどの違いが，各国プレーヤー間に見られるとしたら，紛争や摩擦の激化でグローバル社会は永久に成立しえない。形

式的に共同体を形成しても持続はしないだろう。グローバル・イノベーションに相応するグローバル・ネットワーキングが求められるとすれば，スピードのある各国ガバナンス間の調整が不可欠なのである。

　こうした視点から日本企業のガバナンスを評価すると，異質な点が多いと指摘せざるを得ない。まず「暗黙の了解」文化は内部者間の了解にすぎず，文化の異なる外部者や外国人からは理解しにくい。信頼してください，と頼んでも，裏づけがなく信頼されることは，人間が神であることを証明しえない限りありえないことだ。2009 年ノーベル経済賞を受けたウィリアムソン（O. Williamson）は，この人間の本性である機会主義的性質を内部組織の経済学に取り込んだように[15]，欧米文化ではそもそも人間は神ではなく，隙あらば私欲を肥やすのが普通と考える。ゆえに，組織活動の透明性や経営者の監督制度を客観的かつ透明なルールとして導入していくことは，各国プレーヤー間の取引コストを少なくし，円滑な経済社会を形成する上で有益である。

　ところで 2010 年，米国で信じられないガバナンス事件が発生した。日本社会全体に衝撃が走った。日本ご自慢のトヨタ自動車のリコール事件である。高品質の世界企業として評判が高かったトヨタ自動車のガバナンスに不信が生じたのである。日本社会には，「米国の罠」にはめられたかのような非難・反論も風評として伝わってきたが，ガバナンス文化の違いが両国間にあって，それが炎上したといえなくもない[16] トヨタのグローバル戦略が，いまだ未成熟な段階にあることを露呈したかのような事件でもあった。米国の消費者からの非難・苦情が全国から寄せられ，これに対するトヨタ側の対応は的確・迅速ではなかった。このため対応の遅れに全米から批判の火の手があがった。米ジャー

---

15)　Oliver E. Williamson（1975）を参照されたい。
16)　米ミシガン大のジェフリー・ライカ教授は，本質をついた見解を述べている。この事件は，トヨタが陥った「世界一」の罠であったと指摘した。つまり世界一になると，叩かれることを覚悟しなければならないという警告であるという。これまでの日本は，経済主義で物事を考え，問題処理してきたが，グローバル時代には，その考えは古いこと，それに加えて政治・文化を加えた総合主義で物事を考え，問題処理しなければならないと主張している。（『日経ビジネス』2010 年 10 月 18 日号参照）

ナリズム界がこれを煽ったことが結果論として知られている。トヨタ側が「米国製」部品の欠陥に問題があったとコメントしたことが責任転嫁だとして火に油を注ぐ不信を招いてしまった。中国をはじめ世界の消費者にもこの事件は報道され，トヨタの品格と人気は取り返しのつかない損傷を受けた。

　たしかにグローバル企業であろうとなかろうと，海外製の部品であろうとなかろうと，自社が設計し管理している範囲の部品を使っていれば，それは自己責任の範囲内にある。現地部品メーカー責任説は，顧客を満足させる説明には到底なり得ない。事件の真相には不透明さが付きまとうが，トヨタの企業ブランドの損傷（ガバナンスの失敗によるコスト）は計り知れないばかりか，日本企業全体に対しても「モノづくり日本」のブランドが傷ついたということである。すでに米国自動車市場では，韓国の現代が日産，ホンダを抜いてトヨタの背後に迫ってきている。また，明日の市場では中国車，さらにはインド車が日本車の潜在的ライバルとして登場してきてもいる。トヨタの今回の事件は，日本企業が共有すべき問題と捉え，ガバナンスに油断がないかどうか，時間と費用をかけて見直すことが，中長期のコストを最小限に止めるという点で，戦略的思考に加えられるべきだ。

　さらにもう１点，ガバナンス形成の戦略的思考を加えたい。トヨタ・リコール事件は日本企業のモノづくり体制のガバナンス問題と見られがちであるが，実は消費者対応の問題でもあったという点である。製造現場のガバナンス問題と消費者対応の現場のガバナンス問題との二面性をもった問題なのであることを認識すべきだ。前者は製造現場の監督体制が問われるが，後者は消費者被害というリスクマネジメントの問題であり，トップマネジメントの重大な戦略的思考領域に属する性格のものである。単なる現地経営者の責任範囲のことと済ませることはできない。トップが消費者の前面にたって問題処理をしなければならない品格の問題なのである。しかし果たして，日本企業のトップマネジメントに今後，危機管理能力がどれだけあるのだろうか。日本企業のトップをはじめ幹部の選抜が，終身雇用制と年功制の枠組の中で進められているようでは，外部者の厳しい監督・評価が介在する余地がほとんどない。日本企業が現

在取り組み始めたグローバル戦略は，地球規模の視点で品格をもって市場と資源の適正なマネジメントができなくてはならない。この場合，グローバルな人的資源を従来の社内育成による人材供給にどこまで頼れるのか，この点が内部志向の日本企業のアキレス腱になる可能性が高まっている。トヨタのリコール事件の原因は，本社からの人材派遣が十分に行えない，つまり兵站線（ロジスティック）が人材供給能力不足のために伸びきってしまい，サポートすべき米国現地の事業経営が米国流ガバナンスに適応できなかったことが想定される。外部の目や声が届きにくい鎖国のような日本の内向き体質を破壊して，よりオープンでフラットな組織に制度改革を行っていくことが第5の戦略的思考として取り上げる理由なのである。

おわりに

本章では，衰退する日本企業のグローバル競争力を再構築する目的で，戦略的思考に基づく成長戦略の在り方を考察した。研究の枠組みとしては，環境変化と対応戦略と対応能力という3点からの総合的分析視点をもち，日本企業の地位低落傾向とその根本原因を究明し，その上で日本企業の競争力再構築のために取るべき5つの戦略的思考を戦略経営学の観点から選択・提言した。

この5つの戦略的思考の提言のための研究プロセスとして，まずその前提となる現代企業を取り巻く環境変化の波動の構造を究明した。戦後の日本企業が経験したことがない圧力を持った巨大な波動がどのような要因から生まれ，その要因間でどのような相互作用が起き，巨大な波が隆起・拡大してきたのかを解明した。そこでは3つの要因を選択した。①規制撤廃，②技術革新，③金融のグローバル化である。このような究明のプロセスから，戦略的思考を導く3つの概念を導出した。グローバリゼーション，イノベーション，ネットワーキングの3つである。

この三つの概念から成る分析枠組みの下で，本章の目的である日本企業復活のための戦略的思考を考察・提言したが，その実証的考察に基づく戦略的思考の探究から，日本企業について何がわかって，今後どうすべきかについてイン

プリケーションを示しておきたい．

　まず第一点として日本企業のグローバル競争力であるが，トヨタのリコール問題の例に当てはめればわかりやすい．現実はグローバルな問題でつまずいたというよりは，グローバル化への前段階であるインターナショナルな問題でつまずいていたと言わざるをえない．すなわち従来の日本流の問題解決法は1つの考え方に過ぎないにもかかわらず，それが米国でも欧州でもアジアでも通用する世界万能の方法だと錯覚してしまったことに根因があった．言い換えれば各国・各地域別に市場と資源をマネジメントできる責任体制（分権化）が築かれていなければならないにも拘らず，それがおろそかにされてきたために，罰としてリコールという厳しい処罰を受けてしまったと考えられる．このことは，同様に，多くの日本企業が今日，グローバル企業を目指すと宣言しているが，この宣言にはやや行き過ぎがあるのではないかと懸念される．むしろ本格的な多国籍企業を目指すべき段階にあり，世界各地でのヒト，モノ，カネ，情報の現地化に力を入れるべきではないか．米英企業のグローバル化と同レベルで考えることには，現地化の点でかなり無理があるようである．というよりむしろ米英の設計したインフラ（ゲームの基盤）の上でビジネスをさせていただいてきたというのが実態なのではないか．地政学でいう「バンドワゴン」戦略である．この厳しい現実を重く受け止めることが，戦略的思考「1」の有効性の原理に適っている．したがって，しばらくの間，母国の日本政府と協力して，世界各地との絆を深める人的・物的投資をし，多国籍企業として世界の多様な戦略的思考やゲームのルールを学習すべきではないかと考える．

　第2点は，日本企業の国際コミュニケーション能力（国際交渉力）のことである．戦略的思考の「4」で提示したイノベーション型マーケティングで詳説したように，この能力を緊急に伸ばさなければならないということである．これは日本企業同士でバリューチェーン（垂直統合）を形成してきた戦後の成長期には，輸出が企業成長をリードする原動力であったから，総合商社などの一部の組織の国際交渉力に依存していればよかった．しかし，輸出戦略から直接投資戦略に企業成長戦略が切り替わるようになって以来，進出先国市場におけ

るコミュニケーションを間接コントロールから直接コントロールに切り替えなければならなくなった。つまり製品価値の創造的破壊活動が世界各地に拡大し，それに伴って高度・広域の多様なコミュニケーション（イノベーション型マーケティング）能力が不可欠になってきたということである。もちろんグローバルビジネスの共通言語として英語力は重要だが，そのレベルは英語でイノベーションを推進し，バリューチェーンを形成するために連鎖を設計・管理できる専門知識に裏付けられた交渉のための英語力が求められるようになっている。ところが日本では，外国で交渉できるような英語教育がほとんど行われていないのだ。つまりグローバル化を進める海外派遣の人材育成が，なぜか国内では日本語優先という声で抑制されてきた。これではトヨタのようなリコール問題が世界各地で発生した場合，日本企業は人材不足から現地対応に失敗する。まずトップの人材が通訳を介在せずに直接世界のトップと英語で交渉できなければ，新たなゲームの設計や変更（戦略的思考の「2」）にすら気づかないであろう。少なくとも企業幹部については，英語による交渉力とコミュニケーションができ，問題処理案をグローバルな場でプレゼンテーションできる能力が不可欠である。そこで日本企業の戦略的思考としては，政府にも働きかけ，日本のビジネス・インフラのグローバル化を産官学協力によって実現するよう働きかけるべきである。アジアの「ガラパゴス諸島」と冷笑され孤立化の道を突き進まないためにである。

　第3点は，日本企業の社内文化である。実に世界の動きに対し閉鎖的な人事やタテ型組織をはじめ，その他の資源の内向きの管理が暗黙に処理されてきた。また意思決定に必要な情報の共有化も遅れていることが指摘される。情報が私物化されても監督・指導・処罰することができない。それでも会社や上司を信頼せよと迫られる。伝統の家族主義や年功序列主義が適正に機能していないからだ。これでは外国人は，取引相手として信頼するに値しないと見下すだろう。ましてや海外現地企業が日本企業を信頼してついてくるか，つまり日本設計のバリューチェーンに意欲的に参加する動機を持ち得るかどうか大いに疑問だ。戦略経営学の日本社会への浸透を急がなくてはならないといえる。

米国は，1970年代から80年代にかけて自国の競争力の見直しを徹底して実施した（戦略的志向の「3」）。現在の日本のポジションは，ちょうど30-40年前の米国の状況に相当すると考えられる。日本も将来の成長戦略を構築するには，地経学を取り込んだ戦略経営学の観点からコア・コンピタンスの集中的育成を最優先し，企業競争力を含む日本システム全体の競争力の抜本的見直しと強化を決意して実行すべきである。中国，ロシア，朝鮮半島などユーラシアの興隆を抜きに，日本企業の成長復活は考えられないからである。

参 考 文 献

奥山真司（2004）『地政学』，五月書房。
菊澤研宗（2008）『戦略学』，ダイヤモンド社。
鈴木敏文・林昇一監修（2008）『経営革新』。
Z・ブレジンスキー（1998）『世界はこう動く』（山岡洋一訳），日本経済新聞社。
竹内靖雄（2005）『戦争とゲーム理論の戦略思考』，日本実業出版社。
田中努編（2007）『日本論：グローバル化する日本』中央大学出版部。
中央大学大学院総合政策研究科日本論委員会編（2000）『日本論』中央大学出版部。
徳永善昭稿（2010）「グローバル競争における持続的競争優位」，『国際戦略経営研究学会』第3回全国大会。
ドラッカー（1992）『未来企業』ダイヤモンド社。
トーマス・フリードマン（2006）『フラット化する世界』（上・下）日本経済新聞社。
林昇一・徳永善昭（1995）『グローバル企業論』中央経済社。
林昇一・高橋宏幸編著（2003）『戦略経営ハンドブック』，中央経済社。
マイケル・ポーター編著（1989）『グローバル企業の競争戦略』（土岐・中辻・小野寺訳），ダイヤモンド社。
吉川洋（2009）『今こそ，ケインズとシュンペーターに学べ』ダイヤモンド社。
ジェームス・C・アベグレン（2004）『日本の経営』（改訂版），日本経済新聞社。
『日経ビジネス』2010年10月18日号。
David J. Collis & Cynthia A.　Montgomery（1998），*Corporate Strategy*,（根来龍之・蛭田啓・久保亮一訳（2004）『資源ベースの経営戦略論』，東洋経済新報社）．
J. B. Barney and D. N. CLark（2007）*Resource-Beced Theory : Creating and Susteining Competitive Advantage*.
Michael E. Porter（1998），*On Competition*,（竹内弘高訳（1999）『競争戦略論Ⅰ』，ダイヤモンド社）．
Oliver E. Williamson（1975），*Markets and Hierarchies*,（浅沼・岩崎訳（1980）『市場と企業組織』，日本評論社）．
Peter McKierman (ed. 1996), *Historical Evolution of Strategic Management*　(Vol-

ume Ⅰ・Volume Ⅱ）．

P. F. Drucker（1954），*The Practice of Managemen*，（野田一夫監訳（1965）『現代の経営（上）』（改訳版），ダイヤモンド社）．

Schmpeter, J. A.（1934），*The Theory of Economic Development*, Cambridge, MA, Harvard University Press,（塩野谷・中山・東畑訳（1977）『経済発展の理論』，岩波文庫）．

第 2 章

グローバル展開と日本企業の課題

はじめに

　生産拠点を海外に移転し，日本企業の経営に考察されるグローバルな展開が近年急速に進んでいる。企業によっては研究・開発拠点も事業進出国に移転し，進出国の事業責任者も海外人材を登用するケースが急速に増加している。このことは日本企業の経営における大きな転換期を迎えているといえる。その背景には米・欧を震源地とする金融危機に端を発する先進国経済の不振，失業率の高止まりと消費停滞がある。傍ら，中国をはじめとするBRICs各国ならびにインドネシア等ASEAN諸国の高度経済成長と競争力を生む割安の生産コスト，市場ニーズに最もマッチした商品仕様等の対応があり，従来の輸出パターンに代わって多くの企業がBRICs各国並びにインドネシアをはじめとするアジア諸国への進出を含めグローバルな事業展開にシフトしている。加えて昨今の急激な円高による価格競争力の低下と企業利益の圧迫である。

　日本企業がそうしたグローバルな事業展開の取り組みにあたり，グローバル人材開発，育成，登用を含め多くの課題に直面しているが，幸いにも過去約140年の企業経営の近代化に向けての歴史を通じて，日本企業がグローバル事業展開に取り組むための基本的な経営基盤は整備されて来ているといえる。本章ではそうした日本企業に考察される経営のグローバル化と近代化の流れを4つの

Phase から考察し，グローバル展開の事例考察と日本企業が直面している経営課題，さらに中国，ロシア等事業受入れ国の受入れ責任について考察する。

1. 日本企業に考察される近代株式会社の歩み

1-1 近代株式会社の起源　　Phase（1）

　周知の通り徳川時代末期，佐久間象山（1811～1864）は未来の日本の理想を「東洋の道徳」と「西洋の芸術」を接木することで描いていた。(出所：省侃録「象山全集」巻1)「東洋の道徳」とは武士道を意味し，「西洋の芸術」とは日本人に欠けていた科学的合理的精神を意味しており，佐久間象山の至言は当事の多くの日本のリーダー達に共有された。「東洋の道徳」と「西洋の芸術」を接木することは一言でいえば「和魂洋才」である。

　日本企業の株式会社としての歴史は武士道に象徴される日本精神を軸に西洋で生まれた資本主義に考察される諸制度の受容に始まる。第1に挙げられるのが株式会社制度の始まりである。1866年初めに徳川慶喜公の親弟の民部大輔徳川昭武（あきたけ）がフランスの首府パリで開かれる世界大博覧会に参加するために訪仏するに当たり，随行員の1人として選ばれた渋澤栄一は1年10カ月欧州に滞在した。フランス滞在中にスイス，ベルギー，オランダの3国を訪問し，フランスに帰り，その後もイタリア，英国にも旅し，欧州近代文明の真髄に接した。尊王攘夷を唱えて出かけた渋澤栄一はフランス滞在中に民主主義を学び，金融の仕組み，銀行経営，商工業の組織を学び，国家の富強というものはこうして物質上の事物の進歩の上に成り立っていることを学び，株式会社制度を中心とする資本主義思想を受容した。資本主義を支える株式会社制度と証券取引所についてフランス滞在中に多くを学び，明治維新成就直後の1867年に帰国し，渋澤栄一がまず取り組んだのが「共力合本法」＝株式会社制度の法令化である。「共力合本法」は1871年に成立し，その6年後の1879年には東京証券取引所の設立が実現し，その前後から渋澤栄一は合本組織，すなわち株式会社の設立に取組み，第一国立銀行，王子製紙，東京海上保険会社，東洋紡績会社をはじめ，協力を求められ参加した企業を含め，爾来500社以上に上

る株式会社の設立を実現した。

渋澤栄一は日本の資本主義の父であり,「論語と算盤」の著書に象徴される通り,資本主義を支える根幹の倫理思想を提唱,実践し,今日の日本の経済発展を生んだ偉大なリーダーである。証券取引所設立と近代株式会社の発生の歴史を日本を含む主要国で比較考察して見る。

表 2-1　証券取引所設立の各国の歴史

1878 年	日本（東京証券取引所）
1790 年	米国（New York Stock Exchange 設立は 1818 年）
1613 年	英国（LSE, The London Stock Exchange）
1585 年	ドイツ（FSE, Frankfurt Stock Exchange）
1875 年	インド（BSE, Bombay Stock Exchange Limited）
1956 年	韓国（韓国証券取引所）
1990 年	中国（上海証券取引所）
1995 年	ロシア（RTS, Russian Trading System Stock Exchange）

傍ら,欧州諸国と日本における近代株式会社の起源と発生はつぎの通りである。

表 2-2　近代株式会社の起源

1873 年	日本
1602 年	オランダ
1615 年	スエーデン
1616 年	デンマーク
1626 年	フランス
1613 年	英国

表 2-3　近代株式会社法：19 世紀後半

1862 年	英国会社法
1867 年	フランス会社法
1871 年	日本,共力合本法
1884 年	ドイツ株式改正法

（出所）「株式会社発生史論」大塚久雄著　中央公論社　1959,「新版　株式会社変遷論」　大隈健一郎著　有斐閣　1987。

日本における近代株式会社発生の歴史は約140年前に遡ることが出来、著者は日本企業に考察される持続的成長の第一段階、Phase（1）としてそれを位置づけしている。

1-2　日本企業による連結決算開始　　Phase（2）

第1節で考察したように株式会社制度は明治維新直後にはじまり、日本経済の発展を支えてきたが、日本企業の場合、それは日本の長い封建制の歴史を根幹においた経営であったといえる。一言でいえば「お家の永続性」を根幹においた「運命共同体の経営文化」であり、第2次世界大戦が終戦を迎えるまでは「忠君愛国」を掲げた「報国」思想の経営であった。「報国思想」はトヨタ自動車の創業精神ともいえる豊田佐吉翁の遺訓「豊田綱領」（昭和10年10月30日）、パナソニック（旧松下電器産業）の経営理念に考察される通り、日本企業の多くは「産業報国」を理念として掲げてきた。国家を社会と置き換えればそうした企業の社会的責任は21世紀の現代でも大切な企業経営の使命であるが、日本企業の経営文化は「報国思想」と「お家の永続性」を理念の根幹に据え、企業経営を顧客、従業員に加え、サプライヤー、株主、社会等ステークホルダーの視点から捉える経営文化は未熟であったといえる。

そうした経営文化を軸においた日本企業の歴史のなかで、ソニーが世界のソニーとして飛躍する一歩を踏み出したのが1960年代初めである。井深社長と一緒にソニーを創業した盛田昭夫氏はニューヨークに駐在中、ソニーの株式をニューヨーク証券取引所に上場することを考え、ソニー経営の近代化の大きな一歩を踏み出す。ニューヨーク証券取引所に株式を上場するにあたってまず直面したのが「連結決算」である。盛田昭夫氏は著書 "Made in Japan" で次のようにいう。「連結決算をせずして、どうして企業経営の実態が分かるのか」。運命共同体文化を根幹においた企業の思惑で決算をしてきた単独決算の「負」の本質を盛田昭夫氏は率直に認め、連結決算に踏み切りニューヨーク証券取引所における日本企業の上場第1号となったが、そうしたソニーをモデルに多くの日本企業が連結決算を開始する。

1961年：ソニーによる連結決算

1976年：大蔵省令第28号

表2-4　日本企業に見る連結決算開始年度
（カッコ内は米国会計基準に基づく連結決算）

1961：ソニー（1961）
1964：オリックス，コマツ（1964）
1969：キヤノン（1969）
1971：三井物産（1963）
1973：日立製作所（1963）
1975：住友商事（1980）
1976：京セラ
1977：本田技研，ヤマト運輸，日通，富士通，三井不動産，王子製紙，日産自動車他
（トヨタ自動車は自工，自販合併に伴い1983年に開始）

1960年代に始まる日本企業の連結決算に対し米国企業の連結決算開始年度はおよそ100年前に遡る。

表2-5　米国企業の連結決算開始年度

1870：Lake Shore & Michigan Southern Railway Co.,
1874：Chicago and North Western Railway Co., Burlington and Quincy Railroad Co.
1894：General Electric Co.
1901：U.S.Steel
1902：U.S.Rubber, Eastman Kodac Co.
1907：Westinghouse Electric Co, International Harvester Co.
1930：Texas Instruments
1944：Johnson & Johnson

後述するように21世紀の初めの現代ではIFRS＝International Financial Reporting Standard＝国際財務報告基準（日本では国際会計基準と呼ぶことが多い）に基づいて決算書類を作成する動きが強まっているが，その前段階としては米国会計基準が重要な連結決算の基準として受け止められている。

日本企業に考察される持続的成長を支えた第二の段階，Phase（2）の位置づ

けである。

1-3 アングロ・アメリカ型コーポレート・ガバナンス概念の受容
Phase（3）

　日本企業の経営の有り様をグローバルに受け入れられる進化を齎した概念はコーポレート・ガバナンス概念の受容である。コーポレート・ガバナンスの概念は後述するが，象徴的な意義はバーリー，ミーンズが二人の著書「近代株式会社」(参考文献参照)で挙げている通り「企業経営者と企業の所有者である株主の間における情報の非対称性の問題」である。そうした情報の非対称性の課題を解くべく，企業経営における「情報開示」「透明性」「説明責任」，傍ら経営陣を監視する役割を担う取締役会の有り様である。運命共同体的発想から生まれる日本型企業経営とまさに対極にある概念といえる。福澤諭吉が著「文明論之概略」でいう通り，「地理の区域を異にし，文明の元素を異にし，その元素の発育を異にし，発育の度を異にしたる特殊異別のものに逢うて……これを譬えば，極熱の火を以て極寒の水に接するが如く……」(岩波文庫，1996)がコーポレート・ガバナンス受容における日本企業の苦悩を突いていると言える。こうした文明の元素を異にするアングロ・アメリカ型コーポレート・ガバナンス概念を受容し得た背景に1990年代初めにはじけた日本経済のバブルの崩壊がある。日本の内外の研究者，エコノミスト他一様に，1990年初め以降の日本経済を"The Lost Decades"（失われた十余年）というが，筆者はそうしたバブル崩壊後の十余年を「覚醒」と「進化」の十余年として捉えている。

　バブル崩壊に直面し，日本の経営者は1980年代の「勢い」と「驕り」の経営を反省し，企業経営の本質に覚醒した現実である。株主総会集中日，あるいは総会屋の跋扈に象徴される株主軽視，肥大化していった取締役会の規模と役割，そして意思決定を含む機能不全の実態と経営の監視機能の欠如がバブル崩壊を招いた日本企業に見る経営の実態であった。1997年のソニーによる取締役会改革がモデルとなって爾来多くの日本企業が取締役会改革に取り組んできた結果，日本企業の復活と新たな経営革新が可能となったといえる。そしてそうした日本企業の取り組みは2003年の商法改正の契機ともなり，情報開示と

配当性向に象徴される株主重視の取り組みは日本企業に対する外国人投資家の信頼感を強め，日本企業の株式保有比率を大幅に増幅させている。「失われた十余年」は夕張市の財政破綻に象徴される地方の財政問題（日本の地方債は過去10年間で約1.5倍に増加，2010年度では地方債合計は84兆円，エコノミスト　2010年11月2日号），傍ら世界で突出しているGDPの約200％に及ぶ国家債務に象徴される財政破綻についてはいえるが，日本企業に考察される経営の「進化」の視点からは適切な捉え方ではないことを指摘しておきたい。

表2-6　株主総会集中日と総会所要時間

	株主総会集中日	総会平均所要時間
1995	96.2%	28分
2000	84.1	36
2003	68.1	43
2005	59.8	48
2007	52.9	55
2008	51.3	54
2009	44.9	54

（出所）東京証券取引所 Fact Data，商事法務 No.1883 他。

表2-7　日本企業に考察される取締役会改革と推移

（カッコ内は社外取締役数）

	1980	1990	1998	2006	2009
ソニー	26（2）	36（2）	10（3）	14（11）	15（12）
日立製作所	24（0）	33（0）	30（0）	14（39）	15（2）
パナソニック	30（2）	31（2）	31（2）	11（6）	19（2）
キヤノン	15（0）	27（0）	28（0）	26（0）	25（0）
コマツ	24（0）	24（0）	26（1）	10（3）	10（3）
住友商事	41（0）	45（0）	39（0）	13（0）	12（0）

（出所）各社アニュアル・リポート，日経会社情報。

因みに，日本企業の多くがアングロ・アメリカ型コーポレート・ガバナンス概念に学び始めた1994年前後の株式を上場している米国企業の取締役会構成は取締役総数が平均13名であり，社外11名，社内2名の構成となっている。

コーポレート・ガバナンスをはじめ，企業経営の有り様について米国から多くを学び進化してきている日本企業ではあるが，今日なお，社内から取締役を指名することを重視する運命共同体的文化の日本企業と社外から取締役を選任する米国企業はまさに対極にあるといえる。傍ら，日本企業に考察される経営の「進化」は外国人による日本企業の持株比率の推移からも考察される。

表 2-8　株式持合いと外国人持株比率推移

	持合い比率	外国人持株比率
1981	42.3%	6.4%
1989	41.5%	4.2%
1997	34.6%	13.4%
2003	26.6%	21.8%
2008	−	21.5%
2009	−	22.5%

（出所）東京証券取引所 FACT BOOK 2004,東京証券取引所平成 21 年度株式分布状況調査。

主要企業における外国人持株比率推移を考察する。

表 2-9　主要企業に見る外国人持株比率推移

	1993	2009
ソニー	24.3%	39%
パナソニック	11.4%	22.5%
京セラ	23.6%	33.2%
トヨタ自動車	4.6%	24.1%
本田技研	12.2%	33.1%
キヤノン	24.2%	42.8%
コマツ	10.8%	27.9%
シマノ	9.1%	35.4%

（出所）各社アニュアル・リポート，日経会社情報 2009。

日本企業がバブル崩壊後，株主を含むステークホルダー重視の経営に取り組んできたことは株主総会集中日の回避努力，情報開示等の努力に加え，株主に対する配当金にも考察される。

表 2-10　主要企業に見る配当推移

	1993	2000	2003	2007	2008
ソニー	Y 50	50	25	25	25
パナソニック	12.5	12.5	12.5	30	35
トヨタ自動車	19	24	28	120	140
キヤノン	12.5	21	30	110	110
コマツ	8	6	6	31	42

(出所) 各社アニュアル・リポート,日経会社情報 2009 他。

　コーポレート・ガバナンス原則は現在世界 100 カ国以上でそれぞれ定義づけされているが,本節では 2 つの事例を紹介しておきたいと思う。
＊OECD 原則：1999 年に策定され,2004 年に改定「原則」を発表
　コーポレート・ガバナンスは経済効率性を改善し,成長を促進し,投資家の信頼を高めるうえでの 1 つの重要な要素である。コーポレート・ガバナンスは会社経営陣,取締役会,株主およびステークホルダー間の一連の関係に関わるものである。コーポレート・ガバナンスは会社の目標を設定し,その目標を達成するための手段や会社業績を監視するための手段を決定する仕組みを提供するものである。そしてその実現のために経営陣並びに取締役会にインセンティブを与えることが大切である。(OECD Principles of Corporate Governance 2004)。
＊経済同友会による定義
　コーポレート・ガバナンスは「企業の持続的成長・発展を目指して,より効率的で優れた経営が行われるよう経営方針についての意思決定をするとともに経営者の業務執行を適切に監督・評価し,動機付けを行っていく仕組みであり,その目的は企業の持続的成長・発展を担保することである。(経済同友会「コーポレート・ガバナンス」2000)

　バブル経済崩壊後,日本企業の経営がグローバルに受け入れられる「進化」を齎した今 1 つ重要な視点はコンプライアンス(法令順守)である。日本企業に見られる「暗黙知」の企業文化から「明示知化」された経営への「進化」で

ある。

　バブル崩壊後多くの企業は企業行動憲章，Code of Conduct を策定し，法令順守に加え倫理を根幹においた経営に取り組んでいる。

　事例として下記企業の企業行動憲章策定，改定を紹介しておきたいと思う。

表 2-11　企業行動憲章策定・改定推移事例

トヨタ自動車	1998 年策定，2006 年改定
帝人	1993 年策定，1998 年，2003 年改定
パナソニック	1992 年策定，1998 年，2005 年改定
コマツ	1998 年策定，1999, 2000, 2001, 2003, 2004 改定
住友商事	2001 年策定，2004 年改定

　日本企業全般にわたっての企業行動憲章策定推移をアンケート調査で考察して見ると次のようになっている。

表 2-12　企業行動憲章　アンケート調査

	1996	1999	2002	2005	2008
企業行動憲章有り	22.3%	51%	79.5%	94.0%	98.6%
研修有り	5.4%	22.9%	37.8%	65.1%	68.9%
倫理委員会有り	10.7%	28.4%	50.5%	85.9%	86.9%
CSR 委員会有り	29.5%	36.6%	42.6%	46.0%	48.6%

（出所）日本経営倫理学会誌　13 号　2006 年，16 号　2009 年 3 月。

　コーポレート・ガバナンス概念の受容，コンプライアンス経営の取り組みをはじめ，日本企業の経営に見る「覚醒」と「進化」はその多くを米国から学んだことにあるが，米国企業の経営者報酬に考察される "Greed is good" culture，強欲を良しとする文化は受け入れず，日本企業の良さは継承している。米国企業の経営者報酬は経済誌 BusinessWeek が 1950 年代以降毎年特集記事を掲載しているが，21 世紀に入ってのそれは従業員平均年収の 450～600 倍に上っている。米国企業経営者のそうした想像を絶する高額報酬に対し，日本企業の経営者報酬は概ね従業員の年収の 10 倍前後で留まっている。経営者の高額報酬は従業員の愛社精神を弱め，傍ら業務取組み意欲を削ぐ結果を生んでいる。米欧

型企業経営の長所を学び，日本企業の良さを継承するハイブリッド型日本企業の経営を英国誌，The Economist は 2007 年 12 月 1 日号で日本企業の特集を編み，"Selective" として捉えている。Jap-Anglo Saxon Capitalism, "Selective" (A special report on business in Japan)。

2. グローバル展開と日本企業の課題

2–1 グローバル展開の背景　　Phase (4)

　2008 年 9 月 15 日リーマン・ブラザーズの破綻に伴う米国と欧州における金融危機が米国，欧州を襲い深刻な経済危機を招いている。グローバルな通貨戦争，currency war を生み，米欧における市場の縮小に加え，米国ドル，ユーロに対する日本円を始め，新興国通貨の上昇となって，まさに "Vicious Circle" 現象を生んでいる。昨今の米ドル安，円高は海外売上高比率を高める多くの日本企業の業績に極めて厳しい影響を与えており，日本企業はその対応として海外への生産拠点移転に積極的に取り組んでいる。傍ら，中国，インドをはじめとする BRICs 各国，マレーシア，インドネシアに象徴される所謂 MINTS をはじめとする新興国は高度経済成長を遂げつつあり，日本企業による 21 世紀初頭に考察される生産拠点の海外移転は中国をはじめとする新興国が主たる対象国である。一言でいえば企業経営のグローバル展開，"Going Global" である。こうした新しいグローバル経営の時代を迎え，大変幸いなことに日本企業は第一章で考察した通り，Phase (1) ～Phase (3) に象徴される企業経営の進化の歴史を歩み，人材育成等引き続き課題はあるがグローバル経営に取り組むにあたり，グローバル経営の基礎的準備は整ってきたといえる。

　生産拠点の海外移転を促す大きな要因である為替レートについて考察しておきたい。

　　　　表 2–13　　グローバル展開と為替レート(米国ドル・日本円年平均)

1990	141.52 円
1995	96.30

年	レート
2000	110.45
2005	113.21
2007	114.32
2008	100.64
2009	94.84
2010	85（政府・日銀による円売り介入）

（出所）財務省大臣官房総合政策課主要経済指標　平成21年9月。

2010年10月25日には1ドル＝80円40銭台まで円が上昇し，15年半ぶりの高値を更新し，史上最高値（1ドル＝79円75銭）の更新も視野に入りつつある。ドルに対する急速な円高に対し，企業が設定している為替レート事例は下記の通りである。輸出企業の業績に与える打撃は計り知れないものがあり，日本経済にすでに考察されるデフレも更に深刻な状況が予想される。

表2-14　主要企業の想定為替レート

	想定為替レート	1円の円高が営業利益に与える影響
トヨタ自動車	90円	▲ 300億円
本田技研	87円	▲ 170億円
日産自動車	90円	▲ 150億円
富士重工業	87円	▲ 40億円
ソニー	90円	▲ 20億円
パナソニック	89円	▲ 20億円
日立製作所	85円	▲ 37億円

（出所）日本経済新聞　2010年9月18日，読売新聞　2010年9月23日，10月28日。

傍ら，日本の経済界として挙げている為替の適正水準は下記の通りである。
＊鉄鋼連盟：90円（日本経済新聞　2010年10月26日）
＊日本商工会議所：95円（読売新聞　2010年9月23日）
＊JETROアンケート調査結果：93円40銭となっており（読売新聞　2010年9月23日），70円台すら予想される円高は日本企業の生産の海外移転をさらに促し，日本経済の空洞化を強めることになる。

リーマン・ブラザーズの経営破綻に象徴される詐欺的金融工学を駆使した米国の金融危機が齎した米国経済の不況，特に家計，金融機関の苦悩，9％台の

失業率の実態は 15〜16% といわれる失業率の高止まり，国際収支の赤字拡大，繰り返し講じられる金融緩和と連邦政府の財政赤字の拡大が円高を招き，新興国通貨にも大きな打撃を与えている。この度の円高は日本経済の強さ，企業の競争力が招いたものではなく，偏に"Greed is good" culture,「強欲を良し」としてきた米国ウオール街の「強欲文化」に起因しているといえる。基軸通貨国のグローバル責任を軽視してドル安を導く金融緩和を続ける米国は，にも拘わらず日本をはじめとする諸国の為替介入を断固として否定する方針を掲げて，G 7，G 20 等の首脳会議で自国の主張を打ち出しているのが現実である。(IMF chief warns on exchange rate wars, Financial Times, October 6, 2010)

2-2 グローバル展開と経営理念

著者は企業経営の理念を 8 つの視点から定義しているが，本節では下記 2 点を紹介しておきたいと思う。

(1) 経営理念は経営の根幹・企業存続の原動力である。
(2) 経営理念は創業者，経営者の理想，使命感，信念の表明であり，内外に公表される。

日本企業のグローバルな経営取組みを企業経営の根幹である経営理念の視点から考察して見たい。事例考察としてトヨタ自動車，コマツ，パナソニック，住友商事，三井物産の経営理念を紹介する。

＊トヨタ自動車：トヨタ自動車の経営理念には創業精神ともいうべき豊田綱領がある。豊田綱領は創業者，豊田佐吉翁の 6 回忌にあたる昭和 10 年 10 月 30 日，浅子夫人により紹介され爾来トヨタ自動車の経営理念として継承されてきているが，グローバル経営取組みにあたり，豊田綱領は引き続き継承する傍らトヨタ自動車はトヨタ基本理念を平成 9 年 4 月（1997 年）に制定している。トヨタ基本理念は 7 つの項目から策定されている。

(1) 内外の法およびその精神を遵守し，オープンでフェアな企業活動を通じて，国際社会から信頼される企業市民を目指す
(2) 各国，各地域の文化・慣習を尊重し，地域に根ざした企業活動を通じ

て，経済・社会の発展に貢献する
(3) クリーンで安全な商品の提供を使命とし，あらゆる企業活動を通じて，<u>住みよい地球と豊かな社会</u>づくりに取り組む
(4) 様々な分野での最先端技術の研究と開発に務め，<u>世界中のお客様</u>のご要望にお応えする魅力あふれる商品・サービスを提供する
(5) 労使相互信頼・責任を基本に，個人の創造力とチームワークの強みを最大限に高める企業風土をつくる
(6) <u>グローバル</u>で革新的な経営により，社会との調和ある成長を目指す
(7) 開かれた取引関係を基本に，互いに研究と創造に努め，長期安定的な成長と共存共栄を実現する

＊コマツ

コマツの行動基準

コマツグループの経営責任者をはじめ，世界中の社員1人ひとりが，コマツの行動基準を正しく理解して順守することが，21世紀の<u>グローバル企業</u>としてのコマツに，改めて求められています。(以下省略)

1. 経営の指針
   (1) 品質と信頼性
      ③ <u>グローバルな視点で連結経営を推進する</u>
2. ビジネス社会のルールの順守（省略）
3. 社会との関係
      ⑥ 社員　社員は，会社の事業推進を担う重要な力であり，コマツグループのかけがえのない財産である。コマツグループは，<u>世界中の社員</u>1人ひとりの個性・人格を尊重し，公平に取り扱う。
4. 自由で公正な取引
   (2) <u>それぞれの国と地域には独自の取引慣行が存在する。それらに従うのは当然であるが</u>，<u>グローバル</u>にビジネスを公正に行うという観点から不適切と考えられるものについては，コマツグループは積極的に見直

し，是正する。
5. 会社と社員との適正な関係
　(1) グローバルな人事方針
　　①コマツのグローバリゼーション
　　　コマツグループは，グローバリゼーションの進んだ企業の1つであり，それを強みとして，さらに真のグローバル企業を目指して，たゆまぬ努力をする。
　　②人事制度のグローバルポリシー
（コマツの行動基準　KOMATSU'S CODE OF WORLDWIDE BUSINESS CONDUCT 2004年12月1日改定）

＊パナソニック（旧松下電器産業）
行動基準，Code of Conduct
第1章　私たちの基本理念
グローバルな視野と行動
　全世界に事業を展開しているグローバル企業として，私たちは，人権を尊重し，各国・各地域において法令を順守するとともに，文化・宗教・価値観などを正しく理解・認識することに努め，それらに対し敬意をもって接し，誠実に行動します。（2005年1月1日）

＊住友商事
　周知の通り，住友グループは約400年の歴史を通じ発展してきているが，その原動力は信用を重んずる住友精神＝「文殊院旨意書」を守ってきたことにある。（「住友の歴史から」植村光雄　昭和54年）　グローバル経営に取り組む住友商事は住友精神を根幹において1998年に制定した住友商事グループの経営理念・行動指針のなかでグローバル展開を宣言している。
　私たちは，常に変化を先取りして新たな価値を創造し，広く社会に貢献するグローバルな企業グループを目指します。

グローバル企業を代表するもう1つの事例として三井物産の経営理念を紹介しておきたいと思う。

＊三井物産の経営理念（MVV）
Mission （三井物産の企業使命）：<u>大切な地球</u>と，そこに住む人びとの夢溢れる未来作りに貢献します。
Vision （三井物産の目指す姿）：世界中のお客様のあらゆるニーズに応える「<u>グローバル総合力企業</u>」を目指します。
Values （三井物産の価値観・行動指針）：「Fairであること」，「謙虚であること」を常として，社会の信頼に誠実に，真摯に応えます。（2004年）

2-3 グローバル展開と海外売上高比率（事例考察）

日本企業のグローバル展開の実態を考察するにあたって日本企業の売上高に占める海外比率推移を紹介しておきたいと思う。

表 2-15 日本企業の売上高に占める海外比率

	2001年3月期	2010年3月期
ソニー	67.2%	71%
トヨタ	57.1%	70%
本田技研	73.1%	82%
キヤノン	71%	78.1%（2009年12月決算）
パナソニック	47.5%	46%
コマツ	46.5%	78%
京セラ	61.8%	56%
シマノ	76.4%	86%

（出所）各社アニュアル・リポート，日経会社情報2010 他。

売上高に占める海外比率から，為替レートが齎す業績への影響が読み取れる。

上記で考察した日本の代表的輸出企業に加え，所謂内需型産業も海外での事業展開に注力し始めている。事例考察として東京電力，味の素，電通，凸版印

刷の事例を紹介しておきたいと思う。なお，東京電力グループは2010年9月，中長期成長宣言，2020ビジョンを発表している。

東京電力　バリューアップ PLAN 4　事業の「場」を拡げる　→　海外事業の展開

＊今後10年間で海外の持分出力を1,000万KW（2009年度実績の約3倍）に拡大する
＊火力発電事業：中国・インドをはじめとしたアジア市場での事業機会
＊米国での原子力発電事業，欧米先進国で再生可能エネルギー発電事業の拡大

表2-16　東京電力の売上高，営業利益に占める海外比率

1995：海外売上高，公表せず
2000：－ " －
2005：海外事業営業利益　　142億円（2.46%）
2009：海外事業営業利益　　174億円（6.11%）

（出所）東京電力国際部総括・海外調査G, 2010年9月28日。

表2-17　味の素，電通，凸版印刷の売上高に占める海外比率

		2001	2005	2010
味の素	売上高	9,085億円	1兆0730億円	1兆1708億円
	海外比率	(24%)	(28%)	(33%)
電通	売上高	1兆8,133億円	1兆9,104億円	1兆6,786億円
	海外比率	(7%)	(6%)	(9%)
凸版印刷	売上高	1兆2,938億円	1兆4,135億円	1兆5,068億円
	海外比率	(4%)	(未公表)	(12%)

（出所）日経会社情報2010他。

上記内需型企業の売上高に占める海外比率推移に考察される通り，味の素，電通，凸版印刷等食品，広告，印刷業界においてもグローバルな事業展開の重要性が高まっていることが分かる。

2-4　グローバル展開，現地法人数推移とM&Aの視点から考察

欧米経済の不況，為替戦争"Currency war"，新興国"Emerging nations"に

見る高度経済成長を背景に日本企業のグローバルな事業展開が促進されているが，その推移をマクロの視点から主要経済圏別に考察して見る。

表 2-18　日本企業の現地法人数推移

	全地域	米国	EU	BRICs	ASIA
2001	12,476	2,397	1,946	n.a	6,345
2002	13,322	2,462	2,034	n.a	7,009
2004	14,996	2,544	2,244	3,064	8,464
2005	15,850	2,623	2,258	3,502	9,174
2006	16,370	2,623	2,268	3,899	9,671
2007	16,732	2,615	2,284	4,196	9,967
2008	17,658	2,662	2,360	4,684	10,712

（出所）第 39 回海外事業活動基本調査，経済産業省。

　上記より，中国をはじめとする BRICs 4 ヶ国，そしてアジア諸国における日本企業の現地法人設立数が 2004 年時点ですでに米国，EU を大きく上回っていることが分かる。米国，EU における現地法人設立は過去 10 年ほぼ横ばいであるが，BRICs，ASIA 諸国では着実に伸びており，日本企業のグローバル展開が考察される。

　いま 1 つ考察しておきたい日本企業によるグローバル展開は M&A "Merge and Acquistiion" の推移である。日米企業に見られる経営文化の相違は第 1 章で述べた通り日本企業に考察される「学ぶ文化」に対し，米国企業のそれは「買う文化」であるといえる。然るに「買う文化」を象徴する M&A の推移から日本企業の経営文化の変化が考察される。The Economist も Mergers and acquisition, The Japanese are coming（again）のタイトルで日本企業の M&A について特集記事を掲載している。一部引用しておきたい。

＊信用危機が世界中で M&A の流れを冷え込ませている
＊日本企業を巻き込んだ M&A は金額で見ると今年（2008 年）は 2 倍以上となり，6 兆円＝570 億ドルに上り 2006 年の記録を塗り替える勢いである
＊日本企業による企業買収は，資金調達が難しい現状から，競合相手が少なく現在は勝ち戦となっている

＊多くの企業の株価は金融危機下で暴落しており，買収を魅力あるものとしている
＊米ドルとユーロに対して円は上昇しており，日本企業の資金的余裕をさらに高めている
＊M&Aを推し進めている最も重要な要素として，海外事業展開の必要性がある
＊日本企業は今日の悲惨な欧米の経済状況が理想的な機会を提供して呉れていることを認識している
＊日本企業の場合かつての海外における買収活動とは違って，また中国や湾岸諸国の投資家と違って，長期保有者であり，買収先の経営者・管理職を大切に扱う良さがあり，外国企業からは良き所有者として受け止められている。

（出所）The Economist October 4th 2008

表2-19　各国M&A件数推移

	1998	2000	2004	2005	2006	2007	2008	2009
日本	137	396	987	1686	2046	2399	2258	2185
米国	9934	10483	8561	8969	9742	10093	8070	6425
ドイツ	280	1671	617	561	735	984	940	697
その他	5652	13267	12411	13780	16651	20336	17284	13178
全世界合計	16003	26069	22576	24996	29174	33812	28552	22485

表2-20　各国M&A構成比（件数ベース）

	1998	2000	2004	2005	2006	2007	2008	2009
日本	1%	2%	4%	7%	7%	7%	8%	10%
米国	62%	41%	38%	36%	33%	30%	28%	29%
ドイツ	2%	6%	3%	2%	3%	3%	3%	3%
その他	35%	51%	55%	55%	57%	60%	61%	59%
合計	100%	100%	100%	100%	100%	100%	100%	100%

（出所）表2-19，表2-20 Bloomberg, New York, October 2010。

上記M&A件数推移は国内企業同士，国内企業と外資企業とのM&Aの両方のケースが含まれている。日本企業にとって，21世紀初頭，特に2005年以降

は 1,000 件を超える M&A の実施であり，世界比でも米国に次いで世界第 2 位の実施状況である。日本企業のこうした新しい潮流にあって M&A を実施した目的，M&A を成功させるために求められるもの，について経済同友会はアンケート調査結果を発表している。

表 2-21　M&A を実施した目的（数値は製造業，サービス業，金融業の順）

(1) 市場シェアの拡大	55%	57%	42%
(2) 販売網の拡大	41%	45%	42%
(3) 自社にない技術の補完	59%	34%	37%
(4) 新規分野への進出	39%	35%	42%
(5) 海外進出への橋頭保構築	37%	10%	26%

表 2-22　M&A を成功させるために求められるもの
（上段は 2009 年度調査，下段は 2008 年度調査）

(1) 経営理念・ビジョン	45.8%
	27.9%
(2) 迅速な意思決定と実行	55.5%
	45.7%
(3) 相手企業の的確な選定	69.5%
	60.5%
(4) 相手先従業員とのコミュニケーション	47.9%
	26.1%
(5) マネジメントの統合	34.7%
	20.7%
(6) トップのリーダーシップ	61.4%
	40.2%
(7) 異なる企業文化への対応	58.9%
	37.3%
(8) 優秀な人材獲得	19.9%
	7.2%
(9) その他	2.1%
	1.4%

（出所）「企業経営に関するアンケート調査」の結果—「新・日本流経営」の進化・発展に向けた指針—　2010 年 8 月　No. 2010-16　公益社団法人　経済同友会。

上記の推移で考察される通り，M&A 実施にあたって経営理念・ビジョン，相手企業の選定，トップのリーダーシップ，企業文化への対応の重要性等企業

関係者の認識に「進化」が認められる。M&A 実施を含め，日本企業がグローバル展開を進めるにあたって，筆者が最も重視している点は事業進出国における従業員をはじめとするステークホルダー間における経営理念の普及，浸透，共有の努力である。経営理念の共有は相互信頼を生み，責任を共有し合う良き企業風土を醸成する。それは企業の持続的成長を担保する根幹である。多くの日本企業は経営理念を日本語，英語，中国語の 3 カ国語で策定しているが，筆者は経営理念を事業進出国それぞれの国の言語で策定することがなによりも重要であることを強調しておきたいと思う。"Globalization is Localization" といわれるが，経営理念の共有あっての Localization である。グローバル展開を進めるにあたって，多くの日本企業が取組んでいる課題の 1 つに海外人材，女性の登用，育成とグローバル人材の育成があるが，人材育成は企業経営の原点である経営理念の共有と健全な企業文化の醸成であることを強調しておきたいと思う。

3．グローバル展開と課題

日本企業のグローバル展開を考察してきたが，重要な課題が未解決となっている。

第 1 に挙げておきたい課題は企業の生産拠点の海外移転，部品，原材料等の海外調達拡大による日本経済の空洞化現象である。設備投資，雇用創出の問題に加えて部品調達等取引先企業の苦悩である。日本の中小企業は約 45 万社あるといわれるが，2006 年までの 5 年間で 16％ 減っている。リーマン・ショック後の 2009 年 3 月には 1 カ月で約 1,500 社（東京商工リサーチ調べ）が倒産している。（日本経済新聞　2010 年 10 月 15 日「ものづくり」，「脱下請け」で生き残り）

第 2 の課題として雇用問題がある。終身雇用，年功序列，企業内組合と労使協調，新卒採用等を特性とする日本企業の伝統的慣行，株主重視への経営転換等が雇用における「負」の問題を生んでおり，生産の海外移転，部品等の海外調達も雇用面での「負」を強めていることである。日本が直面する課題として

取り上げておきたいと思う。

表 2-23

	正規職員・従業員		非正規職員・従業員	
1984 年	3,333 万人	84.7%	604 万人	15.3%
1989	3,452	80.9%	817	19.1
1990	3,488	79.8	881	20.2
1998	3,794	76.4	1,173	23.6
2003	3,444	69.6	1,504	30.4
2009	3,386	66.6	1,699	33.4

（出所）総務省統計局　労働力調査　平成21年4月。

　失業率は米国における9%台に比べ，日本では現状5%台で推移しているが，不安定な非正規雇用の比率が年々増大している。3人に1人が非正規雇用という実態は深刻な社会問題である。

　米国発の金融危機，米国における金融緩和がもたらすデフレ，円高がこうした課題を日本経済，日本企業につきつけているといえる。日本企業が企業の社会に対する責任を認識し，多くの企業が環境を含む社会的課題に取り組んでいるが，著者はCSRの最も重要な取組みとして雇用，非正規職員・従業員の不安定な問題，知的・身体障害者，高齢者を含む弱者の救済，支援を挙げておきたいと思う。

　第3の課題として挙げておきたい点は日本企業のグローバル展開と生産拠点等事業の海外移転に伴う事業受入れ国の受入れ責任である。インドネシア，インド，中国，ロシア，ブラジル等新興国に蔓延する拝金主義の文化と贈収賄の実態である。

表 2-24　Bribing and Corruption

	2000	2005	2009
Indonesia	47	55	49
India	45	51	47
Russia	40	60	56

| China Mainland | 37 | 53 | 51 |
| Brazil | 35 | 46 | 45 |

(注)上記数値はそれぞれ2000年度 47カ国, 2005年度 60カ国, 2009年度 57カ国を対象にランク付けされているものである。
(出所)IMD WORLD COMPETITIVENESS YEARBOOK, Switzerland, 2000, 2005, 2009)

　米国における「欲望文化」はマックス・ヴェーバーが著「プロテスタンティズムの倫理と資本主義の精神」で説く禁欲文化が資本主義を生み，その発展を支えているとする思想と対立する。勤勉，質素，倹約，正直を説く石田梅岩の「石門心学」の精神は現代では例えばハイブリッド・カー，電気自動車，太陽光発電等創造的研究開発に考察される通り，多くの日本企業の持続的成長の原動力となっている。傍ら政・官・業の癒着，天下り，渡り鳥，官製談合等に象徴される通り日本社会も倫理的課題に直面して久しいが，上記 IMD WORLD COMPETITIVENESS YEARBOOK で考察される通り，新興国の倫理的問題は極めて深刻である。旧ソ連は崩壊し，中国も改革開放を掲げて資本主義思想の受入れに努力してきているが，資源依存の文化と共産主義思想の根幹である一党独裁，唯物論信仰からの脱却は見られない。BRICs 各国をはじめとする新興国における事業展開は企業にとっては大きなリスクを伴っている。事業受入れがもたらす多くの社会的意義，健全な企業経営のモデルから多くを学ぶ傍ら，新しい価値創造，雇用，従業員の教育，製品の輸出と外貨獲得等その意義は計り知れないものがある。事業受入れ責任を認識し，贈収賄等根絶に向けて努力することで事業を展開する企業の信頼を強め，事業受入れ競争力が強化する努力が重要である。目前の国益，私益に左右されず，相互信頼を根幹においた事業受入れの取り組みが自国産業，自国企業の成長・発展の基盤となることを受入れ国の政治家，官僚，経営者をはじめとするリーダーは認識すべきである。
　新興国には21世紀を担うグローバル責任を自覚して夢のある国作りを期待したい。

参 考 文 献

浅野俊光（1991）「日本の近代化と経営理念」日本経済新聞社。
伊丹敬之（2001）「日本型コーポレート・ガバナンス」日本経済新聞社。
大隈健一郎（1987）「新版　株式会社変遷論」有斐閣。
大塚久雄（1959）「株式会社発生史論」中央公論社。
コマツの行動基準　2004年12月1日。
西藤　輝，安崎　暁，渡辺智子共著（2010）「日本型ハイブリッド経営」中央経済社。
佐久間象山（1934）『省侃録』「象山全集」巻1　信濃毎日新聞。
渋澤栄一自伝，長　幸男校注（2005）「雨夜譚」岩波文庫。
渋沢栄一（1938）「論語と算盤」図書刊行会。
社団法人　経済同友会「新・日本流経営の創造」2009年7月。
社団法人　経済同友会「新・日本流経営」の進化・発展に向けた指針，2010年8月。
社団法人　日本経済団体連合会「日本国内投資促進プログラム」の早期実行を求める〈概要〉2010年10月。
社団法人　日本能率協会「日本企業の経営課題」2009年11月。
週刊　エコノミスト「日本の地方債」2010年11月2日。
住友の歴史から（住友商事編）改定版　平成17年12月。
住友商事「コンプライアンス　マニュアル」2001年。
トヨタ自動車「障子をあけてみよ　外は広い」平成11年。
The TOYOTA Way, 2001.
野村総合研究所「グローバル経営プラットフォームの再構築」2009年6月。
福澤諭吉（1993）「文明論之概略」岩波文庫。
正岡幸伸・森沢　徹著『グローバル経営推進に必要な本社機能の強化』知的資産創造　2009年6月号。
松下グループ「行動基準」2005年1月。
松下幸之助「実践経営哲学」PHP研究所　1993。
三井物産「MVV」Mission, Vision, Values,「三井物産CSR」2005。
盛田昭夫，下村満子訳（1987）「MADE IN JAPAN」朝日新聞社（Akio Morita and SONY, MADE IN JAPAN, HarperCollinsBusiness London 1987）。
Berle, A. A. & Means, G. C.（2004）*The Modern Corporation & Private Property*, Transaction Publishers, New Brunswick.
The Economist, *A Special Report on business in Japan, "Jap-Anglo Saxon Capitalism"*, December 1, 2007.
The Economist, *"Mergers and acquisitions, The Japanese are coming (agein)"*, October 4, 2008.
The Economist, *"What went wrong with economics"*, July 18, 2009.
The Economist, *"How to stop a currency war"*, October 16, 2010.
Financial Times, *"IMF chief warns on exchange rate wars"*, October 6, 2010.
Financial Times, *"Global economy"*, October 6, 2010.
Financial Times, *"The new threat to the global economy"*, October 16, 2010.

Financial Times, *"Prospect of G20 currency accord weighs on gold"* October 24, 2010.
Harvard Business Review, *"The Hidden Risks in Emerging Markets*. April 2010.
IMD, The World Competitiveness Yearbook, Switzerland, 2000, 2005, 2009.
Monks, A. G. and Minow, N.（1995）*Corporate Governance*, Blackwell Publishers, Oxford（ビジネス・ブレイン太田昭和訳（1999）『コーポレート・ガバナンス』生産性出版）.
TIME, November 1, 2010, *"A Vicious Circle", a global currency war*.
Weber, M (1920) *Die Protestantische Ethik und Der Geist Des Kapitalismus*（大塚久雄訳（1991）『プロテスタンティズムの倫理と資本主義の精神』岩波文庫）.
Zbigniew Brzezinski（1990）*The GRAND FAILURE. The Birth and Death of Communism in the Twentieth Century*（伊藤憲一訳「大いなる失敗」飛鳥新社　1990（平成2年）.

第 3 章

ソフトウェア開発におけるオフショアとニアショア
―― 沖縄におけるニアショア企業のコスト削減と価値創出 ――

　中国，インドを含むアジア地域の新興国群は，高度経済成長を続け，現在では，販売のための市場として存在感を増している。ソフトウェアのオフショア開発のビジネスにおいてはインドとインドに所在する企業に委託する欧米の企業がなお生産拠点として突出しているが，日系企業については，同じ漢字文化圏に属するという言語上の理由から，中国に進出し，中国系企業に委託することが多い。ソフトウェア開発については，着実に自社内での開発から，首都圏に立地する受託企業への委託，そして沖縄，札幌，福井など地方へ，さらに，中国へと開発委託が拡大している。

　筆者は，ソフトウェア開発を委託する場合の地域的な拡散，地域的な住み分けの決定要因を探求するという視点から，2009年11月に沖縄でのソフトウェア開発の受託ビジネスを中心として調査を行った。この調査は，2008年8月における中国上海・無錫，11月の中国大連，2009年8月の中国西安におけるソフトウェアのオフショア開発に関する調査を踏まえて行ったものである[1]。一連の中国での調査においては，中国国内での「高級人材確保をめぐる地域間競争」，「上流から下流に向けての開発工程ごとの地域的な住み分け」という姿

---

1) 調査は，2009年11月3日から11月6日にかけて行われた。日程と訪問企業・機関は以下の通りである。

が浮かび上がった[2]。沖縄調査では，このような結果に，文化的な距離によるコミュニケーションコスト，人口構成の影響などを新たな視点として加え，中国でのオフショア開発と日本国内でのニアショア開発の比較を試み，地域的な住み分けの決定要因を見出した上で，さらに多くの事業を受託するためには沖縄の地方自治体と企業は何をすべきなのか，検討した。

結果的に，ニアショアとしての沖縄に受託事業を振り向ける決定要因として，つまり沖縄のメリットとして，「横型社会」という社会構造を持つこと，平均年齢が若く，「人口構成上の優位性があることなどが明らかになり，受託事業を振り向けない要因として，つまりデメリットとしては，（中国に比べての）人件費の劣位，人材層の薄さなどが明確になった。本章ではここから，メリットを伸ばし，デメリットを改善する方策がさらに検討され，地方自治体，NPO団体によるプラットフォーム形成支援，中国企業との人材供給にかかわる提携などがソフトウェア開発におけるニアショアリングの創出価値を高める方策であることが指摘される。

したがって，論文の構成としては 1. において，この問題を扱う先行研究として，取引費用の経済学と産業集積に関する文献を取り上げ，本章における分析の枠組みの背景を述べる。次に 2. において，取引費用と文化的な距離という決定要因の抽出を行い，分析の視点として 2 つの基本命題を導く。3. において，2 つの基本命題から地方自治体と企業に関わる含意を導き出す。次に 4. において，これらの含意をインタビューを行った機関，企業における実態によって例証する。最後に 5. において，沖縄の地方自治体とニアショアという立地を選択した企業のための提言をまとめ，残された課題を明らかにする。

---

11 月 4 日　　沖縄県庁商工労働部情報産業振興課，沖縄 IT 津梁パーク，株式会社レキサス，㈱沖縄クロス・ヘッド

11 月 5 日　　㈱インデックス沖縄，㈱沖縄ソフトウェアセンター，那覇市 IT 創造館

2)　「西安における政府機関，日系企業，中国系企業によるイノベーションミックスの展開—調査の概要と総括」丹沢安治，『2009 年西安オフショアリング企業調査報告書』西安報告書 6–10 ページ参照。JETRO，月刊『中国経済』5 月号，6 月号。

1. 理論的背景：取引費用の経済学と地域クラスターのガバナンス問題

1-1 取引費用の経済学

ソフトウェアのオフショア開発あるいはニアショア開発という問題は，伝統的には，その業務を自社内で遂行するか，それとも市場を通じて外部に委託するかという企業境界の決定に関わる問題であり（Coase, R. 1937, Williamson, O. 1975, 1985），海外へ委託する場合には，内部化理論による分析が典型的であった（Rugman, A. M. 1983）。今日では，文化的な差異が引き起こす取引費用を考慮し，必ずしも伝統的な分析は一般的ではない（Kogut, B./Singh, H.1988）。むしろ，取引費用の経済学を拡大し，制度的コンテクストを考慮に入れる「制度ベースの見方」に新しい展開が見られる（Peng, M./Li, S./Pinkham, B./Chen, H. 2009）。

1-2 産業集積と地域経済のガバナンス

オフショア開発という現象は，受け入れ国の産業政策との関係で産業集積の成長，あるいは地域経済の産業振興策としても論じられることが多い。古くはマーシャル，A. の外部性の指摘から，クルーグマン，P.（Krugman, P. 1992）さらに，近年では，サクセニアンの研究（Saxenian, A. 2007）が影響力を持っている。本章では，地方自治体の支援を考慮に入れるために，中国における地域経済の成長を扱った地域クラスターにおける関係的な組織間ガバナンスと階層組織的なガバナンスのモデルを利用する（Bell, S./Heide, J. 2009, 丹沢安治 2007, 2009a, 2009b）。

これらの先行研究から本章においては，以下において地域的なガバナンスの取引費用と文化的な距離の概念を主たる視点としよう。

2. ソフトウェアのニアショア開発分析の枠組み：取引費用と地理的・文化的距離

本章において分析の枠組みは調査におけるインタビューから帰納的方向をた

どって得られたものである。そこで得られた分析の枠組みは取引費用と文化的な距離を企業境界と立地の決定要因とするものであり，分析の含意を事例によって例証してみよう。

インタビューにおいてあらかじめ用意された調査の質問項目は，「高級人材確保をめぐる地域間競争」，「開発工程ごとの住み分け」のほか，それ以前の一連の調査[3]と同じく，一般的な質問項目として(1)沖縄に立地するIT企業・BPO企業の業務と概況，(2)沖縄のソフトウェア産業およびBPO，コールセンターの現状 (3)沖縄の立地のメリット・デメリットを企業はどう評価しているのか，(4)沖縄の人材を企業はどう評価しているのか，(5)本土，アジアとの取引の現状（特に中国との業務），(6)自治体の支援はどのように行われているか？ 他に必要なことは何か，(7)中国との競合関係を尋ねた。これらの基本的な質問項目は，調査の一貫性を保つため，これまでわれわれのプロジェクトが行なった訪問調査とほぼ同じものとなっている。

中国におけるオフショア開発，日本国内の札幌，福井など他地域におけるソフトウェアのニアショア開発との「高級人材確保をめぐる地域間競争」，「開発工程ごとの住み分け」の視点から行われた沖縄でのヒアリングにより，オフショア開発，ニアショア開発といった，アウトソースするか否か，どこに委託先の立地を求めるかといった問題には，第1に，人件費などの生産費用と委託先とのコミュニケーションコスト，調整コストなどの取引費用が重要な決定要因となっていること，第2に，これらの費用が，さらに東京など大手ベンダーの所在する首都圏からの文化的，地理的距離によって決定されているという事態が浮かび上がった。また，人口構成，IT人材の供給力からBPO業務とソフトウェア開発とは地域ごとの対応力に相異があることが明らかになった。

まず第1に，地理的な距離と人件費について，東京首都圏を中心として，発注元から地理的に離れているほど，人件費は低下する。例えば，東京よりも周囲の首都圏に所在する受託先，首都圏よりもニアショアと呼ばれる日本国内の

---

3) これまでに，上海・無錫，大連，西安，国内では福井，札幌において調査が行われている。

地方の受託企業、そして、さらに国外の中国沿岸部、最後に中国内陸部の受託企業という順序である。他方で、地理的に遠くなるほど文化的な「距離」もかけ離れていくことはいうまでもない。地理的・文化的な距離の遠さは、よりよい取引相手の探索、契約や取引に関する考え方、慣習の違いによる契約締結の困難さ、契約の執行のモニタなど、コミュニケーションにかかわる費用を発生させ、いわゆる取引費用の増加を意味している。したがって、この関係は次のように表現できる。

基本命題1
　地理的に遠距離になるほど、生産費用は低下する。しかし、地理的に遠距離になるほど文化的にも遠くなり、文化的に遠距離になるほどコミュニケーションのための取引費用は上昇する。

生産費用上の優位性を求めて中国の内陸部に委託すると、そのことは、文化的な距離による取引費用の上昇を招くというトレードオフの関係である。このことから、沖縄や札幌といったニアショアには住み分けとして次のような位置にあることが分かる（図3-1参照 C1＞C2）。

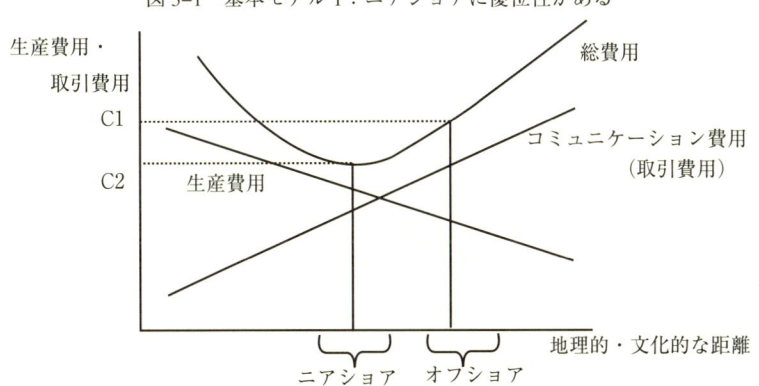

図3-1　基本モデル1：ニアショアに優位性がある

沖縄のIT津梁パークのようなニアショアは，典型的に人件費などは中国沿岸部，中国内陸部と比較すれば高いが，コミュニケーションコストは低いという状況にある。また，首都圏と比べてコミュニケーションコストは高いが人件費その他の生産費用については優位がある。したがって，図3-1のニアショアの領域に位置しているといえるだろう。

しかし同時に，BPO，コールセンターなど，一般的な業務はともかく，ソフトウェア開発に従事する従業員の供給力となると，表3-1に示すように，沖縄には限界があるといわねばならない。

表3-1　ソフトウェア業務の都道府県別事業所数，事業従事者数，平均年齢，老年化指数

	東京	神奈川	埼玉	千葉	沖縄	北海道
事業所数（ソフトウェア業務）	4,206	795	238	189	94	400
事業従事者数（ソフトウェア業務）	279,110	55,530	5,994	8,823	2,411	12,872
理工系学生数	151,631	60,134	32,730	41,306	4,205	32,833
平均年齢	41.9	40.9	40.8	41.5	38.4	43.4
老年化指数	146.64	112.79	103.87	118.28	81.64	153.83

経産省平成20年特定サービス産業実態調査（平成21年12月24日掲載），産業立地研究所[2009]，総務省統計局『人口推計年報』(2003年)より作成。（老年化指数は老年人口の年少人口に対する比率）

例えば，中国の西安には，「重点理工系大学100校のうち，9校が所在し，市内の大学在籍者は80万人を越え，毎年20万人が卒業して，IT関係の卒業生はそのうち，4-5万人を占めている」という人材供給力と比較すると，「人材の層」の点で限界があるといわねばならない。人材確保の費用を人材探索の費用とし，取引費用と考えると，ニアショアとしての沖縄と，オフショアとしての中国の西安，そして大連，上海などの立地の比較は，図3-2のように優位性は逆転し，ニアショアの領域は消滅する。（C2＞C1）

図3-2　基本モデル2：人材確保の困難のため，ニアショアが優位性を失う

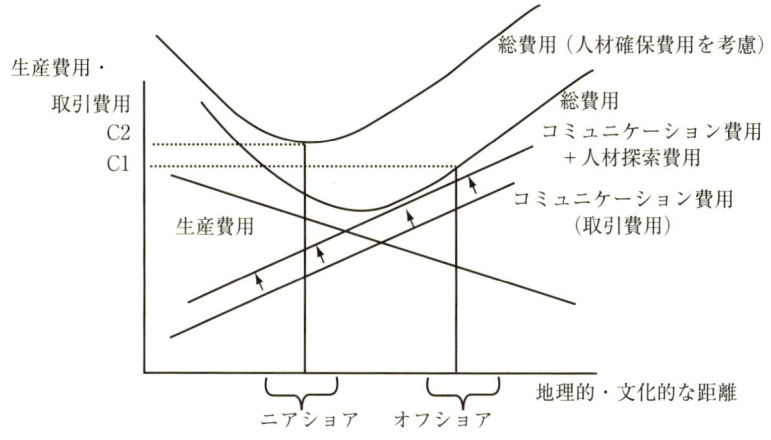

[図：縦軸「生産費用・取引費用」，横軸「地理的・文化的な距離」。曲線「総費用（人材確保費用を考慮）」「総費用」「コミュニケーション費用＋人材探索費用」「コミュニケーション費用（取引費用）」「生産費用」。C2，C1の水準線。下部に「ニアショア」「オフショア」の範囲を示す。]

このことから，沖縄においてニアショアを生かすためには次のようにいうことができる。

基本命題2
　　沖縄でのニアショアを実現するためには，人材供給の限界についての補助，他地域との補完的提携が必要になる。

3．命題：地方自治体と企業にとっての含意

図3-1の横軸において1つの地域は1つの点として存在するが，元来その地域が持つ自然的条件，地方自治体による支援策，企業による戦略的行動などの様々な理由によって隣接する点（地域）に対して優位性を持ちうるものである。したがって，この横軸上の点は実際には領域として存在し，また固定的なものではない。当然，様々な自然的条件，自治体による支援策，企業による戦略的対応によって左右の領域，すなわち一方での大手ベンダーの所在する首都圏と他方でのより遠方の中国などオフショアの地域と競争する位置にある。この意味で地域間競争は，中国国内でのみ観察されるわけではなく，中国と日本国内との間，日本国内での各地域間で見られるはずであることが分かる。この

ことから，各地域経済には取引費用と文化的距離に由来するポジションがあり，行為者別に自分の属する領域を拡大するための命題を導くことができるだろう。まずコールセンターなどのBPOについては，次のようにいえる。

　　命題1：地方自治体，（あるいは中国でいえば地方政府）は，法人税，所得税などにかんする様々な優遇策を通じて企業の生産費用を下げ，総費用を下げることによって自らの領域を拡大しようとする。
　　命題2：地方自治体，（あるいは中国でいえば地方政府）は，NPO法人を設立し，情報交換のプラットフォームを用意することによってコミュニケーション費用など，取引費用の低減を図る。
　　命題3：地方自治体，（あるいは中国でいえば地方政府）は，人材供給源の不足という条件を緩和するために，首都圏に対して高級人材の確保について優位を得るために補助施策をデザインする必要がある。また，通常の人材については，中国などと提携して供給源とし，沖縄をグローバルな仲介基地化できる。

　　命題4：各企業は地域的特性，地方自治体・NPO的存在を通じて，低減された生産費用を利用する。
　　命題5：各企業は，地域内の同業者との交流を通じて取引費用の節約を図る。
　　命題6：各企業は，ソフトウェア産業基地の指定を受けていない都市の中国企業と提携し，ソフトウェア開発のオフショア・ニアショア仲介モデルをデザインすべきである。

　このような命題が，今回の調査においてどのような発現されていたか，例証してみよう。

4. ディスカッション：沖縄の自然的環境と各インタビュー機関，企業における可能性と展望

4–1 地域全体が持つ優位性と企業が持つ特殊なケイパビリティー：命題 1

沖縄には，横型社会という強い人的ネットワークが，存在する。これにより，沖縄では仲間意識が強く，調整は容易なので，なんらかのプロジェクトを実行する場合に，生産費用，コミュニケーション費用，双方を低くし，有効であるといえる。さらに沖縄は，都道府県別の平均年齢では，最年少で唯一の 30 代となる 39.1 歳であり，他県と比べて労働者人口が若いということが指摘されている。

また，近代的地震観測が実施されて以降，一度も震度 5 以上を計測したことがないこと[4]，沖縄 GIX（グローバル・インターネット・エクスチェンジ）により，沖縄から直接，アジアへの通信が可能となっていることなどが，沖縄という地域経済が持つ自然的優位性である。ここでは，上記の命題に照らして該当する部分を確認しておこう。

4–2 地方自治体による取引費用削減策：命題 1，命題 2

沖縄県観光商工部情報産業振興課でのインタビューにおいては，地方自治体による「領域拡大の施策」として様々な助成処置が見出された。具体的に命題 1 については，人件費は東京に比べてもともと 2 割安いことに加えて，「地域雇用開発助成金」に言及された。これは，沖縄県において，事業所の設置・整備を行い，雇い入れた沖縄県に居住する若年労働者に対して支払った賃金の一部を助成するものである。

また，「情報通信産業等振興税制」，投資税額控除制度や地方税の課税免除等，沖縄振興特別措置法にもとづく各優遇処置もこれに属するものといえる。沖縄と県外を結ぶ通信回線の通信費の一部を沖縄県が補助する。こういった助

---

[4] 2010 年 2 月 27 日に，糸満市において震度 5 弱の地震が観測された。沖縄全体では震度 4 が多かったという。

成措置は，人件費，立地に関する費用の低減を目的としており，命題1における生産費用の低減によって沖縄という地域のニアショアの領域を拡大する試みである。

それに対して，人材育成支援として，「BPO人材育成モデル事業」を実施し，沖縄県における情報通信産業によって人材と技術の面のシナジー効果を目的としている。また，イノベーションを生み出すクラスター形成を目的として沖縄IT津梁（しんりょう）パークという拠点をしたことは，情報交換のためのプラットフォームの設置したことは，探索費用などコミュニケーション費用を低減させるものであり，命題2に属するものといえる。また，情報通信産業のインキュベート，情報技術（IT）分野の人材育成を目的とした那覇市の施設である，「那覇IT創造館」も命題2に関わる地方自治体による施策であるといえよう。また，IT津梁パークに設置されたNPO「アジアOJTセンター」は，今回の調査においては訪問することができなかったが，すでに2005年から提案されている試みであり，命題3に関わるものだろう[5]。

4-3　NPO法人によるプラットフォーム形成：命題2

命題2の取引費用の削減という視点から見て興味深いのは，沖縄県内を中心とする企業45社の出資によって設立されている「㈱沖縄ソフトウェアセンター」であろう。

「県内を中心とした流通，金融，製造の企業45社の出資者（株主）・協力会社への開発業務を代表して受注し，クライアント企業と出資者である協力会社との間のIT人材と技術をマッチングさせるプラットフォームとなっている」。「東京から見て遠方にあって分散していた沖縄県内のIT人材の効率的な探索を可能にするという意味で取引費用の節約を目指した。株式会社形態をとっているが「公益的な協同組合的な」組織であるといえよう。

---

5)　地方におけるソフトウェア開発企業による中国企業との提携に関する提案については，江崎［2005］，また最近では，北村・木村［2008］に詳しい。

4-4　高級人材へのインセンティブ：命題3，命題4，命題5

　企業については，自然的な立地が引き起こす生産費用上の優位をどの程度意識しているのか，それともコミュニケーションコストなど，取引費用上の優位を生かそうとしているのか，という観点から分析することができよう。

　IT津梁パーク内に所在する株式会社レキサスについては，携帯コンテンツ変換ソリューション，オリジナルインターネットアプリケーションの開発・販売および運営といった事業内容からいって，オフショア，ニアショアとはビジネスモデルが異なるが，顧客の90％が東京にいる点から沖縄の何らかの地域的特性を生かす戦略をとっていることが予想される。

　もともとはデータセンターでビジネスを始めたこと，沖縄では会社帰りにビーチに行って気分転換できるといった沖縄での環境によって高級人材を引き付けていることが，自然的な地理的優位性を生かしたモデルとして興味深い。オフショア開発と言った業務にはかかわらないといっているが，IT津梁パークにおける他社とのコラボレーション，米国のIT先進地に学生を派遣する「ITフロッグス」事業の事務局をつとめるなど，地域的な交流には熱心であり，このことは，オフショア開発地域としての全体的な情報交換の容易さ，つまり取引費用の削減をもたらしているといえよう。

4-5　人権費など費用構造にかかわる優位性の追求：命題4

　沖縄クロス・ヘッド株式会社は東京に本社を持つが，沖縄GIX構築事業へのかかわり，香港―沖縄間でGIXbなど沖縄の自然的な環境による生産費用上の優位性を見出している企業である。データセンターの展開，IT人材の育成，ASPビジネスなど，もっぱら立地の特性を生かしたビジネスモデルを展開しているといえる。

4-6　中国企業との提携の追求：命題5，命題6

　インデックス社の経営基盤は受託ビジネスにある。IT企業のバックオフィスを沖縄に集中させるのがコンセプトであり，典型的なニアショアのBPOビ

ジネスを展開している。官庁などのデータセンタービジネスも行う。立地の良さを生かしたビジネスであるといえよう。

　同時に，安く受託するというビジネスモデルからの脱却を念頭に置いている。SaaSとオンラインゲームにこれからは力を入れる。これまでの4つの事業が関わるものなので付加価値が高まる。

　アジアでは，成都のウィナーソフト有限公司と合弁会社を近い将来に立ち上げる予定である。これは，命題5を実現しているといえる。香港にある和僑会の日本人のネットワークを活用し，東アジアの中心に位置するという立地の優位性をさらに深掘りする戦略を取ろうとしている。

　中国に出せない仕事をやれること，言葉のニュアンスの判別は中国人には難しいこと，ブログ検閲やユーザーサポート（特にメールのサポート）は日本人でないと難しいことに注目し，コミュニケーションコストに関わる取引費用上の優位性を生かしているといえるだろう。

5. 結　　論

　以上，公的機関については，生産費用，取引費用の低減の施策，そしてそれによるニアショアの領域の拡大のための手段として何をしているかという観点から総括を行った。また，企業としては生産費用と取引費用のどの優位性に着目して進出し，どの方向に進もうとしているか，総括を行った。さらに両者が一致して試みている部分も見出された。ITフロッグ，中国の成都との連携，横型社会であることを生かした民間企業と公益法人のコラボレーションである。地域経済における各行為主体のイノベーティブな行為が適切に組み合わされ，有望な地域となっているといえるだろう。

　今回の調査の対象となった沖縄には，ニアショアとしての特性だけでなく，米軍基地の存在や，中央からの補助金，これらの事情に伴う情報インフラなど，重要な環境要因，制度的前提が見られる。これらの制度的背景をさらにきめ細かく折り込んだ分析は今後の課題として試みてみたい。

参 考 文 献

江崎宏［2005］「ソフトウェア産業におけるオフショアリング―現状の課題と今後の展望」,『OKINWA 型産業振興プロジェクト講演会』2005 年 8 月 29 日。

北村倫夫・木村裕介［2008］「オフショア開発の生産性向上と地域ソフトウェア産業の成長戦略」『NRI　パブリックマネジメントレビュー』November, 2008, Vol. 64。

丹沢安治（2007）「ライン河上流地域における国境を越えたバイオ産業集積の展開」『EU 経済統合の地域的次元―クロスボーダー・コーペレーションの最前線』若森章孝編著，ミネルヴァ書房，126-145, 2007。

丹沢安治（2009a）「イノベーション創出戦略としての中国における校弁企業の展開」,『中国における企業と市場のダイナミクス』丹沢安治編著，中央大学政策文化総合研究所研究叢書，中央大学出版部，3-25 ページ。

丹沢安治（2009b）「中国におけるオフショアリング・ビジネスの展開―中国，インドの比較を通じて―」『中国経営管理研究』, 中国経営管理学会, 第 8 号, 2009 年 5 月 81-95 ページ。

経済産業省［2009］「経産省平成 20 年特定サービス産業実態調査」（平成 21 年 12 月 24 日掲載）。

総務省統計局［2005］「都道府県別人口の平均年齢，中位数年齢，および年齢構造比較指数」『人口統計資料集 2005』。

産業立地研究所［2009］「地域の理工系人材の現状について」, ㈱産業立地研究所, 平成 21 年 2 月 18 日。

中央大学ソフトウエア・オフショアリング共同調査チーム（2010）「西安におけるソフトウエア・オフショアリング企業調査報告―第 1 回調査概要と日系インハウス型オフショアリング企業の実態報告―」月刊『中国経済』JETRO 2010 年 5 月号。

中小企業基盤整備センター［2007］「オフショア開発の潮流と業界構造の変化―グローバル化における中小ソフトウェア開発企業の動向―」経営支援情報センター，2007 年。

Bell, S./Heide, J. (2009) THE ORGANIZATION OF REGIONAL CLUSTERS, *Academy of Management Review*, 2009, Vol. 34, No. 4, pp. 623-642.

Coase, R. [1937] "Nature of the Firm", in : *THE FIRM, THE MARKET, AND THE LAW*, 企業の本質『企業・市場・法』宮沢健一，後藤晃，藤垣芳文訳，東洋経済新報社，1992 年。

Kogut, B./ Singh, H. The Effect Of National Culture On The Choice Of Entry Mode Journal of International Business Studies ; Fall 1988 ; 19, 3.

Krugman, P (1992) *Geography and Trade*, The MIT Press『脱「国境」の経済学―産業立地と貿易の新理論』，北村行伸，妹尾美起，高橋訳，東洋経済新報社（1994/10/1）。

Peng, M./Li, S./Pinkham, B./Chen, H. 2009 The Institution-Based View as a Third Leg for a Strategy Tripod, *Academy of Management Perspectives*, 2009.

Rugman, A. M. (1983) Inside the Multinationals, C room Helm, 1981.（江夏健一・中島

潤・有津孝義・藤沢武史訳『多国籍企業と内部化理論』ミネルヴァ書房，1983年)。

Saxenian, A. (2007) *The New Argonauts : Regional Advantage in a Global Economy*, Harvard University Press.

Williamson, O. E. [1975] *Markets and Hierarchies : Analysis and Antitrust Implications. A Study in the Economics of Internal Organization*, New York (Free Press) 1975.『市場と企業組織』／O. E. ウィリアムソン著；浅沼万里，岩崎晃訳：東京：日本評論社，1980.11.

Williamson, O. [1985] *The Economic Institutions of Capitalism : Firms, Markets Relational Contracting*, New York : Free Press.

第 2 部　現代経営における戦略連携と法規制

第 4 章

中国民営企業と東南アジア華人企業の戦略提携研究

はじめに

　2009年8月15日,タイの首都バンコクで開催された第8回中国・東南アジア諸国連合（ASEAN）（以下「アセアン」と記載）経済相会議の席において,中国商務部の陳徳銘部長は中国・アセアン自由貿易区の「投資協定」（以下「投資協定」と記載）に署名した。この中国・アセアン自由貿易区（以下「自由貿易区」と記載）は人口19億人,GNP6兆米ドルを擁し,発展途上国によって構成される自由貿易区では世界最大規模である。この投資協定により中国並びにアセアン諸国の双方間における貿易投資や経済協力は積極的に推進されていくことになるであろう。また,近年,中国・アセアン自由貿易区設立ステップの進捗状況に合わせるかのように,中国とアセアン諸国の相互間投資も拡大しており,2008年末までにアセアン諸国の対中投資累計総額は520億米ドルに達している。中国も「走出去」[1]戦略を積極的に推進し,アセアン地域への投資を急速に成長させてきている。今回の投資協定締結によって,自由貿易区の設立が正式に合意されたことを受け,中国およびアセアン諸国企業にとっては,この自由貿易区はさらに魅力的な投資環境となり,相互投資間に存在する非合理

---

1)「走出去」戦略とは中国語の「外へ出ていく」の意で,所謂中国国内民営企業の海外進出を指している。

な制限や規制が撤廃されていくことになる。そして，中国・アセアン諸国の双方企業は相互に活発な事業展開が可能となり，さらなる互恵関係を実現することを期待している。このため，中国民営企業はアセアン諸国を従来の一般投資先から主要投資先と認定し始めている一方，東南アジア華人企業も中国大陸の各地方経済との関連性を強めており，中国民営企業，東南アジア華人企業は共に投資や地方経済動向においても重要な役割を果たし始めている。そして，中国民営企業の海外進出或いは東南アジア華人企業の対中投資のいずれの領域においても，双方の相互協力や戦略提携の締結を模索することは必然的な趨勢となってくることが予想される。

1．戦略提携理論概述

1-1 戦略提携の境界

中国において，現在普遍的に使用されている戦略提携の定義としては，2つ以上の組織が一連の短期契約（discrete short-term contracts）又は完全合併（Complete Merger）の形態に基づいて運営される組織間の協力形態のことを指している。この協力形態を通じて，企業は，別の企業と戦略提携を結成し，自社のコアコンピタンスの補完を実現し，且つ提携相手企業との互恵関係を構築・維持することを目指している。つまり，この互恵関係により，企業の主な競争優位要因は企業自身のコアコンピタンスおよび提携の優位性の2点から生起してくることになる。

さて，戦略について言及すると，一般的には販売マーケティングに関する提携，研究開発提携，技術取引，製造権や経営権の授権，株式投資や合資企業設立等の方式が戦略的に採用されている。

その一方で，提携について見てみると，通常は提携方式が異なれば，その提携強度も変わってくる。例えば，技術研修やターンキー方式のような場合は数年単位での協力関係であり，その提携強度は比較的低いといえる。ライセンス契約の場合，知財権や技術移転を含めると，平均提携期間は5年であり，提携強度は比較的高いといえる。サプライチェーンによる提携の場合，サプライ

ヤーとの共同研究を含めれば，さらに強度が高いといえる。提携先と共に合資企業を設立する場合は提携強度レベルは最高の方式である。

1-2　戦略提携関連理論

　戦略提携理論の発展から考察してみると，現在では一定のフレームワークによる戦略提携に対する統一見解は存在していないといえる。ただ，比較的主流となりつつあるいくつかの戦略提携理論としては，戦略的ギャップ仮説，資源ベース理論，取引コスト経済学，社会ネットワーク理論等の視座が挙げられる。本章では主流となっている理論を中心に戦略提携理論について検討する。

1-2-1　戦略的ギャップ仮説視座の解釈

　戦略的ギャップ仮説はタイジ（T. T. Tyebjee）やオスランド（G. E. Osland）らにより提出されている。この仮説によると，国際企業が競争環境を精査し，自社の競争力となる資源を評価する場合，その競争環境において求められる自社の業績目標と，自社資源や自社の能力のみに依存した場合に達成可能な目標の間には，一定のギャップが存在しており，このギャップを埋めるプランこそが戦略と呼ばれるものであるとしている。戦略的ギャップは国際企業が全てを自社資源や能力に依存して発展を目指すという方式を採るには少なからず限界が存在しており，その国際企業の置かれている環境に基づく客観的要求によって提携を模索せざるを得ない状況になるのである。そのため，戦略的ギャップは国際企業がグローバル競争における提携成立の重要なドライビングフォースとなる。企業の戦略的ギャップが大きければ大きいほど，戦略提携のドライビングフォースも増強されることになる。

1-2-2　資源ベース理論視座の解釈

　資源ベース理論はワーナーフェルト（B. Wernerfelt）やバーニー（J. Barney）に代表される。その理論は，企業の資源能力は異質であるという観点に基づき，企業は1つの資源集合体であることを強調している。そして，企業の持続的競争優位の源泉は，企業が擁している独自の価値ある資源にあるとする。さらに，資源ベース理論で用いられる価値ある資源とは，希少価値があり，模倣困

難であり，代替不可であるものでなければならない。また，これらの価値ある企業資源とは往々にして，通常の資源取引では入手困難なものを意味する。そして，他社との協力を追求し，双方あるいは多方面の資源優位性を利用して，有効な資源集約経路を確保するのである。この資源ベース理論における戦略提携とは，戦略資源の要求や社会資源との結合の機会といった論理的動機によって構築される協力関係であると見なされる。企業は補完性資源を有する他社との提携関係を通じて，企業の外部性「共有」要素（提携先企業の優位性）を十分に活用し，自社の持つ他社とは異質的な技術優位性やマネジメント経験をうまく運用し，資源確保の障害を有効に克服することが可能となり，その結果として，新たな競争優位と新たな収益源を生み出すのである。

1-2-3　取引コスト経済学視座の解釈

この視座によれば，戦略提携とは一種の新興経済組織形態であり，市場と企業の間に介在する一種の資源配置手段でもある。戦略提携によって，ある取引が内部に取り込まれ，提携範囲外の要素に関しては市場化，すなわち市場を通じて行われる従来通りの取引のままである。この戦略提携が成立した結果，内部化（提携範囲内）と市場取引（提携範囲外）の特徴が結合して，独立した企業と市場間の取引関係において，一種の新しい組織形態を形成させたことになる。取引コスト経済学者は，戦略提携が存在，発展するのは各種コストの節約が可能であるからだと考える。企業内部化，又は市場取引のいずれか一方だけの方式では取引コストや政治的協調コストの総和をうまく抑制できない場合，提携という比較的ゆるやかな手段がその有効な代替方式となる。つまり，戦略提携は企業と市場の二者間における二者択一を強制されずに資源配置転換を行うという一種の折衷方式を採ったのである。それは，いいかえれば，相互に独立している各市場参入者が，提携という一定範囲の相互協力を通じて資源配置を行い，一部の事業活動を内部化しながら，その他の事業活動を市場化のまま留保して，取引コストや企業内外の政治的協調コストの総和を抑制し，各企業にとって，これまでに一体化（或いは合弁化）と市場化の二者択一しかない状態に第3の手段を提供することになったのである。

1-2-4　社会ネットワーク理論視座の解釈

　社会ネットワーク理論は，企業はある社会ネットワーク環境に所属しており，このネットワークの形成は企業とその外界との連係を源としており，この連係が企業とその他の経済体間の経済往来や企業の各種社会関係をも包括していると考える。そして，企業と社会関係ネットワークの重要性を主張し，企業のネットワーク内の位置や関係性は全てその資源取得能力に影響すると考え，且つこのネットワーク関係性によるコントロールあるいは利用が可能となる資源を企業の社会資本と見なすのである。つまり，企業が資源取得能力を増強するためには，企業の社会ネットワーク環境を効果的に構築或いは改善し，企業の社会資本を累積させることが必要となってくるとし，社会資本の増加はすなわちネットワーク成員間の連係度，安定度，維持努力の程度などの要素に依存しているとする。この社会ネットワーク理論における戦略提携は，企業が他社との間で締結される提携方式が一種の安定的で正式な協力関係であり，それが企業の社会資本なのである。しかも，この関係ネットワーク構造は比較的安定しており，成員間の交流が頻繁に行われ，情報や資源の伝達もスムーズである。この種の安定的なネットワーク内では企業間の信頼が醸成されやすく，ネットワーク内の各種規範やメカニズムの形成に有利であり，不確実性やリスクを低減し，企業の社会資本の増加や利用に有効に作用するのである。

2．中国民営企業と東南アジア華人企業戦略態勢分析

2-1　中国民営企業の戦略態勢

2-1-1　中国民営企業の産業分布および競争力の特徴

　中国民営企業の産業分布は製造業に集中しており，その他の産業はサービス業，交通・輸送業等に分布しているというのが基本情勢である。中国社会科学院民営経済研究センターが広東，浙江，湖北，四川および吉林5省の民営企業に対して競争力調査（以下『中国民営企業競争力報告』と記載）を行っている。調査の概要としては，有効サンプル数583社の民営企業の中で，87％が製造業に分類される結果となり，その他の産業に関するデータ分布は商業と不動産

業が各4％，農業，サービス業，交通・輸送業，公共事業，投資業が各1％を占める結果となっている。この調査を通じて検討を行うと，中国民営企業競争力には以下の特徴が挙げられる。

(1) 日常生活用品を主要とした消費製品向けの産業において，中国民営企業競争力は比較的強い。『中国民営企業競争力報告』が提供している平均競争力指数（競争力の最高数値を100とする）に基づくと，中国民営企業は農業およびサービス業の平均競争力は高く，その指数は61.60（農業）と51.20（サービス業）であった。製造業においては，木材製品および家具（49.05），金属製品（39.66），家電製品（40.07）等の軽工業に属する企業の競争力が比較的高い。

(2) 一部の労働集約型産業で中国民営企業の競争力は比較的高い。中国の労働力資源の優位性を十分に発揮させる手法が中国民営企業の成長が顕著になっている大きな要因である。競争力指数ランクで上位にある産業の中で農業（企業の多くは主に観賞用植物栽培，食用植物栽培および観光農業に従事），サービス業および製造業は全て労働集約型を特徴としている。

(3) 技術難易度が低い産業において，中国民営企業は高い競争力を有している。『中国民営企業競争力報告』からは中国民営企業の多くが技術難易度の低い紡績，簡易仕様の電機製品，食品，ゴム・プラスティック製品などの産業に分類された。その一方で，競争力の高い産業では，その技術難易度がさほど高くない。製造業競争力指数に序列をつけると，上位にランクされるのは基本的にすべて木製家具，電機（一部の企業は比較的高い技術レベルのものもある。），家電，金属，建材，文具・教材，日用雑貨品といった業種である。同時にハイテク産業とされる通信ソフトウェアや製造業の通信エレクトロニクスといった業界では，中国民営企業は非常に出遅れている結果となっている。

(4) クラスター型の発展を遂げている産業や地域では，中国民営企業が強い競争力を有している。つまり，中国民営企業発展の顕著な特長として，競争力を有する競合他社が一定の地域においてクラスターを形成しながらともに成長しており，例えば，浙江，広東，江蘇，山東，河北および福建などの各省にその傾向が比較的強く見られ，浙江省および広東省においては特に顕著である。浙

江省寧波市では140社を超える企業により産業クラスターが形成されており，その内，年間生産額1億人民元（約14億日本円）を超える企業は90社以上に上る。

(5) 市場開放度が低い産業では，中国民営企業の競争力は著しく弱い。中国市場の開放度が低い，すなわち国有企業の寡占状態にあるような金融，保険，石油等の業種へ参入している中国民営企業の数は少なく，その参入企業の競争力は一般的に低い水準にある。例えば，中国電力分野における民営企業はわずか3社に留まっており，その平均競争力指数は23.63である。

2-1-2　中国民営企業ガバナンス体制の特徴

現在の中国民営企業では家族制と公司制[2]という2種類のガバナンス体制が存在している。その中で，中小企業では家族制が主流であり，大企業では家族制と公司制の両社が並存している状態である。しかし，『中国民営企業競争力報告』によれば，民営企業の競争力と家族制の間には重要な要因に関する有意な関係性は認められておらず，むしろ競争力が高い産業においては，家族制企業の占める比率が高くなっている。つまり，中国の現段階においては，民営企業の競争力レベルはその所有権構造，現代企業ガバナンス体制との間に相関関係があることを提示する必然性は認められず，所有権構造とガバナンス体制に対する多様化，分権化等の改革を行うには時期尚早であり，必ずしも企業の最適なオプションであるとは言い難い。

2-2　東南アジア華人企業の戦略態勢

2-2-1　東南アジア華人企業の産業分布および経営構造

東南アジア華人企業グループの興起には2種類のタイプがある。1つは旧華人財閥型で，その資本力は限定的で，規模も大きくはない。第2次世界大戦後，この旧財閥型企業が東南アジア諸国の工業化プロセスに沿って著しく発展し，例えばシンガポールの華僑銀行グループ等のように多角化した多国籍企業

---

2) 家族制企業と公司制企業の重要な差異は企業の経営権と所有権が分離しているかどうかという点にある。

グループが形成されるまでになっている。もう1つは新興企業型で，このタイプは1960年代以降，東南アジア諸国の経済発展に伴い，勃興してきた華人企業グループであり，このタイプは東南アジア華人企業グループの絶対多数を占めている。ここでは，東南アジア華人富豪家族の経営する企業グループの主な収益源および中核となる経営構造に関して検討した結果，以下の特徴が見出された。

(1) 不動産業は東南アジア華人企業グループの主要経営分野であり，収益源でもある。財閥グループの規模に拘らずおよそ60%の企業グループが不動産業界に進出している。

(2) 銀行，金融，保険業は東南アジア華人の収益および財産運用の主要な手段となっている。例えば，インドネシアの華人企業は90.1%の銀行経営に参画している。タイでは，いわゆるタイ金融「4大ファミリー」とよばれるBank of Bangkok, Kasikornbank, Bank of Ayudhya, Bangkok Metropolitan Bankは全て華人系銀行であり，その資産はタイ商業銀行総資産の60%を占めている。

(3) レストラン，レジャー産業はシンガポールやマレーシア華人にとって重要な事業となっている。例えば，雲頂集団（Genting Group）はマレーシア最大の華人企業グループの1つであり，東南アジアでも最大級のレジャー産業グループである。2000年には雲頂集団傘下の名勝世界社と雲頂有限公司の2社は国際華商トップ500においてそれぞれ44位と51位にランクインしている。また，同じマレーシアに本部を置く郭氏兄弟集団の擁する企業は国際華商トップ500に200社以上をランクインさせている。また，郭氏兄弟集団はアジア太平洋地域最大のホテルグループの1つに数えられ，その関連会社にはシャングリラホテルを所有しており，「ホテル王」の異名をとっている。

(4) 農林水産業の分野における市場の拡大や製品開発力の向上に伴い，東南アジア華人企業にとって，この産業は重要な地位を占めるようになってきており，現代化戦略による技術開発，M&A戦略による規模経営を積極的に展開している。この産業は大規模な投資や広大な農林地の確保，木材伐採権といった政府からの認可を取得する必要があるため，この分野への参入はほとんど大財

閥グループに限定されている。例えば，マレーシア郭氏兄弟集団のサトウキビ栽培はマレーシア市場占有率および砂糖生産量のマレーシア総生産量に対する比率も共に45%を占有しており，マレーシアの「砂糖王」と呼ばれている。

(5) 小売業と貿易業のような古くから存在している業種を中心事業とした華人企業グループは既に減少してきており，現存している小売・貿易産業に従事している財閥グループは主に中小財閥である。しかし，この産業において比較的好業績の企業は大型化，先進化を推進させて発展してきている。例えば，フィリピン華人の施至成が率いる鞋庄（SM）グループ，黄明頂のGotescoグループ，施家驊のGasano等が挙げられる。この産業は依然として多数の華人財閥の多角化経営領域の一角を占めている。

(6) 多くの華人財閥は多角化経営を中心に輸入から輸出へと製造業の経営体質転換を図ってきている。その主な業務としては，食品，タバコ，建材，自動車，鋼鉄，製紙，石化等の従来の製造業に加え，一部ハイテク産業にも進出してきている。しかし，上場企業という視点から産業界を俯瞰してみると，製造業を事業対象としている企業の比率は決して高くはない。この現象は華人が経営する製造企業の発展レベルが低水準にあることを示唆しているといえる。

2-2-2 東南アジア華人企業ガバナンス体制の特徴

東南アジア華人企業は長期間にわたって市場競争や現地環境への適応に努めてきた結果，ビジネスやガバナンスに関する独自のモデルを成立させることとなる。その特徴としては以下の点が挙げられる。

(1) 家族制組織構造とガバナンスモデル。華人企業の家族制ガバナンスモデルの長所として，家族を中核として，外界経済環境の変化や企業自身の実情に合わせて，ビジネスの商機を適確に把握したり，ビジネスに潜むリスクを回避するといったような臨機応変に行動することが可能となることが挙げられる。また，華人家族倫理規範が経済行為規範の作用を果たし，事業に内包される取引コストや監督コストを低減することが可能である。さらに家族という強い帰属意識や一体感が具備されていることになる。つまり，家族の各成員が家族に対して道徳的責任感を基礎とした高い団結力を発揮する可能性が高い。しかし，

この方式は経営と監督という機能が一体化しており，客観的な監督機能が企業内でうまく作用しないという構造的リスクを抱えることとなり，企業の内部関係におけるガバナンスが逆に企業発展の障害となる可能性が存在している。

(2) 独自の外部との取引関係ネットワーク。華人企業家は人材登用や外部への株式や債権による融資を募集する場合，通常は様々な自社の関係ネットワーク内で行う。つまり，信用できるパートナーとのみ人事や融資（財産権）の取引を行うということであり，この種の信用関係は正規の契約に基づく関係とは異なり，一種の非公式な制度的行為である。そして，この行為は，東南アジア華人の社会関係構造や文化的伝統性における非公式制度を発達させる土壌という要素と密接に関連性があることを示唆していると考えられる。この制度発達の土壌には2種類の重要な伝統的力が作用している。それは，1つには宗教，同郷，方言や母国語，友情やパートナーシップ等を絆として形成された社会関係，そして，もう1つは誠実，互助，老若親疎の序列に根ざしている儒家文化的価値観である。1995年よりシンガポール中華総商会が推進している「世界華商電脳ネットワーク」は，国際ネットワークを通じて多数の華商に関する資料や情報を世界各地のユーザーへ伝達するという構想で，瞬時に世界各地の華商が連係できるような体制の整備に努めている。この種の関係ネットワークの優位性は，外部取引コストを効果的に低減させ，情報の非対称性や不完全性によって引き起こされる機会主義を抑制し，長期的に報酬を獲得すること，さらに外部市場の不健全性がもたらす様々な問題を解決することなどが可能となっている点に体現されている。

(3) 多角化と多国籍化という戦略オプション。多角化と多国籍化による投資発展が東南アジア華人企業の普遍的な戦略オプションである。華人企業は往々にして，ある産業或いは業務に集中して一定レベルに成長した後に多角化の道を進むという方式を採用するのではなく，むしろ外部の機会に対する把握能力を日頃から研鑽しておくことによって潜在的投資対象の範囲を広げておき，自社の生産，技術，マーケット等の各方面に関連性がそれほど強くない，場合によっては関連性が全くない分野に対しても，経験曲線効能と範囲経済により成

功を収めるという方式が主流である。多角化と多国籍化という戦略はリスク分散，コスト節約，外部機会の有効利用というメリットが見込める反面，代理コストや連帯リスクというデメリットも潜在している。

　これまで述べてきたことをまとめると，中国民営企業と東南アジア華人企業の各社は異なる資源を持ちながら，その一方では戦略態勢も異なっているといえる。そして，まさにこの差異が中国民営企業と東南アジア華人企業双方が共に国際化を推進する上で，戦略提携を行う必要性を生じさせているのである。その必要性をさらに詳しく検討してみると以下の傾向が見られる。

　1）中国民営企業と東南アジア華人企業にとって，中国あるいは東南アジア諸国への投資を行う際に双方が各自一定の戦略的ギャップを有している。これらのギャップは各企業の置かれている社会制度や市場運営における差異に起因しているものであり，このギャップを解決できるのは基本的に戦略提携による双方の協力体制構築以外には現状での有望な対策は見当たらない。

　2）各企業の有するコアコンピタンスや各種資源の能力には差異がある。もし中国民営企業が補完性資源が東南アジア各国の主要市場において獲得できない場合，補完性資源を保有する東南アジア華人企業との戦略提携を成立させなければ，企業外部の「共有」要素を十分に利用しながら，企業の多国籍経営の持続的競争優位性を確保することは困難である。

　3）国際経済の発展および国際分業という最近の潮流からは中国民営企業，東南アジア華人企業のいずれにおいても，国境を越えることは一般的な経営展開であり，華商ネットワークもその動向を踏まえて自律的にエリア化，国際化を推し進めている。1970年代以降，東南アジアや香港，マカオ，台湾などの華人企業は次々に60余箇所の世界規模での地縁，血縁，事業ネットワークといった独自のネットワーク組織を拡大させてきており，同じ民族背景を持つ中国民営企業や東南アジア華人企業もその豊富な社会ネットワーク資源の威力を発揮できるようになってきている。

3. 中国民営企業と東南アジア華人企業の戦略提携に対する実行可能性分析

前述の分析により判明したことは，中国民営企業にとって，国際化の道を歩む過程において，国際市場での東南アジア華人企業との戦略提携という非常に有効な発展経路が存在していることである。この提携を通じて中国民営企業は世界市場進出のバイパスとなるだけでなく，提携先の東南アジア華人企業との様々な提携協力により，多くの先進的なマネジメント理念，方法，手法などが暗黙知として入手可能となり，中国民営企業にとって，国際市場におけるコアコンピタンスの増強のチャンスを獲得することになる。

しかしながら，関連資料によれば，戦略提携，特に国際間の戦略提携は毎年30％の比率で増加しているが，その失敗の確率も30－60％という比較的高い数値を示している。さらに5年間以上という戦略提携の維持期間に達する事例は50％にも満たない。そして，提携失敗の大きな原因には動態的マネジメント文化における協調作業がうまく実施されないという，文化コンフリクトが挙げられ，ボトルネックとなっている。戦略提携の企業文化の特徴は主に価値観と信念の多様性，行動様式の相違性，経営環境の複雑性や文化アイデンティティとその相互間融合のプロセス性に体現されている。この提携に関するマネジメントにおいて，本章では，提携パートナーの選択行動が成功の重要な要素であると考えている。良き提携パートナーとは，提携自体に相互補完，戦略相似性，相互文化受容性等の優位をもたらしてくれる存在である。そして，同時に戦略提携に安定性をもたらし，その提携内の独自文化要素が提携或いは双方の企業に重要な貢献をしてくる存在となることである。つまり，戦略提携に対する実行可能性分析として，戦略提携における双方自他の企業文化分析をしっかりと行うことこそがその提携の成否を決める要件の1つなのである。そこで，ここでは，以下のような中国民営企業と東南アジア華人企業に対する企業文化を検討する。

3-1　中国民営企業と東南アジア華人企業が共有する同質的優勢企業文化

(1)「仁者愛人」という経営理念の共通化。「仁」は儒家思想の核心概念の1つであるが，中国民営企業と東南アジア華人企業のいずれにおいても「仁者有序」，「仁者愛人」の道徳観を強調している。つまり，従業員を大切に遇しながら，「温，良，恭，倹，譲」の伝統的価値観を訴求して，家庭や自己を愛するように企業を愛することを教化していく経営理念である。この理念の下で各企業は人的資源においても「愛才，尊才，育才」を宗旨としている。

(2)「誠信為本」という社会信用体系の共同構築。誠実は中国儒家伝統の道徳基盤であり，儒家によって「進徳修業之本」，「立人之道」，「立業之道」という儒家倫理思想の重要な内容とされてきた。中国民営企業と東南アジア華人企業のいずれにおいても「信用之道」を深く理解しており，自己の信用や信望を重視し，この概念を商業道徳や従業員の行為規範として，企業が顧客の信頼を獲得し，最終的に市場競争社会の中で不敗の地に立脚することを目指している。

(3)「義利並挙」，「義在利先」という現代的価値観の共有化。中国民営企業と東南アジア華人企業のいずれにおいても「義」に対する理解は，個人の利益追求行為は自己の欲求に従って妄動してはならず，人々が公認している一定の社会的ルールやその規範性を受け入れなければならないというものである。このような「義利合一」の価値観は，「利」自体を公に口にすることを受容しない伝統的価値観の陳腐性を打破し，また，単に利益だけを追求する行為に対して，「義」と関わらせることによって社会的倫理観との均衡を維持するための新しい解釈を与えている。

(4)「以和為貴」とは現代人間関係における調和を重んじる境地の共同提唱。孟子曰く，「天の時は地の利に如かず。地の利は人の和に如かず。」「和」は企業文化の最高の境地である。つまり，「和気生財」，「以和為貴」といったこの種の理念は，中国国内外の華人企業において，集団意識，大局意識，競争と合作意識，調和共生意識を現代の潮流として現出させることが多くなってきている。

3-2 中国民営企業と東南アジア華人企業が保有する異質的優勢企業文化

(1) 「以人為本」という理念は中国民営企業が人的資源戦略を確立する際に重要な根拠とされている。すなわち人は企業之本である。この「以人為本」の概念は国際的にも認知されてきている現代経営思想の潮流にも合致しており，その現代的価値を疑う余地はないと思われる。近年，多くの中国民営企業が長期にわたって模索と実践を重ね，漸次確立してきた企業経営上の新しい理念である。

(2) 国家興亡の担い手意識。中国民営企業が国民経済において，徐々に重要な位置づけがなされるにつれて，多くの大陸企業家もその負うべき社会的責任の重要性を深く認識してきている。そのため，企業内で企業の社会責任を提唱し，従業員が各業務運営において終始，社会責任，さらには国家や国民に対する実業興国の重責を負っているという意識の育成に努めている。

(3) 奮起して向上を目指し，敢然と開拓する進取精神。苦難に満ちた創業や自らを鍛錬する心構えは新世代の中国民営企業家の職業精神となりつつある。これらの企業家は苦境にあっても創業を断行し，複雑な市場競争においても絶えず革新，成長を続け，勇敢に開拓を行うことが既に中国民営企業家が成功するための不可欠要素となってきている。

(4) 「勤勉，節約」という企業精神。東南アジア華人企業は早くから故郷を離れ，異郷に根ざし，質素倹約により家を維持しながら，起業することは東南アジア華人の企業経営の重要理念となっている。彼らは時間を惜しむという儒家の価値観と墨家の倹約観の影響を多分に受け，時間を惜しんで勤勉に働き，質素倹約を実践している。企業経営においても厳格に「節約」の原則を遵守しており，できるだけコストを抑制し，効果を上げ，より多くの経営利潤を確保しようとする。

(5) 「多謀善断（知恵をよく働かせ，的確な判断を下す）」という臨機応変な戦略観。儒家の応変思想とは「智者は，先見して惑はず，能く謀慮し，権変に通ず」として，東南アジア華人企業が熾烈な市場競争に生き残りを賭け，発展を企図し，急激な変貌を遂げる市場において東南アジア華人企業の智謀に長けた戦略

思想を成就させている。

(6) 権力関係をフラット化させ，自社の現代化を追求する姿勢。企業は政府機関との関係を通じて企業発展のための活路を見出すという手法は一世代前の東南アジア華人企業家が常用していた企業経営戦略であったが，この手法はすでに現代経営道徳規範と相反するものとなってきている。新世代の東南アジア華人企業家の多くは高等教育を受け，時代の特徴を把握しながら，その最先端に立脚して時代に合致していない陳腐な経営手段を捨て去る勇気を持っている。彼らは遠大な眼力と卓越した見識で時代の潮流に順応していき，徐々に政治権力関係の色彩を退けつつ，企業自身を現代化させることを目指し，企業競争力を増強してきている。

　イタリアの経営学者ラッファ（M. Raffa）とゾロ（G. Zollo）は次のように考えている。企業のコアコンピタンスは企業の各業務のサブシステムだけでなく，企業の文化システムにも存在しており，複雑な人間関係あるいは人間と環境の関係性に根ざしているものである。中国民営企業と東南アジア華人企業の戦略提携における最大の優位性は同じ中華民族であるということである。したがって，中華民族文化の「以和為本（和を以って本と為す）」，「天人合一」という集団主義的精神を共有しており，異なった社会制度を背景として成長してきた華人企業との戦略提携を通じて，提携企業は双方ともに文化の一致性や融和性を醸成させ，提携関係内部の差異から交流というプロセスを経て融合し，同じ目標に向かって共に歩む姿勢を生起させることが可能となるのである。さらにその同じ目標へと進む姿勢を構築する過程において様々な変異やイノベーションが生まれ，提携関係自体が一種の独自性や模倣不可性を生じさせ，新たなコアコンピタンスの優位性を生み出すことが可能となるのである。これが正に中国民営企業と東南アジア華人企業の各企業文化における同質性が提携関係全体に大きな安定作用をもたらす基本規律であるといえる。

4. 中国民営企業と東南アジア華人企業戦略提携構築

4-1 中国民営企業と東南アジア華人企業間の戦略提携構築の背景

これまでの分析によって判明したことは，中国民営企業と東南アジア華人企業との間には潜在的に戦略提携構築に関する現実的な基盤を共有しているという点であった。ただ，その基盤を有効活用しながら，双方の利益を最大化させるためには多くの分野で協力や資源共有を行う必要性がある。ここでは，その必要性の具体的な内容と効用として，中国民営企業と東南アジア華人企業の戦略提携には以下の点が挙げられる。

(1) マーケティングに関する協力。中国民営企業と東南アジア華人企業の両社は各提携パートナーの保有する既存の販売網を利用し，各自の販売網間に結合点を形成させることが可能となる。現地企業は現地市場環境や消費者心理に通じており，製品の市場ポジショニングやマーケティング戦略に対する参考データの提供，さらには現地のマーケティング部隊や市場インフラを利用，全部又は一部の顧客という資源を共有するといった業務に関するパートナーへのサポートを行うことが可能である。その一方で，現地企業が取得できるメリットとしては，販売網の拡大，既存のマーケティング部隊や市場インフラの稼働率向上，販売チャンネルの単位コスト抑制やパートナーの保有する販売ネットワーク資源の利用などが挙げられる。このように中国民営企業は東南アジア華人企業の販売マーケティングネットワークやその関連資源を利用して，東南アジア市場を開拓することが可能となる。また，東南アジア華人企業も中国民営企業が中国国内に確立しているマーケティングネットワークを通じて，自社製品の中国市場への参入が可能となり，互恵関係を構築することができるのである。

(2) 情報の共有。中国民営企業と東南アジア華人企業の両社は共通の情報プラットフォームを確立し，情報を共有しながら，各企業には，より多くの情報をもたらし，コスト低減につなげることが可能となる。共有された情報は，一般的に企業の機密情報に類するものではなく，特に排他的な取り扱いが必要な

ものではない。ただ，これらの情報は往々にしてネットワーク特有の外部性を帯び，情報を共有する企業はこれらの情報によるスピルオーバー（漏出・拡散）効果を有効活用してコスト削減につなげられる場合が少なくない。

(3) 人的資源に関する協力。中国民営企業と東南アジア華人企業はその成長過程において各社独自の様々な経験を蓄積させてきている。双方が多国籍経営において，その経験を有する人材活用やその他の人的資源に関する協力体制を構築することが可能となる。例えば，双方が共同で従業員研修を行う。各企業の従業員がその研修中に相互学習や交流を行うことにより，共同作業における障害を取り除き，同時に双方の従業員研修コストも抑制することが可能となる。

(4) 生産に関する協力。例えば，中国民営企業が東南アジア市場への投資を行う場合，初期段階では現地市場を把握していないため，当然，一定のリスクを抱えていることになる。このリスクに対して，中国民営企業は東南アジア華人企業との生産における協力を通じて，市場参入リスクを低減させることを目指すのである。あるいは，中国民営企業と東南アジア華人企業の両社が共同で合資企業を設立し，その合資企業において，中国側は生産，技術および設備を担当し，労働力は現地採用を行い，マネジメントは両社がそれぞれ派遣して組織し，共にリスクを負いながら，共益確保を目指すことも考えられる。それ以外にも，中国民営企業が東南アジア華人の現地企業へ生産委託を行い，自社はマーケティングや技術開発に注力するという加工委託方式を検討することも可能である。

(5) 市場開発に関する協力。東南アジア華人企業は豊富で総合的な市場開発経験を持っており，中国民営企業は彼らとの合作により東南アジアの各種資源や総合商圏等を共同で開発し，リスクやコストを抑制することが可能である。双方が総合的な「中華貿易圏」の開発協力事業を推進するスキームを想定した場合，東南アジア華人企業はその協力事業において，不動産開発や政府とのブリッジ役等を担当し，中国民営企業は商品の輸出や販売網の構築を請け負い，双方が協力分業体制から相応の収益を獲得することが可能である。

(6) 金融サービスに関する協力。良好な協力体制をベースにして，東南アジア

華人企業は自社の持つ金融業の優位性を利用して，中国民営企業の持つ優良顧客を仲介してもらい，この顧客向けに債券販売や投融資などの各種金融サービスを提供することにより，収益獲得を目指すことが可能である。また，中国民営企業向けに海外資金調達手段を提供することで，中国民営企業のキャッシュフローのストレスは大いに緩和される可能性も高くなり，市場拡大や技術開発等の戦略事業経営に際して，その戦略目標達成にかかる時間を大幅に短縮することが可能である。

(7) 技術開発や技術共有に関する協力。現在のところ，中国民営企業と東南アジア華人企業の技術開発能力は特に優位性が認められるとはいい難く，双方は技術レベルの向上や競争力強化に切実に取り組む必要性に迫られているが，技術研究や開発向けの大きな投資やそのリスクに対して，一般企業単独で実施することは限界がある。そのため，双方は技術開発に関する協力を通じて，共同で研究拠点を設立し，技術レベルに関する障壁を克服するべく，双方各社が分業体制を構築し，各社の優位性を活用しながら，その共同研究の技術成果を双方が共有することが合理的手段であると考えられる。以上のような技術開発に関する協力は開発コストを抑制できるだけでなく，同時にリスク分散にもつながる。そして，双方が更に一歩進んで直接技術移転や技術共有を行うことも可能である。例えば，双方が連係してある技術の共同購買を行い，その技術を共

図4-1 戦略提携発展段階における提携内容とその構築難易度

構築難易度

	初級段階	中級段階	高級段階
高	情報共有	生産協力及び共同開発	技術開発及び技術共有
低	市場開発協力	人的資源協力	金融協力

戦略提携発展段階

(出所) 著者整理作成。

有するといった方法であれば，自社単独での購買コストを低減することが可能である。

以上のような戦略提携に関する議論を踏まえて，各協力条件に関する範囲や協力するテーマの難易度と戦略提携の発展段階や戦略提携の各パートナーのニーズに基づいて図4-1のような分類が可能であると思われる。図4-1の各段階は漸次進展していき，最終的に戦略提携の目標が達成され，コストやリスクを抑制することが成果として実現されるのである。

4-2 中国民営企業と東南アジア華人企業間の戦略提携構築の組織形態

中国民営企業と東南アジア華人企業は戦略提携を模索する際に，その戦略目標や各社の外部環境の違いに応じて，戦略組織形態を検討しなければならない。その場合，一般的には以下のような組織形態が考えられる。

(1) 華人商会。華人商会とは一種の緩やかな提携方式で，その開放性や融通性に特徴がある。一般会員は一定の会費を納め，商会は内部に常設業務機構を設置し，会員企業向けに技術や情報等の提供を行う。また，華人商会は地域性の有無によって分類することが可能である。本章で言及している華人商会とは，1970年代から東南アジアや香港・マカオ・台湾の各地で開設され始め，60件を超える世界規模から地縁，血縁，事業関連性といった各種テーマのネットワーク組織を形成させてきており，1990年代には2年ごとに世界各地で世界華商大会等の各種フォーラムやイベントを開催して，商会発展と会員の結束を推進している。中国民営企業が国際化を進めるにあたっては，最初にこういった華商経済ネットワークの組織会員に加入することが上策である。華人商会の長所としては，会員となるコストが比較的低く，会員は商会から提供される情報を得て，サーチコストを下げることが可能となる。さらに一定のパートナーとの信頼関係が未だ形成されていない場合，緩やかな戦略提携形態として，華人商会は新規加入の会員企業や中小企業に特に適していると思われる。

(2) 生産および販売といった特定分野に関する契約に基づく提携。合資企業の形態では一定のリスクが存在しており，また，合資企業の構築には合資双方間

の高い信頼関係が必要である。そのため，中国民営企業と東南アジア華人企業の戦略提携初期段階では，ある分野に特定して，契約を取り交わした協力体制が適当である。その契約方式による協力において，双方は契約をベースとして，相互にその権限や責任，並びに収益について配分を取り決める。この契約方式は，合資企業と比べると，双方の行為は契約の範囲内に限定され，その適用領域対象も双方合意の下で自由に設定できるという融通性を特徴としている。リスクに直面した際には双方が契約の停止により，低コストでの離脱が可能であることもこの方式のメリットである。中国民営企業と東南アジア華人企業の戦略提携においてはこの契約による協力が輸出入貿易，販売代理，フランチャイズ，加工委託，国際購買等といった生産および販売に関する分野に最適である。長期協力契約によって，双方が安定した相互信頼関係を構築することの一助となり，さらに協力形態を発展させるための基礎作りという意義も包含しているといえる。

(3) 合資企業。この方式は組織間戦略提携の各成員が新たに出資して独立した企業体を設立し，出資企業双方が規定に基づいて株式や経営に関する権限と責任を分担し，収益並びにリスクを共有することである。合資企業の組織形態は2つのタイプに分類できる。1つは有限責任会社型，すなわち，2人（又は2グループ）以上の出資者で株主が構成されて，合資企業を設立する。出資者は各自合資企業における資本総額に応じた企業債務の責任を負う。このタイプの企業は株券の発行を行わず，その株式はあくまで未公開株式扱いであり，自由に売買したり，譲渡することもできない。株主は相互に連帯責任を負うことはなく，株主の人数も比較的少ない。もう1つは有限株式会社型である。このタイプは一般公募で株券を発行して資金調達を行い，その株式は公開売買や譲渡が可能で，その株主人数も一般的に多数存在する。株主間では連帯責任を負わず，株主個人の財産と企業の財産は分離されており，自己の株式資金のみが企業債務の対象となる。企業が負う債務責任も企業の全資産のみに限定されている。合資企業は国際提携において一般的に広く採用されている方式であり，その長所としては，リスク防壁（リスクが合資企業のみに限定され，連帯リスクが存

在しない。），パートナーシップの緊密性（株式を枠組みとした相互資産の連係が可能となる。），経営のフレキシビリティ（臨機応変に対応する管理方式が採れ，従来の企業マネジメントモデルとは異なっている。）といった点が挙げられ，こうした特徴は合資企業の協力形態に各社の優位性が発揮されるにあたって有利に作用すると考えられる。また，合資企業は提携パートナー各社が行う生産協力や共同開発にも有効な形態である。特に中国民営企業においては製造業に従事する企業が東南アジアに投資をする際に合資企業の組織形態は中国民営企業のコストコントロールにおける優位性を効果的に発揮することが容易であり，東南アジア華人企業も自社の保有する資本や環境，サプライチェーン等の優位性を利用して，合資企業を通して自社の収益を上げることができる。

　しかしながら，当然，合資企業形態には一定のリスクも存在している。例えば，合資企業内での主導権争いや双方の自社保有のコアコンピタンスが提携先に漏洩して新たな競合先を生み出すといったリスクやコミュニケーションギャップに対するマネジメント（本質的には現地と外来という内外の境界線が顕著になってしまう分野が形成され，コンフリクト発生要因となる。）等のリスクである。この提携組織形態の留意点としては，中国民営企業と東南アジア華人企業が戦略提携構築の際に必ず相応の防備対策を施さなければならないということである。

(4) 技術提携。提携先と共同で技術開発や技術共有を行う場合，その提携先との間で各社共に自社の技術，エンジニアやその他の資源を提供し，共同の技術提携プラットフォームを構築し，技術開発や応用に向けての技術成果提供を保障する。つまり，共同の技術提携は提携内部で自社の優位性を発揮しながら，速やかに提携先との共通の戦略目標を達成し，その結果として研究開発や応用に関するコスト節約を可能とするのである。しかも，参加企業を除いて，この技術提携は一種の独立プラットフォームなので，自社の持つコアコンピタンスが外部に漏洩するリスクも管理しやすいという点も重要である。その他に，技術提携にはさらに提携期間条件の調節により一定の融通性があるという長所もあり，あるプロジェクト単位や戦略ベースでの技術提携を行うことが可能であ

る。このプロジェクト単位での戦略的提携とは，あるプロジェクトが完成した後には直ちに提携が解消される前提で実施されるため，退出コストが非常に低いことが特徴である。戦略的技術提携は企業間の長期間にわたる技術協力に適しており，例えば，インテルとマイクロソフト社のような所謂ウィンテル戦略提携がそれに該当する。

(5) 相互持株。すなわち提携先との間で相互に一定数の株式持合を行うことで，双方の協力関係をより緊密で安定的にすることを目指す提携方式である。この相互持株方式は往々にして戦略提携発展の高級段階に生じることが多く，提携先との間の既存の協力関係が恒常的に安定しており，さらにその安定性を高める必要がある場合に実施されることが多い。また，この方式は提携先と共同で収益を上げる努力をするように間接的インセンティブが作用することにもなる。しかも，提携パートナーの行為の意図が相互に理解しやすくなり，提携解消リスクが低減され，相互信頼がさらに発展することが可能となる。しかし，相互持株数が一定規模でない場合，その効果は曖昧になってしまい，逆に連帯リスクだけが残存する構造的な問題を抱える可能性がある。したがって，この相互持株方式の採用には慎重を期す必要がある。

(6) その他の組織形態。中国民営企業と東南アジア華人企業の持つ複雑性や多様性により，戦略提携構築プロセスにおいては，コストとリスクを最小限にしながら，戦略目標を達成するために，双方は自社と相手の状況に基づいて，例えば，フランチャイズや技術移転といった最適な戦略提携組織形態を選択することができる。

　戦略提携発展プロセスにおいて，組織形態が異なれば，提携先に対する影響力やその性質も異なり，共通利益の前提や相手との信頼関係レベル，参画に関する積極性等の要求にも差異がある。一般的にいえば，図4-2で示したように，戦略提携が深化していくにつれて，提携先との間での協力関係も更に緊密になっていき，相互間の信頼や収益レベルも向上し，戦略提携の組織形態も更に安定し，その発展段階も高い次元へと移行させていくことになるのである。

図 4-2　戦略提携発展段階における推奨組織形態

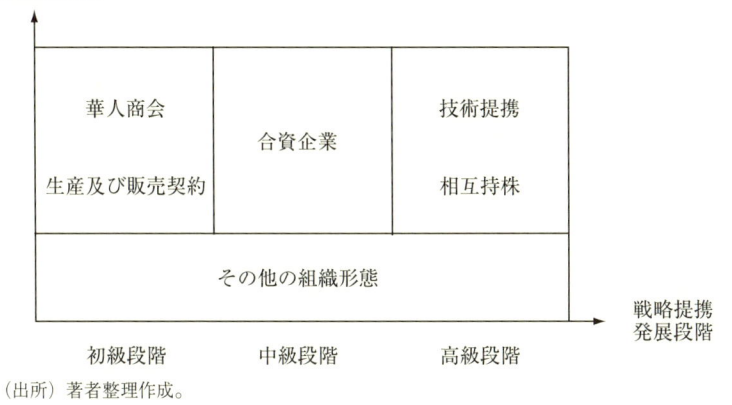

```
推奨組織形態
  ↑
  │ ┌──────────┬──────────┬──────────┐
  │ │          │          │  技術提携 │
  │ │  華人商会 │  合資企業 │          │
  │ │          │          │          │
  │ │生産及び販売契約│      │  相互持株 │
  │ ├──────────┴──────────┴──────────┤
  │ │        その他の組織形態         │
  │ └──────────┴──────────┴──────────┘→ 戦略提携
      初級段階    中級段階    高級段階      発展段階
```

（出所）著者整理作成。

（本章は中国国務院僑務弁公室助成研究プロジェクト No. GQBY 2009021 対象研究成果）

参 考 文 献

林勇（2002）「東南亜華人家族企業可持続成長的路径選択」（『東南亜研究』第 5 号）54-58 頁。

袁友軍（2002）「論民営企業的文化建設」（『嶺南学刊』第 1 号）54-57 頁。

盧福財，劉満芝（2002）「海外華人企業家族式経営管理的特点与啓示」（『首都経済貿易大学学報』第 2 号）25-28 頁。

蘇勇，張挺（2004）「論企業文化塑造核心競争力諸因素中的核心地位」（『上海管理科学』第 6 号）48-49 頁。

李蔓（2006）「論中華伝統文化対企業文化管理的影響」（『科技資訊』第 7 号）212 頁。

劉迎秋，徐志祥主編（2004）『中国民営企業競争力報告』，社会科学文献出版社。

饒志明，鄭丕諤（2005）「東南亜華商管理模式的文化与制度分析」（『天津大学学報（社会科学版）』第 5 号）。

林善浪，張禹東，伍華佳（2006）『華商管理学』，復旦大学出版社。

王迎軍（1998）「企業資源与競争優勢」（『南開管理評論』第 1 号）。

Teece, D. J. (1992), "Competition, cooperation, and innovation : Organizational arrangements for regimes of rapid technological progress", *Journal of Economic behavior & Organization*, Vol. 18, Issue 1, pp. 1-25.

Williamson, O. E. (1991), "Comparative economic organization : the analysis of discrete structural alternatives", *Administrative Science Quarterly*, Vol. 36, pp. 269-296.

Jarrilo, J. C. (1988), "On strategic networks", *Strategic Management Journal* Vol. 9, pp. 31-41.

Das, T. K. & Teng, B. S., (2000), "A resource-based theory of strategic alliance", *Journal of Management*, Vol. 26, No. 1, pp. 31-61.

Tricker, R. I. (1984), *Corporate Governance*, Aldershot : Gower Publishing Ltd., pp. 6-7.

Hart, Oliver (1995), "Corporate Governance : Some theory and implications", *Economic Journal*, Vol. 105, pp. 678-689.

Minow, Nell (1994), "Critique of the GM Board Guidelines", *Directors & Boards*, Vol. June, pp. 10-11.

Sherman, S. (1992), "Are strategic alliances Working?", *Fortune*, Issue : September 21, pp. 77-78.

Parkhe, A. (1991), "Interfirm diversity, organization learning, and longevity in global strategic alliances", *Journal of International Business studies*, Vol. 22, pp. 579-601.

Flamholtz, E. (2001), "Corporate culture and the bottom line", *European Management Journal*, Vol. 19, pp. 268-275.

Williams, J. D., Han, Sang-Lin & Qualls, W. J. (1998), "A conceptual model and study of cross-cultural business relationships", *Journal of Business Research*, Vol. 42, pp. 135-143.

第 5 章

航空機産業の競争戦略の研究
――戦略的提携の観点から――

はじめに

産業において完全競争状態が保たれ，新規参入も自由な場合には独自の競争力を高めることで産業自体の発展が図られることになる。しかし現実には多くの産業で寡占状態が形成されている。寡占状態であっても産業としては代替できない産業は厳然と存在する。航空機産業はそのような産業の1つに数えられることは間違いない。このような寡占状態を認めしかも代替不可能な産業での公正な競争を促す方策の1つに戦略的提携の普及を提案したい。以下，寡占産業における戦略的提携の意義と事例を示しながらこれを育む産業政策に言及したい。ここで取り上げる産業政策は発展途上国における「幼稚産業育成策」や不況産業振興策のような国策的産業政策ではなく，一国の枠を出た国際的な産業振興策を目指すものである。

1. 戦略的提携の理論的根拠

J. E. バーニーは『企業戦略論「全社戦略編」』第11章で戦略的提携には，新事業に投資をする際のリスクやコストを分散できるという効果がある。戦略的提携を用いれば，パートナー企業間でコストを配分することにより，失敗の

際のリスクを分散できるとした。また同書によると潜在的パートナー企業の経営資源や保有資産を統合した場合に得られる価値が，各社別個に事業運営する場合の合計値よりも大きい時，企業は戦略的提携を通じて協力するインセンティブを持つ。この経営資源の補完性は範囲の経済そのものであり，次に示す不等式が成立する場合に存在するという。

　　　NPV（A＋B）≧NPV（A）＋NPV（B）
　　　BPV（A＋B）＝企業Aと企業Bの資産を合計した場合の賞味現在価値
　　　BPV（A）＝企業Aの資産価値単独の正味現在価値
　　　BPV（B）＝企業Bの資産価値単独の正味現在価値

　つまり，戦略的提携とは，
1. 複数の企業が独立したままの状態で合意された目的を追求するために結びつく
2. パートナー企業がその成果を分け合いかつその運営に関してコントロールを行うこと
3. パートナー企業がその重要な戦略的分野において継続的な寄与を行うこととされる。

　ここで注目されるのは「合意された目的」と「継続的な寄与」を行うということではないだろうか。すなわち例えば航空機産業の新型機プロジェクト等はその「合意された目的」といえるのである。そしてその新型機プロジェクトが遂行されつづける限り，パートナー各社は「継続的な寄与」を行い，その恩恵を受けるのである。戦略的提携の前提にはパートナーとして相手にその経営資源を認められるいくつかの要素が必要とされる。

　さらに戦略的提携には，下記の目的が存在する。
・潜在的なライバルを戦略的提携の内側に取り込むことでその脅威を効果的に中和する。さらに戦略的提携を目指す企業にその参加による意味のある効果を生み出す。
・経営資源や業界での地位，スキル，知識などを結びつけることにより提携を成功に導く。

・また，新しいスキルを学習することによりそれを内部化するためのよいきっかけとなる。

伝統的パートナーシップや業務提携からではあまり学ぶことができなくとも，この戦略的提携からは，提携を通じては新たな価値を創造していくことを示している。

1-1 戦略的提携と独占禁止政策

企業の競争戦略として単独の企業で内部経営資源を有効活用する以外にパートナー企業との戦略提携の比重が大きくなっている。これらの目的を，出資を伴わず達成しようとするのが戦略的提携である。伝統的提携では独占禁止法の適用を受けやすい。これに対し，戦略的提携では以下に示す通りこのリスクを回避できる。

まず，出資を伴わない業務提携，ライセンス契約，供給契約の場合には購入先，すなわち提携先が複数存在すればその両者の提携契約が合意された場合にのみ提携契約を締結できる。ところがこの供給先が限定された産業ではすなわち進んだ寡占市場の産業では提携契約に独占的な支配力が発生し，一方的なダンピング要求等不正取引行為が生じかねない。寡占市場では出資の伴わない提携契約が通常では存在できない。これは継続的な提携契約を維持できないということに他ならない。サプライヤーは複数の納入先を確保できなければ購入先のダンピング的価格要求等の不正取引要求を受けざるを得ず，これは独占禁止法の適用となる。これを回避するにはサプライヤーは提携計画を解消せざるを得ない。または独占禁止状況に甘んじなければならなくなる。これでは長期的かつ継続的な提携関係は存続しない。

一方出資を伴うジョイント・ベンチャーや企業統合，買収はそのまま多国籍企業の外国企業からの独占禁止法の適用を受ける可能性は高い。特に提携先の国の産業が当該国の外国資本規制条例に該当する場合は顕著である。

この点，戦略的提携では，まず出資を伴わないので多国籍企業の外国独占禁止法を適用されることはない。また，その提携関係もその戦略性への合意が条

件であれば，不正取引行為は発生しにくい。

これらの点から戦略的提携がこれらの産業で重要な戦略になりつつあるのは自然といえる。

1-2 戦略的提携と技術波及効果

一方戦略的提携を長期的に維持するには求心力的誘因が必要と思われる。これがなければ短期的な提携に終わり，パートナー企業群の継続的相互寄与には結びつかない。この誘因にはいくつか考えられる。1つは戦略的提携のリーダーである主幹企業のもつインテグレーション能力ではないだろうか。各パートナー企業がその経営資源を持ち寄って参加せしめる吸引力としてのインテグレーション能力である。これは魅力的な新製品，マーケティング能力，社会貢献度等に代表される。次にその提携に参加することにより自らの経営資源を高められる成果が考えられる。これを波及効果と言い換えてみる。波及効果は販売高の大きな産業ではその販売個数が大きければ自然と大きくなる産業波及効果と産業の規模にかかわらずそこで実証された技術が他産業を巻き込んで効果を生む技術波及効果が考えられる。本章では後者を戦略的提携の誘因として位置付ける。技術波及効果は技術優位型の産業では産業の規模によらず，戦略的提携の参加・提携維持の誘因となりうる。

ま と め

・航空機産業のように販売台数または生産高の割に開発費の大きい産業では1社で開発・生産を行うことは合理的ではなく，戦略的提携が経営戦略の大きなテーマとなっている。戦略的提携が有利であるのは独占禁止法の適用を受けず，かつ提携パートナーに等しく恩恵を与えることである。また，伝統的な提携とは継続的な寄与を行うことであることが有利な点である。航空機産業のようにモデルのサイクルが20-30年と比較的長期にわたる産業では継続的な寄与は必要不可欠な特徴である。

2. 戦略的提携の産業別実態

先行研究は戦略的提携を産業別に自動車・電機・造船で検証する。次に国際分業においての提携を検証する。最後に航空機産業の提携との比較を試みる。

2-1 自動車産業での提携

自動車産業を題材にした提携を踏まえた競争戦略は多く発表されている。

日本の自動車産業の自動車メーカー（主管会社）と部品メーカーの関係では，自動車メーカーは各部品を平均約3社の部品メーカーから購入しており，また部品メーカーも平均3社の自動車メーカーに納入しており，いわば緩やかなネットワーク型のシステムとなっている。自動車メーカーは複数の部品メーカー間の競争を促すことにより，サプライヤーの設計品質，コスト，製造品質を向上させている（藤本・武石，1994年）。

また新車向けの部品の設計開発で部品メーカーが分担する役割は，①開発は自動車メーカーが詳細設計までを含めてすべて行い，サプライヤーは与えられた設計図をもとに生産だけ行う。「貸与図法式」②基本的な仕様（性能，機能，外形寸法，重量，隣接する部品との接合仕様，コスト，耐久性など）は自動車メーカーが決定，提示し，それに基づいてサプライヤーが詳細設計を行う。「承認図方式」③仕様設定を含めた開発，そして生産もサプライヤーが行い，自動車メーカーはそれを購入するだけ。「市販品」（浅沼1984）ここでいう「ケイレツ」に含まれるのはほとんどが①か②である。ただし，そうではあっても日本の「ケイレツ」システムでは欧米のサプライヤーがより大きな役割を分担している（Clark and Fujimoto 1991）。開発のプロセスで目標として設定した個別部品の価格を達成するために設計を見直す Value Engineering を積極的に取りいれたのも日本の「ケイレツ」自動車メーカーであった（Nishiguchi 1994）。このようないわゆる自動車産業の「ケイレツ」と呼ばれる一種の提携であるサプライヤーシステムは多くの例（武石2000他）で報告されている。いずれも安定した仕事量の確保，生産設備の拡充支援，特殊仕様の指定等で提携関係を深めている。

この中でも特に「仕事量の確保」という元請からのわかりやすいインセンティブを取っているのが特徴である。すなわち，仕事量を増やさないと提携関係が危うくなる。規模の経済性を実践している産業である。生産台数が右肩上がりで上昇しつづけている産業でこそ受け入れられる提携関係である。一方で，日産のように系列の整理（解除）という策をとることにより，戦略としての提携が危うくなるケースもみられる。これは仕事の確保という規模の経済性を放棄したことに伴う提携の危うさを象徴しているのではないだろうか。この様なゆるいネットワーク型システムで強力な「ケイレツ」という提携を維持できるのは主管会社たる自動車メーカーの「仕事量の確保」という強力なインセンティブによるものである。

2-2 電機産業での提携

電機産業でも多くの系列化の戦略的提携が報告されている。この産業でも基本は「仕事量の確保」が系列をつなぐことでは大きな違いはない。半導体を始めとしてサイクルが短い製品が多く，製造設備の更新が大きな課題となる。ここでも規模の経済性が働き，製造設備の更新には生産量の確保という条件が付きまとう。多くの企業の撤退と残された大手企業による寡占化が進み残留した企業には必然的に仕事量の増大という経済の経済が働いている。ここでは系列化のような強力な提携関係は確立されていないが，そのまま仕事量を確保できないと提携を解消されるという危うさは散見される。つまり，（安田2006，図5-2参照）では電機産業は，

1. 同業界の企業が経営資源を交換して規模の経済効果を享受（第1象限）
2. 異なる業界が同種の経営資源を交換して規模の経済効果を狙う（第2象限）
3. 異なる業界のパートナーと異種の経営資源を交換する（第3象限）
4. 同じ業界にいるパートナーと異種の経営資源を交換する。（第4象限）

ことでいずれも規模の経済性を追求していくことになるとしている。また電機産業では多くの場合1つの，またはいくつかの限られた製品についての提携に

終わり，その分野での継続的に寄与しているとはいい難い。また，主管企業の立場も自動車ほども強く主導的な立場ではない場合が多いように思われる。本来，戦略的提携では継続的にその分野での寄与を目指していたはずである。主管企業という言い方もなかなか電機産業では通用しにくい。単に「ブランド」の方が通りがいいようである。主管企業（電機産業ではブランド）とソフトウェアーを含む主要部品メーカーが機種ごとに交替し，またさらには主導権さえも交替してしまうことが電機産業では不思議ではなくなっている。

電機産業では急速な技術革新に伴いプレーヤーの盛衰が激しく，10年も提携関係が続くことはまれである。自動車産業以上にパートナーの入れ替わりが激しく，ケイレツ関係も育っていないのではないかと思われる。各企業にとっても生産ラインの変更・改廃は比較的簡単で提携の締結・解消に応じるのも容易である。このような産業ではなかなか戦略的な提携は育ちにくい。

表5–1　提携の戦略的背景

	第四（機能分担）象限	第三（顧客統合）象限
非対称的提携	・補完による価値創造 ・特定機能に特化 ・新市場への進出	・顧客ニーズの取り込み ・顧客社内市場の獲得 ・優遇供給条件からの受益
対照的提携	第一（規模追求）象限 ・規模の追求 ・投資の継続 ・最先端技術の開発	第二（能力補完）象限 ・顧客の一体化 ・異なる技術の融合 ・サプライヤーとの技術連携
	水平的提携	垂直的提携

（出所）安田洋史「競争環境における戦略的提携」，2006年 NTT 出版より著者作成。

2–3　造船業での提携

造船業でもゆるい系列化は進んでいる。日本のライバル，韓国造船業はドックなど生産設備の近代化・大規模化でコスト削減を図り日本を追い上げ，追い越して一気に世界の頂点まで上り詰めた。しかし，日本の造船業はその後も韓国の大手造船業に対抗できているのは系列下請けメーカーの存在が挙げられる。日本の造船業では鋼材から小さな部品までもほとんど日本製品でまかなえ

る構造となっている。価格の面で安価な中国製等に押される部品もあるがそれでも日本製で賄えない部品はほとんどない。一方韓国の造船業はいまだに日本からのエンジン等主要部品の輸入なくしては生産できない。ただ，それでも韓国はその規模の経済性を有効活用し，仕事量の確保は行っているので日本からの部品輸入が停止することはない。仕事量の確保という規模の経済性の応用で提携を維持している産業の代表例といえる。一方で日本国内の造船業では既に部品・下請けメーカーも寡占化が進んでいる。多くの部品・下請けメーカーは1ないし2社の造船所としか提携をしていないのが現状である。こちらは部品メーカー・下請けメーカーが度重なる不況の余波を受け撤退または破たんしてしまった企業が多く，残っている企業自体が限られているのも実情である。一時は日本の造船所も海外サプライヤーとの提携を図ったがその提携先の韓国・中国のおひざ元の造船業が伸びて，日本の造船所への供給が危うくなってきたのである。これ以上の部品・下請けメーカーの減少は日本の造船業の死活問題である。

　造船業は三菱重工業，川崎重工業，IHIなど一部では航空機産業と企業が重複している。ただ，三菱重工業を除いて川崎重工業もIHIも造船所は川崎造船，IHIマリンユナイテッド（IHIMU）と，メーカー本体とは別の造船会社にして経営の分離を試みている。これは造船業という同じ輸送機器ながら航空機産業等とはあまりに業務形態の異なる産業を同会社内に保有する不自然さを改善するためである。造船業は受注から納入まで時間がかかり，景気変動・為替変動の影響を受けやすいのである。造船業の提携は航空機よりもむしろ自動車の「ケイレツ」に近い関係といえる。ただ，自動車ほど主管会社の影響力は少なく，パートナー会社への保護・育成も厚くないのが実情である。エンジンメーカーなど寡占状態の上にほとんど競争相手にいない企業もあるが，これらは造船業自体の生産高が限られているために圧倒的な支配力は持てない。世界最大の韓国現代重工業，日本の上位三菱重工業，今治造船なども絶対的支配力はない。むしろどちらかといえばユーザーである大手海運会社の支配力が強い傾向がある。日本の造船業は日本の海運会社に競争力があり，安定的である限

り縮小はすれども消滅はしないのが実情であろう。

2-4　国際的分業

　自動車，電機以外にも半導体，通信等の多くの産業で積極的に戦略的提携が競争戦略の重要な1つとして捉えられている。ただ，現状では半導体産業でも見られるように大きな設備投資のリスクを回避するために戦略的提携をとる場合が多いように見受けられる。また，やはり規模の経済性を背景の短期的な提携が大部分を占める。半導体のように大きな設備投資が必要な場合，技術革新が進んであるコンポーネントで圧倒的なシェアを持つ場合には提携をするが，モデルチェンジが早く，永続的ではない場合が多い。つまり，価格競争力的または市場占有力的に強い企業には提携が持ち込まれるが，いったんモデルチェンジ等でその製品に競争力がなくなると提携は解消されていくことが多い。そしてそのサイクルが短い。このような場合には短期的な提携しかあり得ない。国際的分業は多くの場合，このような形態をとる。

　また，工程別分業体制が台湾の電機産業等で垂直統合から進んでいることも報告されている。ボーイングの分業体制を機種別にみてきた場合，引き渡しが古いB 737，B 747とB 757の場合，垂直統合生産体制で各部品メーカーはボーイングの指示通り部品を生産，納入してきた。B 767から日本・イタリアとの分担生産が始まり工程別分業体制が開始された。B 737の時点では設計にはほとんど分担生産パートナーは参加せず自動車産業等でいわれる「支給図面」方式であった。ところがB 777から徐々にパートナー企業が設計に参加し，工程別分業体制が高まった。B 787ではさらに一部パートナーからの提案を重視するようになり，「承認図」方式での工程別分業体制が高まった。ここで大きな問題が起こり，機体全体強度の計算が不明確であったことなどから大規模な納期遅延が3度も発生してしまった。自動車産業，特にトヨタの「かんばん方式」を取り入れた高度な工程別分業体制がボーイングの主管会社としてのトータル・インテグレーション能力との矛盾を起こしてしまったのではないかと思われる。航空機メーカー，すなわち主管会社としてのプレゼンスまでが問われて

いる。今後，この工程別分業体制が航空機産業になじむのか，また垂直統合生産体制に戻すのか，または機種別に主管会社を変更するのかという課題を残している。

同じ問題はエアバスでも起こっている。エアバスはA300という当初の機種から工程別分担生産方式を独・仏で開始している。ただし，最終組み立てはほとんどが仏の工場であった。その後徐々に独での最終組み立てを開始した。最新鋭のA380は再び仏の新工場で行っているが，一部A320は先にグループに参加した西や蘭ではなく，中国で最終組み立てを始めた。中国での最終組み立てはまだ年間10機とかで量的には軽微だが，最終組み立てには最終試験等も含まれ今後の分担生産方式に課題を残すこととなっている。

2–5 航空機産業との相違

航空機産業と自動車産業，電機産業では根本的な産業的基盤が特に下記の3点で大きく異なっている。

1. 部品点数の違い

自動車の部品点数は約30,000〜40,000といわれる。これに対し航空機は2,000,000〜3,000,000で相当な開きがある。さらに航空機の部品は主管会社がメーカーを決定し，主要部品はその退役までほぼ変わらず，それにユーザーも従わざるを得ない。さらにその部品には主管会社よりその交換時期を細かく決められ，事故時の補償等を考えてユーザーはこれに従うのが常識とされている。よく「航空機は製造時と退役時にはその銘板以外は全部入れ変わっている」といわれる。例えばエンジンは同じ機種であれば異なる機体にも順次搭載される。これは機体の整備とエンジンの整備のサイクルが異なるためである。この様な厳密な規定がユーザーである航空会社には大きく課せられている。またこの様な厳格な規定に基づく生産を行う部品メーカーの数は世界的にも限られており，これら部品メーカーを自動車産業での提携よりもさらに深くパートナーとして取り込むことが必要となっている。

2. 生産台数の違い

　もう1つの自動車産業との大きな相違は生産台数の違いである。ベストセラーといわれるB 737で-100から-900まであわせて約2,500機がすでに製造された。この数字は自動車産業では小さすぎて何の意味も持たない。このことは自動車産業での大量生産・大量販売という基本理念と大きく異なるものである。実際，航空機産業の工場では自動車のように大量のロボットが使われることは少なく，自動化による効率化はさして重要な課題にはなっていない。すなわち自動化・省力化が自動車産業ほど必要不可欠ではないのである。

　防衛産業，宇宙機器産業では生産台数がさらに少ない。これでは規模の経済学は働きえない。一方で，航空機・防衛・宇宙機器いずれの産業でも最先端の技術革新は不可欠である。技術革新には莫大な開発費が必要となる。したがいこれまでの戦略的提携の基礎となった規模の経済性は通用しない産業が存在する。

　また，航空機産業のように特殊な高度技術を持った企業をアライアンスのパートナーとして取り込むことを主目的にした提携は少ないように思える。航空機産業のパートナー企業は高度な技術力を持たねば参入ができないのである。それは高度な認証に基づく工場認可制度に代表される。参入可能かどうかは最終的には主管会社が決定するのであるがその前提には工場認定を受けているかが大きく関わっているのである。工場認定は最終製品の品質のみではなくその生産工程も品質管理の重要な要因となる。主管会社にとっては提携参入させるべき企業は主管会社が選定するのだが，その選定は主管会社自身の命運を握るのである。

3. 航空機産業の特長

　国際間の人員の移動および貨物の移動に航空機はもはや欠かせない交通手段となっており，その航空機を製造する航空機産業も国別の変遷を見れば盛衰等多くの変動はあるが，世界規模でみると不可欠の産業であることは間違いな

い。本章では航空機産業の特長を解説し次章以下論旨の展開の基礎としたい。航空機産業は第2次世界大戦までは軍事産業の一部として捉えられてきたが，戦後は独自の発展を遂げてきた。多くの政府は航空機産業を国の産業政策の重点産業に位置づけて，保護あるいは育成を試みてきた。本章ではこの産業政策としての観点は中心命題とすることはしない。本稿で次章以下航空機産業の競争戦略を具体的に検証する上で，航空機産業の特長を本章で解説する。なお，本章で取り上げる航空機産業は，特に断りのない限り，民間航空機部門を示すこととする。

3-1 膨大な開発費

本稿で取り上げる中型・大型旅客機は新型機の設計には膨大な開発費がかかる。これは以下でも述べる新技術の採用が航空機の販売前略の大きな条件となっていること，三次元CADなどの活用で実機を試作する回数は大幅に減ったがそれでも飛行安全基準をクリアするためには多くの実験が必要なこと，環境等最近の規制要素が高度化，複雑・多様化していることなどから開発に多くの時間と人員を割かれることが主因である。例えば，現在最も多くの機数が就役しているボーイングB737クラスの開発費用は4,000億円から6,000億円といわれる。自動車ではトヨタ・カローラクラスで300億円といわれる。一方で生産台数がB737でせいぜい2,000～3,000機であるのに対しトヨタカローラは2005年の時点で3,000万台を突破したとされ，モデルチェンジは行われているにせよ比較にはならない。よって，この膨大な開発費を軽減するために共同生産等の方策は避けられないのである。

3-2 技術革新の賜物

航空機産業では新型機の開発には技術革新の成果が欠かせない。これはかねてからボーイング，マクダネル・ダグラス，ロッキード，エアバス間での激しい競争が行われてきたからであるが，特にこれはボーイング・エアバスの2大メーカー間での寡占的競争状態になってからでも顕著である。ボーイングは戦

後すぐからプロペラ機時代からの航空機メーカーであるが，エアバスは1960年代からの参入でボーイング機との差別化を顕著にするためにコンピューター制御を進めた。この時から新機種にはすべて革新的な技術が盛り込まれるようになった。そしてその革新的技術の体得がエアバス・ボーイングだけではなくそれぞれパートナー会社群にもひろく求められるようになっていった。航空機産業はすぐれた技術誘導型産業である。

3-3 防衛産業・宇宙産業との重複：

航空機産業に属する企業は日本ばかりではなく，欧米でも（民間）航空機産業だけではなく防衛産業と宇宙産業にも参入している企業が多い。日本のボーイングとのパートナーである三菱重工業・川崎重工業・富士重工業・新明和・日本飛行機はもとよりエンジンでの有力メーカーであるIHIも防衛産業・宇宙産業においても有力企業である。アメリカでもマクダネル・ダグラスやロッキード（現ロッキード・マーチン）は民間航空機部門からはすでに撤退したが，防衛産業ではいまだに巨大産業の一角を担っている。EUでもエアバスは民間航空機が主体だが，親会社のEADS (European Aeronautic Defence and Space Company N. V) はその名のとおり防衛・宇宙産業部門を併設している。防衛予算が限られている日本を除き，欧米では航空機産業は防衛産業との合算である程度の規模の経済性は見込まれている。

3-4 寡占状態の産業：

日本では機体5社，エンジン3社（いずれも大手）と呼ばれる通り，重複する三菱重工業と川崎重工業を合わせて計7社の航空機産業企業が現存するが，欧米各国では寡占が進んでいる。EUでは各国1-2社ずつに集約され，アメリカでも航空機産業ではボーイング1社，カナダのボンバルディア1社，防衛（軍需）・宇宙産業・部品メーカーを含めても大手7-10社ほどに集約されている。これは図5-1と図5-2の通り，「M&Aとグループ化が」進み，結果として極端に寡占の進んだ産業といえる。これだけの企業群で全世界の主な航空・

防衛・宇宙産業の市場をカバーしているのだから規模の経済性を少なくとも欧米では享受できるように見える。しかしながら先に述べた莫大な開発費とそれに対する生産高の希少さで防衛等の国家予算を計算に入れない限り，単独では賄いきれないのが実情である。この必要性から特に航空機産業を中心に提携は中心命題となっている。しかしながらこのようにすでに寡占状態であるためにこれ以上のM&A，ジョイントベンチャー等資本を含んでの提携は独占禁止法との兼ね合いで難しい，また防衛産業さらに宇宙産業としても密接に重複して

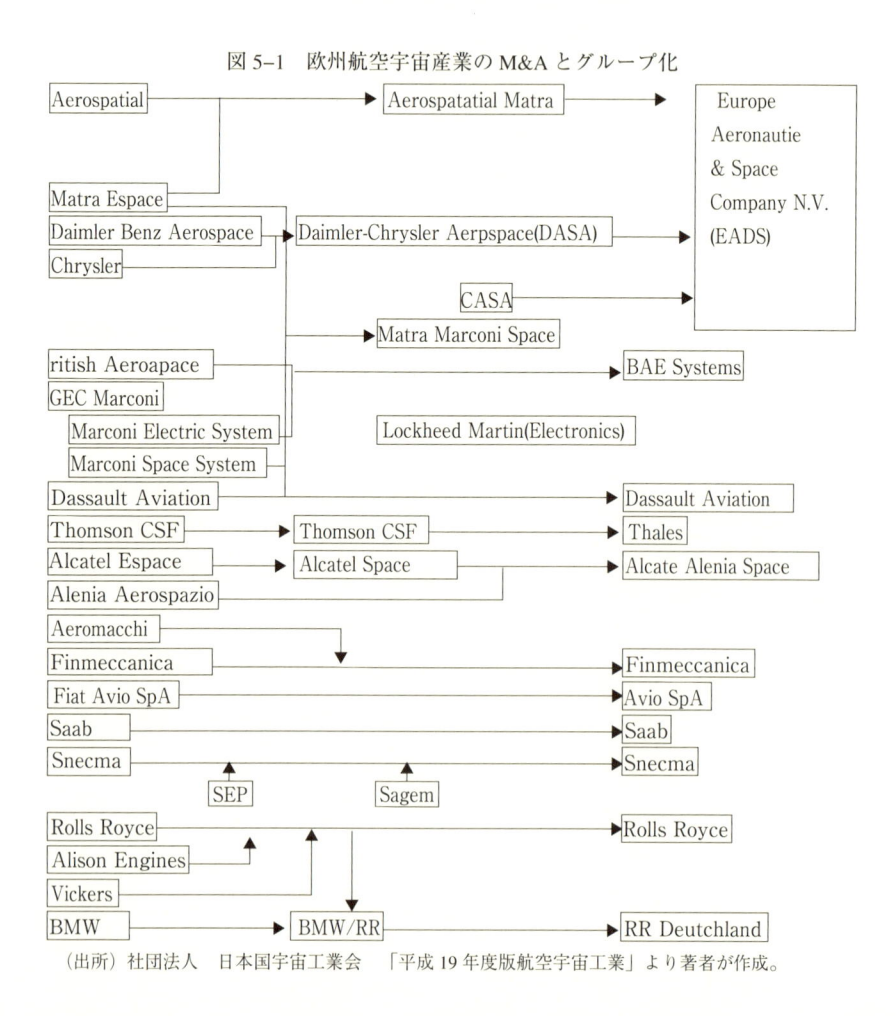

図 5-1　欧州航空宇宙産業の M&A とグループ化

```
Aerospatial ──────────────→ Aerospatatial Matra ──→ ┐
                                                      │  Europe
Matra Espace ─────────┐                               │  Aeronautie
Daimler Benz Aerospace ┼──→ Daimler-Chrysler Aerpspace(DASA) ──→ │ & Space
Chrysler ──────────────┘                              │  Company N.V.
                              CASA ─────────────────→ │  (EADS)
                        ──→ Matra Marconi Space       ┘
ritish Aeroapace ──────────────────────→ BAE Systems
GEC Marconi
    Marconi Electric System
    Marconi Space System       Lockheed Martin(Electronics)
Dassault Aviation ──────────────────────→ Dassault Aviation
Thomson CSF ──────→ Thomson CSF ────────→ Thales
Alcatel Espace ──→ Alcatel Space ───────→ Alcate Alenia Space
Alenia Aerospazio
Aeromacchi
Finmeccanica ───────────────────────────→ Finmeccanica
Fiat Avio SpA ──────────────────────────→ Avio SpA
Saab ───────────────────────────────────→ Saab
Snecma ─────────────────────────────────→ Snecma
        SEP          Sagem
Rolls Royce ────────────────────────────→ Rolls Royce
Alison Engines
Vickers
BMW ──────────→ BMW/RR ─────────────────→ RR Deutchland
```

（出所）社団法人　日本国宇宙工業会　「平成19年度版航空宇宙工業」より著者が作成。

図 5-2 アメリカ (USA) 航空宇宙産業の主な M&A とグループ化

```
Boeing ──────────────────────────────────────────► Boeing
    ▲                                           ▲
    Rockwell    Hughes Helicopter ──► McDonnel Douglas
                                           │
                                           ▼
                                    Spirt Aero Systems

Hughes ────────────────────────────────► Hughes Satelite Operatopn

General Dynamics ──────────────────────► General Dynamics
         ▲         ▲
         Gulfstream  Galaxy Aerospace

Lockheed ┐
         ├──────────────────────────────► Lockheed Martin
Martin Marietta ┘

Raytheon ──────────────────────────────► Raytheon
     Beach Aircraft   BAE

                TRW      Newport News
                 │            │
Grumman ─────────┼────────────┼──────────► Northrop Grumman
Northrop         │            │
                Litton    Westinghouse
                                             Vought Aircraft
                 Vought              Aerostructures
```

───

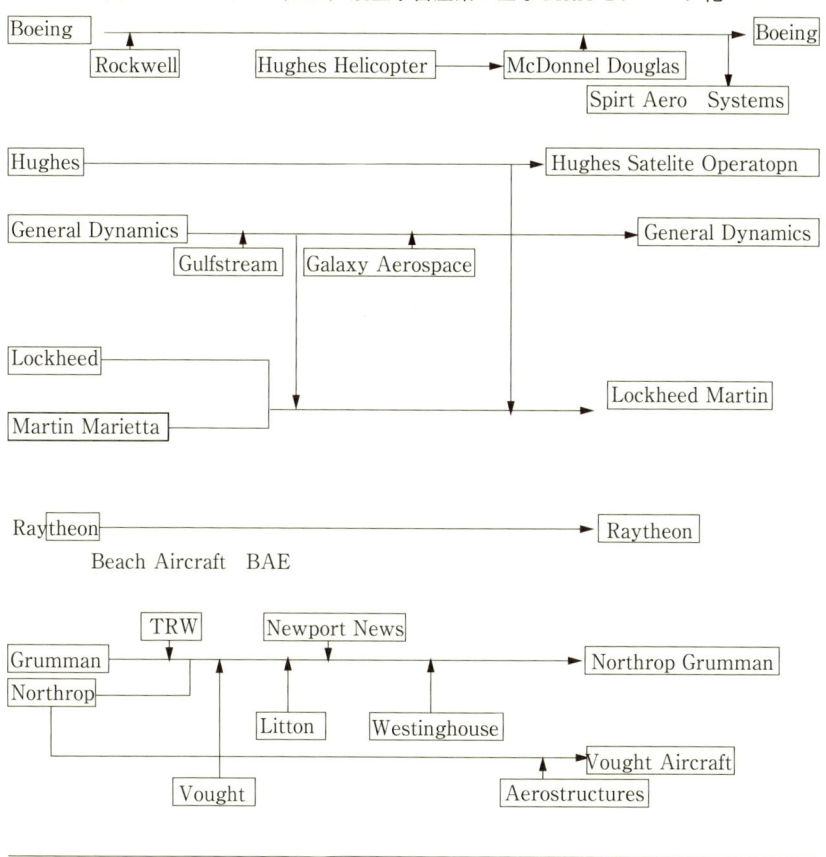

(CANADA)

```
            Canadair   Shorts   De haviland Canada
               │         │              │
Bombardier ────┴─────────┴──────────────┴────────► Bombardier
                                    Learjet
```

(出所) 社団法人 日本国宇宙工業会 「平成 19 年度版航空宇宙工業」より著者が作成。

いるので防衛上，安全保障上からも M&A，ジョイントベンチャー等の資本を含んでの提携は難しい。

3-5　航空機産業への規制，特に日本の航空機産業：

　日本の航空機産業は戦後7年間航空機の研究開発は禁止された。この間欧米では現在の航空機産業のプレイヤーであるおもな企業の基礎は築かれた。日本の航空機産業はこの間のブランクの間に自動車・電機等他の産業に人材と技術を拡散し，このことによる自動車産業等の発展を呼んだが，その後の再開には産業政策としての育成政策が必要であった。このことは第6章で詳述するが，その自主開発・自主生産機であるYS-11後の新規開発が途絶えたことが航空機産業の苦闘を招いた。その後，ボーイングとの提携で命脈をつないだが，このように産業政策は航空機産業に大きな影響を与えた。しかし，既述した通り本章で産業政策を中心命題と据えることはしない。一方，例えばインドネシアIPTN社は政府の産業政策で勃興し，同じく衰退をしたことは間違いがない。

3-6　航空機産業の重要性と社会全体への影響度

　そして最後にいうまでもないことだが，航空機産業の社会に与える影響力の大きさを挙げておきたい。すなわち，長距離の貨客の輸送手段として航空機はもはや欠くことのできない存在になっている。航空機の高速化，快適化，さらに環境への配慮は社会に与える大きさは計り知れない。これが第3章で共通点が多いことを詳説する宇宙産業・防衛産業との違いである。宇宙ロケットの速度が上がっても，戦闘機の能力が上がっても，その社会全体に与える影響力は航空機の技術革新に比べることはできない。

　また，輸送手段として陸上の自動車・鉄道，海上の船舶と並ぶ重要不可欠手段となっていることは否定の余地はない。輸送はまた経済活動の最重要要素の1つとして社会全体への影響は計り知れない。

まとめ　航空機産業の特長

　以上から航空機産業の特長をまとめると，

　　・生産高の割に開発費の大きな産業

　　・高度な技術インセンティブ産業

・防衛・宇宙産業との深い関係
・寡占的競争状態の産業
・規制に左右された産業
・社会全体に与える影響力の大きな産業

などが挙げられる。

　これらの意味から非常に特異な偏った産業ではあるが，その高度な技術革新力は無視できず，また交通手段としてますます必要性・普遍性は高まることから航空機産業をモデルとして捉えることは革新性に富み，他産業への豊富な応用例も多いことから十分に有意義であると考える。

　また，戦略的提携という観点からみると航空機産業の提携は永続的な提携を指向するという特徴がある。すなわちボーイングであれば例えばB767という機種の後部胴外板と貨物扉はマイナーチェンジがあっても担当部位メーカーは三菱重工業で基本的には変更しないという分担生産方式をとる。通常この機種は30-40年生産を続けるのでこの間パートナーは変わらない。いったんパートナーとして受け入れられると継続的な寄与が求められるのである。この意味でも，戦略的な提携関係の研究対象としては決して機会主義的ではなく，永続的な提携を指向する典型的な重要産業の1つといえる。

4．航空機産業の戦略的提携

　ここで航空機産業の戦略的提携についてボーイング・エアバスの2大メーカー，日本の航空機産業，そしてその他の航空機産業について解説する。

4-1　ボーイングの戦略的提携

　ボーイングは　　　年のB767から日本・イタリアと共同生産を開始した。B767では日本の分担率14％，イタリア14％で日本・イタリアからは開発費負担で参加した。エアバスA300の仏・独・英共同生産に対抗した形とはなっているが，イタリア・日本をエアバス側へ付かせないため，ボーイング自身の開発費を軽減するための要因も多いと思われる。このB767ではイタリア・日

本とも下請けの域を出ていないが，この後日本が21%を分担生産したB777を経て最新のB787では，日本の分担比率が35%に高まっているばかりではなく，主翼を三菱重工業が担当するなどその重要性は高まっている。また重要度ばかりではなく日本の圧倒的シェアーを誇るPAN系炭素繊維素材を重用した設計を提案し採用されるなど，もはやボーイング大型機生産には欠かせないパートナーとなっている。

ただ一方ではB787ではロシアにサプライヤーを広げたがこちらの納期遅延は大きな問題となった。すべてのパートナーの一元管理か，各パートナーの自主性を重んじたいわゆる「かんばん方式」の採用か，主幹企業のガバナンス能力を試される問題も発生している。

4-2　エアバスの戦略的提携

エアバスは元来EU域内の共同生産体組織から開始している。A300，A320，A330+A340とフランスからドイツを中心に分担生産されてきたがA380まで一部の英を除いて仏・独の分担比率・重要度は大きく，遅れて参入した西・蘭の分担比率は大きくなかった。一方，A300しかなかった時代には大して問題にならなかった補助金という名の各国政府からの補填が不当競争と米国側で問題になり出した。英国BAeはエアバスに正式参加したことにはなっていないが，これも補助金が英国政府から拒否されたことによる。一方後期参入のスペイン・オランダはなかなか重要部位に参加できず，かといって持参金代わりに政府補助金を申し出ることはできずEU域内生産にも限界が見えてきている。スペインの軽用はその独・仏・英の航空機産業企業の技術力・実績の差が大きいがオランダの場合はその主要企業であるフォッカー社の長い仏・英・独企業との競合関係が根強いと思われる。それだけフォッカー社は強力であった。これにA380ではロシア，A320では中国をパートナーに加えようとしているが，これには西・蘭の反発も必至である。蘭はロシアより技術力・実績ともに勝り，西は中国よりも遙かに実績がある。これでA350では50%以上をEU域外での生産を宣言している。ロシア・中国の無理な参加は消化不良

による納期遅延などの問題をはらみ諸刃の刃となる可能性は高い。市場拡大というマーケティングの目標と生産ラインの拡大というガバナンスの徹底の同時解決が迫られる。

4-3 日本の航空機産業の戦略的提携

日本は三菱重工業が70席級・90席級の2クラス・4タイプのMRJ生産を始めることになった。これはこれまで米ボーイングのよきパートナーとして，開発費を含めた経営資源を提供し，中・大型航空機の設計・生産の最前線に参加できてきたことに対し，これからは海外を含めた他社の経営資源を利活用する立場を目指すことになる。ここでは当然主幹企業としてのトータル・インテグレーション能力が求められ，また量産のためには世界的な耐空証明の取得という未踏の問題を抱えることになる。この戦略提携の構図と取り組みについては次章事例研究で解説する。

4-4 その他の国の戦略的提携

ブラジルではエンブラエルが主幹企業となり145という40席級のリジョナル・ジェットでスペイン・アメリカとリスク・シェアリング・パートナーとして生産を開始し70席級の170-175には日本から川崎重工業が参加した。川崎重工業は90席級の190-195には参加を表明していないが，日本から現地に工場まで作って参加しておりその戦略的提携の礎はできたといえる。

ロシアはソ連崩壊までは東側諸国を中心に市場を押さえ，米と並ぶ航空機産業国であったが，その後の統合・集積に混乱を来し，まだ往時の勢いにはほど遠い。むしろ民間航空機ではエアバス・ボーイングの下請け産業となる道を選びつつある様である。ソ連時代も各10および20あった設計局と工場（生産）が協働することはほとんどなく，ばらばらの状態であったので多くの技術者が離散した現在では，アライアンスをまとめるガバナンス能力にはほど遠いのが実情である。つまりインテグレーション能力が欠如している。

カナダはカナダエアー，デハビランド・カナダ等をM&Aでまとめ，米リア

ジェットも買収したボンバルディアが70席級では世界一，90席級ではブラジル・エンブラエルに次ぐ世界第2位の生産実績・受注残を保有している。ただボンバルディア社はソ連時代のロシア航空産業各社（スホーイ，ミグ，ツポレフ等）と同様，事業会社間の連携は悪く，また他社との提携も少ない。サプライヤーとしては日本からも三菱重工業（貨物室扉），住友精密（降着装置）等で参加している。

ま と め

航空機産業では戦略的提携が重要な競争戦略となっている。特に大型旅客機では戦略的提携で有力なパートナーを提携内につなぎとめておくことが航空機生産の必要条件となっている。以下事例研究で三菱MRJを取り上げ戦略的提携の重要性を実証したい。

5．事 例 研 究

三菱重工業は70－95席級のリージョナル・ジェット機MRJ（Mitsubishi Regional Jet）の生産を2012年初飛行，2014年度初号機納入で事業を開始している。国産機としてはYS-11以来40年ぶりの新型旅客機である。しかしながら同クラスはすでにカナダ・ボンバルディア，ブラジル・エンブラエルが実績を築いており，新規参入のMRJは苦戦が予想されている。

5-1　三菱航空機

三菱重工業は2008年4月MRJ事業を行う三菱航空機を立ち上げた。株式の60％は三菱重工業が保有するが，その他三菱商事・トヨタ10％，住友商事・三井物産5％の他日本政策投資銀行として日本政府からも出資を受ける。これにより，三菱重工業の一事業部としての事業という立場を離れ，MRJの設計・型式証明取得・資材調達・販売・カスタマーサポートなどを独自で担当する事業会社を設立した。

5-2 三菱 MRJ の戦略的提携

三菱 MRJ にはエンジンのプラット　アンド　ホイットニー（Pratt & Whitney），油圧システムのパーカー・エアロスペース，電源・空調・補助動力のハミルトン・サンドストランド，フライト・コントロールのロックウェル・コリンズ，アクチュエーターのナブテスコ，降着システムの住友精密がパートナーとして参画している。また富士重工業も技術者派遣で参加している。

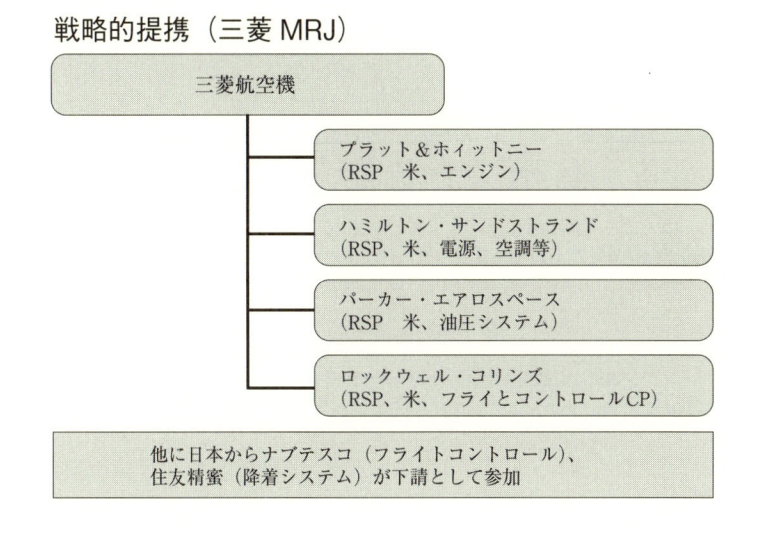

戦略的提携（三菱 MRJ）

- 三菱航空機
  - プラット＆ホイットニー（RSP、米、エンジン）
  - ハミルトン・サンドストランド（RSP、米、電源、空調等）
  - パーカー・エアロスペース（RSP　米、油圧システム）
  - ロックウェル・コリンズ（RSP、米、フライとコントロールCP）
- 他に日本からナブテスコ（フライトコントロール）、住友精蜜（降着システム）が下請として参加

5-3 競合機の戦略的提携

三菱 MRJ の競合機はボンバルディア（カナダ）の CRJ 700・CRK 900 シリーズ，エンブラエル（ブラジル）170・190 シリーズがある。これらの航空機生産の提携関係は下記の通りである。まずエンブラエルを競合企業①で示す。川崎重工業はエンブラエル 190 シリーズからは参加しないという説もある。パートナーの離脱は同社提携戦略の痛手となりかねない。しかしながらエンブラエルの生産体制はすでに構築されており川崎重工業の抜けた後はエンブラエル自身か新たな提携先を見つけることになる。

競合企業①(ブラジル・エンブラエル)

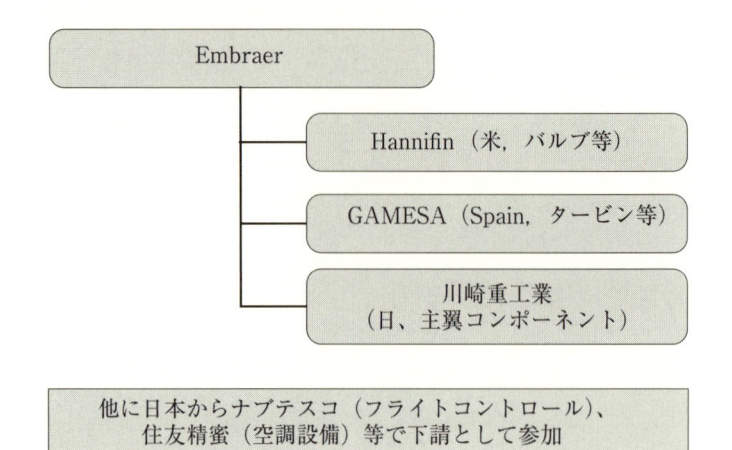

```
Embraer ─┬─ Hannifin (米, バルブ等)
         ├─ GAMESA (Spain, タービン等)
         └─ 川崎重工業
            (日、主翼コンポーネント)
```

他に日本からナブテスコ(フライトコントロール)、住友精密(空調設備)等で下請として参加

競合企業②(カナダ・ボンバルディア)

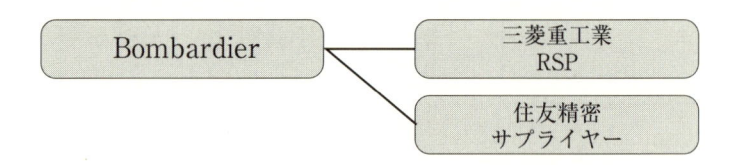

```
Bombardier ─┬─ 三菱重工業 RSP
            └─ 住友精密 サプライヤー
```

　ボンバルディアにはMRJ・エンブラエルのリスクシェアリング・パートナー(RSP)が見当たらない。特に90-95席級の受注が伸びないのはパートナー不在の影響かもしれない。三菱重工業はMRJの生産が本格化すればパートナー辞退の可能性が高い。

5-4　今後の問題

　MRJの戦略的提携はアメリカ企業との提携に偏りすぎている。これは三菱重工業をはじめとする日本の航空機産業があまりにボーイングとの提携に偏りすぎてきたことに起因する。つまり、パートナーとすべき企業が国内にはナブテスコ・住友精密しか存在しないのである。これは日本の航空機産業がボーイ

ングの傘下に安住しすぎ，自らインテグレーション能力を磨いてこなかったことによる。インテグレーション能力は今後 MRJ の設計・生産を通じて磨いていくしかないが，その時に今後のパートナー企業を引き付ける誘因が技術波及効果ではないかと思われる。航空機産業，さらに MRJ の生産規模は大きくはないがそこで磨かれた技術の波及効果は小さくないと考える。事実，日本企業の得意技術である PAN 系炭素繊維樹脂による部品・部位作りは炭素繊維素材メーカーを育て，さらに産業規模の大きな自動車産業への展開で一段の発展が予測される。一方，この炭素繊維の加工技術を体得した日本企業は戦略的提携の中においても欠くべからざる地位を築きつつある。この波及効果を日本国内にとどめず国際的な提携に結び付けるのが今後の課題ではないだろうか。

おわりに

寡占産業では戦略的提携が競争戦略の有効な手段として採用されている。戦略的提携は独占禁止政策に逆らわず，また技術優位な産業では技術革新とその誘因たる技術波及効果で戦略的提携を強固なものにできる。この求心力の中心はトータル・インテグレーション能力に裏打ちされた技術波及効果である。また一方で過度の資本提携等を伴う支配力で独占禁止政策に反することも少ない。

独占禁止政策または競争戦略と戦略的提携，さらに技術波及効果と戦略的提携の関係については別稿で論じたい。

表 5-2　日本企業の参画（B 787）

機体関係（固定翼機）

メーカー	機種名	参画日本メーカー	部位	参画形態	シェア
	B 787 （200〜300席）	三菱重工業 川崎重工業	主翼 前胴，主脚格納部，主脚固定後縁	プログラム・パートナー	35% （日本）

	富士重工業	中央翼および主脚脚扉とのインテグレーション	
	新明和工業	主脚前後桁	
	ブリヂストン	タイヤ	
	パナソニック・アビオニクス	客室サービスシステム，機内娯楽装置	
	ジャムコ	ラバトリー，ギャレー	サプライヤー
	多摩川精機	角度検出センサー（5種類）	
	住友精密工業	APUオイルクーラー	
	ナブテスコ	配電装置	

（出所）日本航空宇宙工業会データベース　2007年4月より抜粋。

表5-3　A380機体への日本企業の主な担当部位

三菱重工業	貨物ドア
富士重工業	垂直尾翼の一部
日本飛行機	水平尾翼
新明和工業	翼胴の一部
東レ	炭素繊維供給
東邦テナックス	炭素繊維供給
ジャムコ	炭素繊維複合材の構造部位
住友金属工業	純チタンシート
横浜ゴム	貯水タンク，浄化槽タンク
日機装	エンジンケースの一部
横河電機	操縦室の液晶表示装置
カシオ計算機	操縦室向け薄膜トランジスター液晶パネル
牧野フライス製作所	マシニングセンター

表5-4　Embraer生産機数累計

機種	座席数 1-クラス	開発経過 初飛行	型式証明	発納入	2006年末現在 受注機数	納入機数
EMB-110	18	1968年	1981年		469	469
EMB-120	30	1983年	1985年	1985年	352	352
ERJ-135	37	1998年	1999年	1999年	108	108
ERJ-Legacy	19	2001年	2001年	2001年	82	80
ERJ-140	44	2000年	2001年	2001年	74	74
ERJ-145	50	1995年	1996年	1996年	732	679
Embraer 170	70	2002年	2004年	2004年	157	128
Embraer 175	78	2004年	2004年	2005年	99	25
Embraer 190	98	2004年	2005年	2005年	317	53
Embraer 195	108	2004年	2005年	2006年	46	3
				合計	2,436	1,971

（出所）日本航空宇宙工業会『平成19年度版世界の航空宇宙工業』社）日本航空宇宙工業会。

表5-5　BOMBARDIER生産機数（リージョナルジェットのみ）

機種	座席数 1-クラス	開発経過 初飛行	型式証明	初納入	2006年末現在 納入機数
CRJ 100/200/440	50	1991年	1992年	1993年	853
CRJ 700	70	1999年	2000年	2001年	352
CRJ 900	90	2001年	2002年	2003年	39
				合計	1,244

参 考 文 献

青島矢一・加藤俊彦, 『競争戦略論』東洋経済新報社, 2003年。
浅羽茂・新宅純二郎, 『競争戦略のダイナミズム』日本経済新聞社, 2001年。
有泉徹, 『3次元CADによる設計の改革術』日刊工業新聞社, 1996年。
金丸允昭,「ボーイング777の国際共同開発」『日本機械学会誌』第93巻, 第932号, 1996年。
閑林亨平,「航空機産業における技術革新と競争戦略　―ボーイングB767とB777の国際協同開発と生産において―」, 『中央大学大学院　研究年報』, 2005年。

閑林亨平,「航空機産業の技術革新と競争戦略―エアバス新型機 A 380 の開発と生産における競争戦略―」,『第 20 回日韓学術会議シンポジウム』, 2005 年。

閑林亨平,「航空機産業における技術革新と競争戦略についての研究―日本の新型民間航空機の開発と生産における競争戦略―」,『中央大学経済学研究所年報』, 2007 年。

航空振興財団発行・運輸省航空局監修,『数字でみる航空 1995』, 1995 年。

斎藤優,『技術移転論』, 文眞堂, 1979 年。

斎藤優,『技術移転の国際政治経済学』, 東洋経済新報社, 1986 年。

西頭恒明,「ボーイング超製造業への急旋回」『日経ビジネス』9月18日号 44〜49頁, 2000 年。

徳田昭雄,『グローバル企業の戦略的提携』, ミネルヴァ書房, 2000 年。

延岡健太郎,『製品開発の知識』, 日本経済新聞社, 2002 年。

林昇一・徳永善昭『グローバル企業論』中央経済社, 1995 年。

藤本隆宏,『生産システム進化論』, 有斐閣, 1997 年。

藤本隆宏,『生産マネジメント入門 I 生産システム編』, 日本経済新聞, 2001 年。

藤本隆宏,『生産マネジメント入門 II 生産資源・技術管理編』, 日本経済新聞社, 2001 年。

藤本隆宏・武石彰・青島矢一,『ビジネス・アーキテクチャ』, 有斐閣, 2001 年。

藤本隆宏・安本雅典,『成功する製品開発』, 有斐閣, 1999 年。

松崎和久編著,『戦略提携 アライアンスグループ経営と連携戦略』, 学文社, 2006 年。

松行あき子,『国際戦略的提携』, 中央経済社, 2000 年。

安田洋史『競争環境化における戦略的提携 その理論と実践』NTT 出版, 2006 年。

"Gaining and Sustaining Competitive Advantages, Second Edition" Prentice Hall 2002.

"Alliance Advantage The Art of Creating Value through Partnering" Yves L. Doz and Gary Hamel, Harvard Business School Press 1998.

"Strategic Alliance Theory and Evidence" Jeffrey J. Reuer Oxford Management Reader 2004.

"Strategic Alliance Governance and Contract", Edited by Africa Arinho and Jeffery J. Reuer, Palgrave Macmillan, 2006.

"Harvard Business Review on Strategic Alliance", Harvard Business School Press 2002.

"Mastering Alliance Strategy a *Comprehensive Guide to Design, Management and Organization*" James D. Bamford, Benjamin Gomes-Casseres, Michael S. Robinson, Jossey-Bass, 2002.

"Airbus paves way for its giant contender : Competition in a volatile industry" Strategic Direction Volume 20 Number 5 May 1, 2004 MCB University Press.

"Strategic alliance in the aerospace industry : a case of European emerging converging" Smith D. J. European Business Review 1 April 1997, vol. 97, No.4 pp. 171-178 (8).

"Airbus Industrie : An Adapted Training and Flight Operations Support" Interview with John Scully, Air & Space Europe Vol.1 No.4 1999 pp. 90-96 "The A380 Programme -the Big Task for Europe's Aerospace Industry".

第6章

株主間利害対立に係る法的ルールの経済学的分析

はじめに

　わが国企業にとって本体の一部を分離して子会社を別会社として経営する「分社化」や，企業買収後別会社として企業グループを形成することは一般的な企業行動となっている。このようにして設立された子会社を公開してキャピタルゲインを得たうえ，親会社が引き続き支配力を維持するケースは多い。このような企業行動すなわち親子上場により，上場子会社は経営支配権をもつ親会社以外の株主（少数株主）を抱えることになるが，本章ではそれら株主間の利害対立に起因する諸問題の分析を行ったうえその問題解決策について提言を行う。

　本章の構成は以下の通りである。第1節では，親子上場の現状分析のためそのプラス面とマイナス面につき検証したうえ，近時の上場子会社を完全子会社化する動きの背景につき分析する。第2節では，親子上場から発生する株主間利害対立の類型につき分析したうえ，経済学的な公正や効率の問題につき言及し，あるべき法的ルールにつき議論する。第3節では，株主間利害対立が引き起こす非効率につき解明を試みる。第4節では親子会社間株主の利害対立への問題解決策を示す。第5節では不完備契約論からみた少数株主保護のための法的ルールの理論的分析を行う。そして結論である。

1. 親子上場の現状分析

1-1 親子上場の特徴と各国の実情

　親子上場は企業グループ組成の選択肢のひとつとして広範に普及しているが，それには2つの特徴がある。第1に親会社の傘下に少数株主を抱える子会社が存在し，親会社の利益のために少数株主が搾取される危険を内包している，という株主間利害対立の構造がある。そのうえ子会社総株式数のうち過半数未満（もしくは実質支配の親会社保有株式未満）の少数株主保有株式が株式市場で取引され株価が形成されている。しかし支配株主である親会社は継続保有するため市場においての株式売買に参加することはなく，株価形成に直接関与できない。第2にわが国における伝統的企業の親会社はほとんどのケースで株式所有が分散した（バーリー・ミーンズ的な）経営者支配企業である。この2つ目の特徴は，創業家支配の非上場会社が上場会社を支配に置くというストック・ピラミッド[1]といわれるものとの対比ができる。これらは何れも株式所有を通じたグループの階層的支配という点で共通しているが，ストック・ピラミッドが最終的に創業家支配に行き着きそれらは私的利益を追求するインセンティブがあるのに対し，経営者支配企業の株主は分散していることからグループ全体の利益・財産を自己に移転する権利や手段を有するものが存在しない[2]。

　ところで親子上場につき各国の実情をみると，必ずしも日本特有の企業行動

---

1) これは欧州大陸やアジア諸国に多くみられ，かつわが国でごく一部にみられる企業支配形態である。例えば2005年の再編前の西武グループは堤家36%支配の非上場会社「コクド」が上場会社「西武鉄道」株の62%を，また「コクド」100%支配の「プリンスホテル」が「西武鉄道」株を7%保有（残り31%が一般株主）することにより，事実上創業家一族が支配するピラミッド型支配構造になっていた。（2009年9月3日付け東洋経済記事）これにより会社経営の支配権と会社利益やキャッシュフロー権が乖離する結果をもたらす。一方，伝統的企業の親子上場ではコントロール権とキャッシュフロー権の乖離ははるかに小さい。（宍戸・新田・宮島2010〔上〕38ページ）

2) 〔前掲〕宍戸・新田・宮島2010, 38ページ。

とはいえないことがわかる。米国および英国では株式は分散所有される傾向が強いのに対し，欧州大陸各国では支配株主を有する上場子会社が過半数を占める[3]。そして証券取引所が親子上場を制限している例は国際的にみて皆無といわれている。

1-2　親子上場のプラス面，マイナス面についての再検証

　ここでは親子上場に関するプラス面・マイナス面について検討してみる。

　まず，公開するも完全に独立するのではなく親会社の影響下にとどまるという子会社上場は，あらたな投資対象が市場に提供される（株式新規公開（IPO）と同様の効果）という国民経済的な意義がある。

　このほかにプラス面として，①子会社価値の顕在化による親会社財務の改善ができる（子会社株の公開によって親会社にキャピタルゲインがもたらされる可能性がある）。②親会社が支配株主になることによって，経営権の維持によるグループ全体のシナジーの利益を図ることができる。例えば親会社が高いレピュテーション（ブランド価値）をもつ場合，子会社はそのブランドの共有により製品・サービスに高い競争力をもたせることが可能になる。③親会社以外の株主（あらたな利害関係者）が生まれることで子会社経営者に対する権限委譲（オートノミー）を明確にコミットすることができると同時に，上場という社会的地位の向上によって当該経営者にインセンティブを付与することができる。④子会社のコーポレートガバナンスの観点から内部情報を有する親会社のモニタリング（子会社経営者への規律の確保）と市場のモニタリング（少数株主はもっぱら退出（株価）による補完的なモニタリングの機能をもつ）の相乗効果を期待することができる。この仕組みにより，モニタリングに要する社会的コストを低減することができる。⑤子会社による資金調達の独自性の側面も無視できない。親子会社間

---

3)　個人または法人が50％超の支配株を有する会社の比率は，東証：13.5％である。（2007年時点）（なお表6-1のデータは40％超基準のため異なった比率になっている）NYSE上場会社は1.7％（1996年時点），英国は2.4％（1992年時点），独国は64.2％（1996年時点）である。（東証整備懇談会中間報告2007，15-17ページ）

で成長分野につきフォーカスが異なることがありうるが、子会社が有望なビジネスチャンスを発掘した場合、子会社自ら投資に関する意思決定権をもちかつ資金調達の自由度があることにより、株主価値最大化に向け成長分野に経営資源を投入することが可能になる[4]。

一方、マイナス面としては①親会社と子会社の少数株主との潜在的な利害対立関係がある。(この利害対立関係については後記2.「株主間利害対立の分析」を参照されたい)。②株主間の意見調整負担が大きいため、企業グループとしての意思決定の遅れにつながる。③親会社の短期的な決算対策としての上場や上場後短期間で非公開化する[5]等、子会社の少数株主の権利や利益を損なう企業行動がとられることがある。

1-3 親子上場の是非に関わる先行研究の検証

この親子上場の是非をどう考えるかは、企業グループとしてのパフォーマンスにかかわる実証研究に委ねることになる。

その先行研究は少なくとも2つ[6]あり、そのうち加藤 (2009) は収益性と企業価値の両指標の単純比較は「親会社をもつ会社」が「親子上場に無関係な会社」を上回っていることを示し、「親会社のブランド力や経営資源の有効活用が実現している」としている。

また宍戸・新田・宮島 (2010) は親子上場によるオートノミー強化、親会社と株主の二重のモニタリング、親子間のシナジー、資本コストという①子会社経営者に対する規律づけによるプラスと②親会社による少数株主からの搾取と

---

4) 〔前掲〕宍戸・新田・宮島 2010〔中〕4-6ページおよび志馬 2006、70-80ページ。
5) その例としては、「NEC は NEC ソフトと NEC システムの両社の株式を公開時の売出しで 900 億円の資金を得たが、それぞれ 4 年後、2 年後に完全子会社化したときのコストは現金 420 億円と NEC 株との株式交換で済んだ」。(2006 年 10 月 7 日付日本経済新聞記事) ただし、この 2 社は成熟公開会社を親会社とする例外的ケースである。
6) 日本経済研究センター研究報告書「日本企業の株主構造と M&A」2009 年 3 月所収、第 3 章、加藤岳彦「上場企業と企業統治」のサイトコラム並びに宍戸・新田・宮島〔下〕」2010、37-41 ページ。

いうコスト（少数株主にとってのマイナス）の何れが優位なのかの解明をしている。（親子上場の主たるコストは少数株主からの搾取にあるので，これが大きいことは上場子会社のパフォーマンスが親子上場に無関係な会社と比し劣っていることを意味する筈である）。これによると，過去22年間の東証上場子会社と上場子会社をもたない独立企業の経営指標（トービンのQ，ROA，総資産負債比率，売上高成長率）は総じて上場子会社のパフォーマンスが平均的にむしろ優れており，株式市場でもプレミアム評価されていることを示していることから，結果として親会社による搾取の危険性は大きくはなかったと結論づけている。

1-4 上場子会社を完全子会社化する動きの背景

近年，企業グループ内の戦略経営再構築を目的に，上場子会社を完全子会社化する動きがみられるが，その趨勢の背景としては次のことが考えられる。

下記表6-1は過去3年の親子上場している上場企業数の推移であるが2008年度の社数純減14社の内訳は新規上場31社，上場廃止45社であり，さらにその上場廃止45社の内訳は子会社でなくなったケース12社，完全子会社化31社，その他2社となっている。

表6-1 親子上場企業数の推移（除金融事業法人）

	親子上場企業数(A)	（参考：東証上場企業数）(B)	(A)/(B)%
2007年3月末現在	417	（2006年12月末現在　2,414）	17.2
2008年3月末現在	412	（2007年12月末現在　2,389）	17.2
2009年3月末現在	398	（2008年12月末現在　2,334）	17.0

（出所）野村證券金融経済研究所，2010年1月7日及び同年3月29日付け日本経済新聞記事
なお東証上場企業数は東証HPによる。野村證券金融経済研究所では親会社が40％以上の支配権（実質支配基準を満たす）を有しているものを子会社としている。また(A)/(B)の(B)は(A)より3カ月以前の時点の数字であり時期がずれている。

これをみると，完全子会社化の趨勢を判断するには分析期間が3年と短すぎるきらいはあるものの依然として新規上場がある一方上場廃止も増加しており，株式市場では相反する企業行動がみられることが分かる。この子会社上場

廃止に至る親会社の動機としては①グループ戦略の共有といった「親会社の企業価値向上に前向きな戦略」のほか②「赤字子会社の救済といった後ろ向きの目的（親会社にレピュテーションリスクが及ぶことを回避する）[7]」③「子会社の不祥事発覚による企業統治強化の目的[8]」等が挙げられる。

また企業グループの戦略経営の見地から，株主間利害対立の側面からくる完全子会社化を考える必要もある。すなわち少数株主との意見調整に失敗して支配株主中心の経営ができないことによる非効率が明らかになったとき，もし少数株主を保護しないことがグループ運営の効率性に合致すると判断してもこの選択は現行の少数株主保護規定に抵触する限り不可能である。この場合は完全子会社化を図るしかない。上場子会社を完全子会社化するにあたり1999年の商法改正（現行会社法）によって新設された株式交換制度が多く利用され，特に時価総額の大きい親会社は自社株式を対価として買取資金なしに機動的な企業買収が可能となった[9]。つまり法改正（株式交換制度導入）が企業組織再編の後押し（親会社が子会社株式を買い戻す際の資金負担が軽減される）をすることとなった。

1–5　パナソニックと日立製作所の完全子会社化の動き

この2社を事例研究として取り上げ，完全子会社化という企業行動の動機を各種経営指標（EPS（1株当り利益）ROE（株主資本当期利益率）PER（株価収益率）当期利益の推移から分析した。

これをみると，両社ともに業況の顕著な悪化，特に連結ベースの当期損失が単体の赤字を大幅に上回ったとき（当期損失の連単倍率が急激に増加したときで，収益面でいわば子会社が親会社の足を引っ張る現象が明らかになったとき）上場子会

---

[7]　NECは債務超過に陥ったNECトーキンを完全子会社化した。（2010年1月7日付日本経済新聞記事）

[8]　キリンHDは連結子会社であるメルシャンで発覚した不正取引は子会社の企業統治のなさからくるものとして，親会社による企業統治の目的から同社を完全子会社化した。（2010年8月28日付日本経済新聞記事）

[9]　志馬2006，80ページ。

第 6 章 株主間利害対立に係る法的ルールの経済学的分析　133

表6-2　パナソニックと日立製作所の主な経営指標比較

パナソニックの主な経営指標推移

連結ベース

	2000/3期	2001/3期	2002/3期	2003/3期	2004/3期	2005/3期	2006/3期	2007/3期	2008/3期	2009/3期	2010/3期
EPS（1株当り純利益）（円）	48.4	20.0	▲2,06.1	▲8.7	18.15	25.5	69.5	99.5	132.9	▲182.3	▲50
ROE（当期利益）（%）	2.7	1.1	▲12.2	▲0.6	1.3	1.7	4.2	5.6	7.4	▲11.8	▲3.7
PER（株価収益率）（倍）	63.5	113.4	NA	NA	88.6	62	37.6	23.9	16.5	NA	NA
当期利益（億円）	1,062	415	▲4,278	▲195	421	585	1544	2,172	2,819	▲2,790	▲1,034

単体ベース

	2000/3期	2001/3期	2002/3期	2003/3期	2004/3期	2005/3期	2006/3期	2007/3期	2008/3期	2009/3期	2010/3期
EPS（1株当り純利益）（円）	20.5	30.6	▲63.8	12.8	25.5	31.9	9.1	45.3	47.3	▲27.1	▲60.3
ROE（当期利益）（%）	1.7	2.4	▲5.1	1.1	2.1	2.6	0.7	3.7	4.1	NA	NA
PER（株価収益率）（倍）	149.5	74.0	NA	79.1	63.0	49.5	287.9	52.5	45.7	NA	NA
当期利益（億円）	425	637	▲1,324	288	595	735	204	988	1,003	▲563	▲1,249

連単倍率（当期利益）（倍）　7.7　2.2　3.2　▲0.7　0.7　0.3　18.6　4.4　4.4　3.3　0.6

コメント　(1) 2002年3月期、グループで大幅赤字計上。特に子会社の赤字が大きい。2002年10月子会社5社を完全子会社化。
　　　(2) PERは2006年3月期（当期は異常値）以降単体が連結を上回り、単体とも概ねPER指標が上回っている。
　　　(3) 直近2年の連単ベース赤字はさらなる完全子会社化推進の動機となる。(2011年3月期に実現)

また上記日立製作所と比べて連結・単体ともに完全子会社化の効果を評価している。市場は完全子会社化の効果を評価しており、当社の成長性についての市場の評価は高い。

（出所）パナソニックの有価証券報告書から作成。

日立製作所の主な経営指標推移

連結ベース

	2000/3期	2001/3期	2002/3期	2003/3期	2004/3期	2005/3期	2006/3期	2007/3期	2008/3期	2009/3期	2010/3期
EPS（1株当り純利益）（円）	5.1	31.3	▲144.9	8.3	4.8	15.5	11.2	▲9.8	▲17.5	▲236.9	▲29.2
ROE（当期利益）（%）	0.2	1.1	▲18.7	1.3	0.8	2.3	1.5	NA	NA	NA	NA
PER（株価収益率）（倍）	240.4	34.3	NA	49.7	167.8	42.9	74.4	NA	NA	NA	NA
当期利益（億円）	169	1,044	▲4838	279	159	515	373	▲328	▲581	▲7873	▲1070

単体ベース

	2000/3期	2001/3期	2002/3期	2003/3期	2004/3期	2005/3期	2006/3期	2007/3期	2008/3期	2009/3期	2010/3期
EPS（1株当り純利益）（円）	3.6	12	▲75.7	8.4	12.1	3.1	11.1	▲53.4	▲38.5	▲88.6	▲9.6
ROE（当期利益）（%）	0.2	0.7	▲16.7	2.1	2.9	0.8	2.7	NA	NA	NA	NA
PER（株価収益率）（倍）	342.7	89.5	NA	49.3	66.5	2,13.5	75.0	NA	NA	NA	NA
当期利益（億円）	119	401	▲2,526	283	401	193	370	▲1,785	▲1,279	▲2,946	▲351

連単倍率（当期利益）（倍）　1.4　2.6　1.9　1.0　0.4　2.7　1.0　0.2　0.5　2.7　3.0

コメント　(1) 親会社の不振をグループ会社が補完するパターンが崩れ、直近2年ではグループ各社が赤字のうえ親会社の足手を引っ張っている。
　　　(2) 直近4年間に亘り連結ベースの赤字が続きかつ親会社の損失が全体の損失を上回っている。この状況は機動的な経営ができないことによる非効率の露呈であり、親会社は
少数株主の縮小（2010/3期、5社を完全子会社化）によりグループ全体の効率性向上を図ったものと思われる。

（出所）日立製作所の有価証券報告書から作成。

社の完全子会社化（非公開化）という企業行動をとることがわかる。すなわちパナソニックの場合の2003年3月期の松下通信工業他4社並びに2011年3月期のパナソニック電工・三洋電機の完全子会社化は，何れもその前の期に連結決算が急激な業績の落ち込みを示した（グループ会社の業績不振）ことがきっかけになったことが推測される。日立製作所においても同様である。2011年3月期の日立プラント他4社の完全子会社化がその例である。

この事例研究の詳細は表6-2を参照されたい。

2. 株主間利害対立の分析

2-1 株主間利害対立の類型

支配株主が，少数株主の犠牲のもとに経営権を行使して自己の利益を高めることがあり，これにより株主間に利害の対立が発生するケースがある。これは「支配株主による少数株主からの搾取」ともいうべきものであるが，その搾取の類型としては次の5類型が考えられる。

①親子会社間取引が親会社に有利な条件で行われる危険がある。これは私的便益の引き出し，もしくは少数株主から親会社への富の移転といわれるものである。わが国において子会社の取締役は，「通例でない取引」について忠実義務違反となれば会社に対する損害義務を負うことは現行会社法でも規定されている。しかし親子会社間の取引関係が公正・通例的であるか否かの判断は容易ではなく，またその判定に係るコストは低くない。また親子会社間の力関係を鑑みると，親会社は支配株主として子会社の経営権，特に経営者の人事権を握っているのが通常であるため，子会社の取締役は親会社から「通例でない取引」を迫られたときそれを回避することは難しい。

②子会社の重要な資産や営業権を親会社に有利な条件で売却する，または子会社が親会社に有利な条件で合併されることがある。この場合，事前の規制として株主総会の特別決議が必要であり，少数株主は余りに不公正な場合は「決議の取り消し」や「株の買取請求ができる」という救済手段がある。ただしこの場合，営業譲渡など少数株主の株式価値に重大な影響がある場合のみという

制約がある。一方，事後の規制による少数株主保護はかなり限定的である。すなわち，例えば株式の交換比率が不公正であった場合であっても「合併について合併比率が不公正であるとしても，合併契約の承認決議に反対した株主は株の買取請求ができるから合併比率が不公正ということ自体が，合併の無効の事由となるものではない」という最高裁判決（最判第三小法廷平成2年（オ）第603号平成5年10月5日判決，三井物産事件）があり，これにより交換比率が不公正であっても交換比率無効の訴えは棄却されるであろう[10]。

③事業分野の選択やその実施につき，親会社は必ずしも子会社の利益を最大化するものを選ぶとは限らない。親会社はグループ全体のシナジーの観点から子会社に低採算事業を強いることがあるが，これにより子会社の少数株主は機会損失を被ることになる[11]。（この場合，少数株主への救済手段はない）。

④親会社は第三者割当増資等の金融取引を通して，子会社少数株主を搾取することが可能である。これはファイナンシャル・トンネリングと呼ばれ，特に上場子会社を完全子会社化する際の少数株主の締出しにおいて，少数株主が不利益を被る危険性が高い。これには東証が取引所規則により一定の歯止めをかけているが，米国においてはこのような「非公開化」の少数株主の保護法制につきデラウェア州の判例法理の蓄積がある[12]（これについては後記2-3を参照されたい）。

⑤ストック・ピラミッド型企業形態に多くみられる類型として，経営陣に無能な一族を連ねる，または経営者に過剰な報酬を払う，というような経営者や支配株主が企業の利益を自分の利益（経営者特権を利用した浪費やエンパイヤービル仮説）にするところに搾取を見出すことができる。これは支配株主・少数株主間のエージェンシー問題に起因するものであり，機会主義的行動によってもたらされる非効率から生まれるエージェンシーコストを抑制する制度としての

---

10) 〔前掲〕志馬2006, 91ページ, 93ページ。
11) 三輪・神田・柳川1998所収, 神田312ページ。
12) 〔前掲〕宍戸・新田・宮島2010〔下〕, 62ページ。

法的ルールが必要とされる[13]。

2-2 株主間利害対立に係る法規制の実情

以上5類型のうち②及び④については一定の法的ルールが存在している。しかしそれ以外の類型においては，親子会社間の日常的な取引につき少数株主の犠牲のうえに親会社が優遇されても，法的に規制するルールが存在していない。

それにもかかわらず現実には子会社上場が行われ，親会社に搾取される可能性があることを予期したうえで実際にその株を自主的に購入する投資家が多くいるが，この背景として「親会社が少数株主を不公正に扱うような経営を実際にはしていない，ということが投資家によって信頼されているから」という説がある。つまり企業やその経営者・支配株主が服する規律は法的ルールに限らず様々な市場の規律や社会規範等，法に定められていない規律が働く。その例として，①「子会社の部分的独立」（多くの場合当該子会社はある程度の企業規模があり成長性が期待される会社であり，親会社と対抗する基盤がある）②「評判の維持」（親会社は大企業が多く，むやみに少数株主の搾取を行うことを避ける）③「人的関係」（有力な少数株主（例えば金融機関）が親会社と人的・取引関係をもっている）等があり支配株主に自主規制を働かせている要因となっている[14]。

2-3 米国における少数株主保護に係る法的ルール

ところで，補足的にはなるが比較法の観点から，米国における少数株主保護にかかわる法的ルールにつき述べておこう。これにより米国における少数株主保護にかかわる法的ルールと，わが国のそれとの比較による少数株主搾取に関わる規制の差が明らかとなる。

米国では子会社を通じる支配株主の搾取（私的便益の引き出し）について，支配株主と会社間の取引に関する法的ルールによって制約が課されている。例え

---

13) La Porta, Lopez-de-Silans, Shleifer, Vishny 2000.
14) 伊藤 2008.8.25　26ページ。

ばデラウェア州法では，少数株主保護は支配株主の少数株主に対する忠実義務によって規律される（この規定はわが国会社法にない）。すなわち支配株主は少数株主に対して信認義務（Fiduciary Duty，これは忠実義務と同じ趣旨である）を負っており，支配株主とのグループ内取引はフェアでなければならないという厳格な基準が適用されるため独立委員会による承認が実務上定着している。

そして少数株主保護は自明のことと考えられ，①会社の株主としての地位を維持する利益の保護，②株主として地位を排除される際に受け取る対価の相当性の保証，がある。さらに上記①については，支配株主は少数株主の締出しをともなう合併の場合は「正当な事業目的」を立証する必要があり，この合併が「完全なる公正」基準に適合することが要求される，という判例理論が確立している[15]。

したがって，これらの問題の公正かつ包括的解決のためにはわが国現行会社法には規定の無い「支配株主の少数株主に対する忠実義務による規律」導入が欠かせない。これにより，日米間で法的インフラが不均衡である状況を是正することが可能になる。

2-4　エージェンシー理論に基づく株主間利害対立問題

以上の議論を踏まえ，理論面から株主間利害対立問題を整理すると次の通りとなろう。

プリンシパルである支配株主が，如何にエージェントとしての少数株主を自己の利益に沿う行動をさせるべく動機付けられるかがエージェンシーコスト抑制のポイントになる。すなわち親子上場の場合，プリンシパルとしての親会社の目的はコア業務ではない部門の分離によりエージェントとしての子会社（経営者）に自律のインセンティブを与えると同時に，親会社はコア業務に専念できるというグループ経営推進の一環として考えることができる。これにより子会社は株価により企業価値及び企業成果を計測できる一方，内部資本市場の分

---

15)　筑波法政 2008 所収，山下 123-159 ページ。

断により資金の流用を防止出来るというメリットがある。このような利益相反の可能性が最小となる仕組みづくり。すなわち法制度や明示・黙示の合意の枠組みにより，エージェントが自己利益追求を第一義に考えてとる行動が同時に本来の目的を達成する最善の手段であるような状況をつくりだせば問題は解消する[16]。

例えば，子会社が親会社に有利な条件で合併されるという事例を考えてみる。この場合買取価格のプレミアム決定にあたって，親会社には交換比率を下げようというインセンティブが働くことがある。これは少数株主の利益を犠牲にして自己の利益を追求することから発生する契約後の機会主義の一形態であって，両者には利害の不一致がおこる。さらに，親会社は大株主として子会社取締役の選任などを通じ子会社の経営状況に関する内部情報の入手が可能であり，少数株主の有する情報との質的・量的な差は大きく（情報の非対称性），少数株主が同様のことをしようとすればモニタリングコストが禁止的に高くなる。このような契約後にエージェントが隠れた行動を行うことにより生じる非効率な現象はモラルハザードであり，これによって発生するコストであるエージェンシーコストを事前に抑制するために様々な制度・政策が展開されなければならない。

これに関連して柳川（2006）は株主平等原則に反した行為（例えば親会社との取引する際に親会社に有利な取引条件で契約する）につき少数株主保護が必要との議論を展開している。それによると多数株主は少数株主より多くのコストを負担しておりそれに見合ったリターンを多数株主が受け取るほうが望ましい一方，少数株主は自分が少数であることを認識して株式を購入している（これを前提に株価がついている）はずであり少数株主による投資は損しているわけではないとする。しかし多数株主が機会主義的行動をとる可能性があることを予想した場合に株主が投資を控えてしまい，①そもそも少数株主にならない，かつ②企業に資金が充分集まらないという事態を惹起してしまい，むしろ多数株主

16）〔前掲〕三輪・神田・柳川 1998 所収，小塚 337-338 ページ。

が損失を蒙る事態に陥ることに問題がある[17]。このような場合には法的ルールを用意することで，少数株主保護のためのコミットメントを可能にすることが必要な資金量を確保することを可能にする。

2-5 株主間利害対立と経済学的な公正や効率の問題について

最後に，株主間の利害対立は，必ずしも経済学的な公正や効率の問題を生むとは限らないことを指摘しておきたい。

投資家はもし子会社の利益が親会社に搾取されたと考えれば，それを反映した（ディスカウントされた）と考える場合のみ株を買うはずである。つまり納得したうえで株を買っているので，公正の問題は発生しない。

次に効率の問題を考えると，一般に投資家は出資に見合ったリターンを期待するがその判断基準は親会社がどうグループ経営をし，どう企業価値を向上するかにある。そして親会社が将来にわたるグループ全体の利益を図りそれが実現したとき，それは親子間の分配の問題になるだけであり，効率の面でいえば当事者間では無差別ということになる。つまり「子会社が親会社の私的便益の引き出しにより低利益に陥ったとしても，グループ全体の利益の最大化が実現しているのなら，効率性の観点からは問題とすべきではない」である[18]。

3．株主間利害対立が引き起こす非効率

それでは非効率が生ずる場合はどのような状況下であろうか。非効率が発生するのは，親会社の介入そのものではなくその介入の程度が一定でないことから起こる。これによって起きる問題は２つある。

ひとつは子会社の利益が親会社の介入の程度により変動して，利益の分配についてあらたな不確実性が生まれることである[19]。これが少数株主にとって

---

17) 柳川 2006, 45 ページ。
18) 〔前掲〕三輪・神田・柳川 1998 所収, 神田 318-321 ページ。
19) その例としては，親会社の決算対策として子会社が不良資産の受け皿になる，もしくは実力以上の増配を迫られること等がある。子会社の高配当政策は少数株主にとっては望ましいが親会社にはキャッシュの流出になり必ずしも望ましい施策とは

のリスクとなり株価引き下げの要因となり，それが結果的に会社の資金調達に悪影響をもたらすことになる。

2つ目の問題は市場を含めたリスク回避的な投資家は，親会社介入の可能性を排除できない（子会社が親会社に介入させないというコミットメントができない）状況，すなわち結果に差をつける可能性がある機会主義的企業行動に直面したとき，親子会社間の利益の配分方法に懸念をして株購入をしなくなることにより非効率がおこる[20]。

何れの場合においても，少数株主が株式を購入するというインセンティブを喪失したときの支配株主の受ける影響は小さくない。つまり支配株主は経営権を保持するためには現行の支配権を行使できる株式の保有を継続する必要があるが，もし当該子会社株価が下落したときは支配株主である親会社の財務が悪化（所有の子会社の持分価値を低下させる）するリスクをもつことになる。しかし株価は過半数未満の株式をもつ少数株主間の売買により形成されるが，少数株主は退出について高い自由度をもつ。一方，支配株主はもし株価下落したときの対応策として子会社株価テコ入れのため市場からの株式の追加購入により支配株比率を上げることがあるが，これは少額出資による実質支配によって資本の節約を果たすという子会社公開の目的を逸脱する結果をもたらすという非効率性を生ずる。

4. 親子会社間株主の利害対立への問題解決策

4–1 事前に親子会社関係が成立している場合

株主間の利害対立から生じる問題のひとつの解決方法は，少数株主の権利の

ならない。逆に低配当政策をとったときには子会社の株価下落を招く恐れがあり，これは親会社の子会社持分価値を低下させる可能性が出てくる。
20) コミットメントとして考えられる例としては「親・子会社間で事業分野につき協定を結びもし競合が起こった場合は，子会社は損害賠償できる」ようにしておけば少数株主に安心感を与えることができる。〔前掲〕三輪・神田・柳川 1998 所収，神田 320–321 ページ。

保護や分配の平等を法規制の面から追求する[21]よりも，株主間の利害対立にかかわる効率上の問題点を克服する方法を考えるべきであろう。

そのため様々な市場の規律（例えば，経営者へのチェック機能としての株価）のメカニズムに基本的に委ね，親会社が子会社に対する恣意的介入を排除するためのコミットメントがあることが効率性の観点から望ましい。そのための法的ルールとしては情報開示を主とする制度的補完，すなわち「親子間の取引条件」や「親会社による私的便益の引き出しへの歯止めに関する事項」を企業グループに予め決定させそれを開示させるという方法がある。

例えば財務諸表への注記事項として次の①から④を挙げ，それで事前の公平は十分満たされるうえ同時に効率の面からみて当事者のインセンティブを損なわせない，という考え方である。すなわち①関連当事者との取引については，取引条件および取引条件の決定方針を記載する（連結財務諸表規則ならびに会社計算規則）②役員の兼務関係[22]の記載（有価証券報告書並びに事業報告）③支配株主を有する上場会社は少数株主保護の方策に関する指針につきコーポレートガバナンスに関する報告書の中で開示する。そしてその指針に定める方策の履行状況につき事業年度経過後3カ月以内に開示する[23]。

これにより投資家は親子会社間の取引につき一定の情報を得ることになり，情報収集の費用を軽減できる。また情報量が増えることで予想をたてやすくなることがリスクの軽減につながり，それは同時に投資のインセンティブを高めることにもなる。

---

21) その例としては①親会社の子会社株所有比率が高い場合は上場できないとする（上場は現に当事者双方にメリットがあるからであり，これは経済合理性に反する），②少数株主にも経営に直接関与する権利を与える（そうすれば少数株式をもつグリーンメーラーに交渉力を与えかねない），③経営に不満な少数株主に株の買取請求権を与える（買取価格の評価が難しい）等の立法処置が考えられるが，いずれもカッコ書きの通りその実効性に疑問がある。

22) 東証の「新規上場の手引き」によると子会社において親会社等の役職員との兼務役員が半数以上を占める場合は少数株主保護の観点から上場審査は慎重になる。（東証，新規上場の手引き）

23)〔前掲〕伊藤 2008.8.25 30-31ページ並びに有価証券上場規程施行規則。

4-2 事後的に親子会社関係が成立する場合

これ迄はすでに親子会社関係が存在している場合を議論の対象にしてきたが，企業買収・合併等により事後的に親子会社関係が成立する場合もある。ここではその問題を考えてみよう。

子会社に対する既存投資家にとって，新たな親会社の今後の子会社に対する介入が適正であると信頼すべき保証はない。一定の保証なしに親会社があらたに形成される可能性があることは，投資家に過大なリスクをもたらし，株購入を通した資金調達に不必要なコストを課すことになる。そこであらたな親会社に信頼が置けない少数株主は買取請求によりその利益を保護することができるが，実務上何が不公正なのかの認定が困難でありさらにこれを裁判所が正しく判断し適切に執行するという保証もないという問題がある[24]。

次の表6-3はその例である，2008年10月協和発酵キリン（以下キリン）の発足（キリンHD 50.1%の支配株主）並びに2007年10月田辺三菱製薬（以下三菱）の発足（三菱ケミカルHD 56%の支配株主）に係る経営指標分析である。

表6-3 協和発酵キリン・田辺三菱製薬に係る主要経営指標

		06年3月	07年3月	08年3月	09年3月	09年12月	10年3月
経営利益率(ROS)(%)	キリン	8.0	8.7	9.7	10.1	9.5	NA
	三菱	15.8	18.2	17.2	17.5	NA	15.2
ROE(%)	キリン	6.6	5.1	9.5	2.3	1.6	NA
	三菱	7.3	9.0	4.9	4.1	NA	4.6
PER(倍)	キリン	22.4	34.8	16.4	40.5	63.9	NA
	三菱	21.6	20.2	19.9	17.1	NA	17.4

（出所）協和発酵キリン（09年12月期は会計年度変更による）田辺三菱製薬の有価証券報告書から作成。

分析期間が各々2年，3年と短いが，経営指標をみると両社とも買収後ROSに変化がない一方，ROEは特に協和発酵キリンで減少している（協和発酵キリ

---

[24]〔前掲〕三輪・神田・柳川1998所収，神田328–329ページ。

ンの発足時資本勘定の増加（株式数は約44%増加）に比し収益力は伴っておらず，資本効率が低下している）。

また成長性指標であるのPERをみると，直近3年のロイター業界（医薬品）平均の各々19.7, 20.0, 15.7と比較して協和発酵キリンは平均を大幅に上回る一方，田辺三菱製薬はその逆となっている。したがって協和発酵キリンの既存投資家（少数株主）はたとえTOBに応じなくても市場から高い評価を得た株式に投資した結果になっていることがいえる。

ここで表6-4の通り，両社の合併前と合併後の発行済み株式数の比較をしてみる。なお協和発酵キリン，田辺三菱製薬の場合それぞれ親会社が子会社株式の50.1%, 56%を支配していることから，残りのそれぞれ49.9%, 44%が少数株主間で取引され株価が形成されていると考えられる。

表6-4　両社の発行済株式数の親会社・非親会社保有数の推移（単位：百万株）

発行済株数	06/3末	07/3末	08/3末	09/3末	10/3末
協和発酵キリン	434	399	399	576	576
（親会社保有）	NA	NA	NA	289	289
（少数株主保有）	434	399	399	287	287
田辺三菱製薬	268	268	561	561	561
（親会社保有）	NA	NA	314	314	314
（少数株主保有）	268	268	247	247	247

（出所）NIKKEI NETマネー＆マーケット。

これによると協和発酵キリンの株式数は合併前に比し44%増加しているが，流通株式数は28.1%減少している。また田辺三菱製薬の株式数は2.09倍となったが流通株式数は7.8%減少していることがわかる。これが両社の月間株式取引高にどう影響しているかを分析するために，過去10年間の株式取引高推移を表したのが次ページ，図6-1, 6-2の下部の棒線グラフである（なお上部は株価推移である）。

両社ともに支配株主が過半数の株式を支配しそれを継続保有していることか

144　第2部　現代経営における戦略連携と法規制

図6-1　協和発酵キリンの株価・取引高推移　　図6-2　田辺三菱製薬の株価・取引高推移

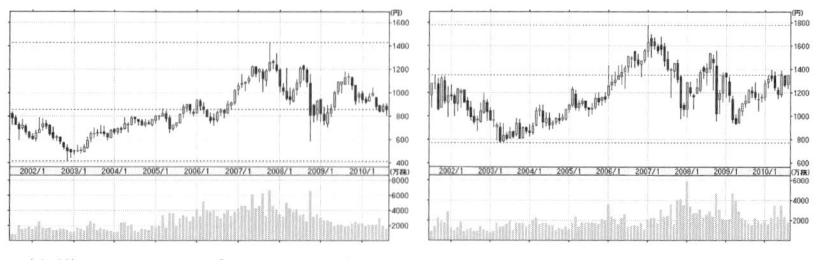

（出所）NIKKEI NET マネー＆マーケット。

ら，少数株主間での少数株式が株式市場で取引され株価が形成されている。そこで合併前（支配株主が生まれる前）の月間株式取扱高は支配株主が生まれた後は少数株主の保有する株数が相対的に減少することから，各イベントに反応した取扱高のボラティリティーが高くなると同時に取引量も増加する，ということが考えられる。

　協和発酵キリンの場合，2007年7月の合併アナウンスメント前後の公開買付（TOB）期間の取扱高急増はマーケットで起こりうる通常の動きであるが，流通株式数が減少しているにもかかわらずその後（通常ベースに戻った時期）も一貫してその取扱高は合併前のそれと比し上回っている。（取引高増は2007年7月以前の2006年でもみられるがこれはその当時の合併前の協和発酵株への市場の思惑の反映と思われる）。また田辺三菱製薬の場合は2007年4月の合併アナウンスメント後の取引高は一貫してそれ以前より上回っている。

　これらから，過半数株を握っている支配株主がいるがために実際に流通している株数は相対的に減少したにもかかわらずイベントに対する反応は敏感になり，結果として取扱量は増加したといえるのではないかと思われる。少数株主間の株式取引量の増加は，要するに少数株主による株価に対する影響力が強くなることを示すことを意味する。これが少数株主保護の重要性を例示する1つの事例となっている可能性がある。（なおこのような事後的に親子会社関係が成立する事例は今のところこれら2社に限定されていることから，今後の進展を注視のこととしたい）。

表6–5 株主間利害対立問題に係る事前と事後の効率と公正についてのマトリックス

	事前の公平（少数株主がその会社の株式を取得する前）	事後の公平（少数株主がその会社の株式を取得した後）
経済学の立場 前提：当事者に予測能力や合理的な判断能力があると仮定する 事前に選択したルール（契約）	事前の機会の平等は確保されるべき。選択の自由が事前の公正を満たす（個人の選択責任を重視） 当事者のインセンティブを損なわないために必要 ルールの内容：株主平等原則は結果の平等に偏りすぎている	結果の平等は問題となすべきではない。事後的な公正は図ろうとすると当事者の（投資）インセンティブを歪める──効率を妨げる （有力説）少数株主保護規定は効率性を高めるための重要な役割を果たしている。(La Porta 2000)
法学の立場 前提：予測しないで行動したことを責めることはできない 事前に選択したルール（契約）	公正を維持するために必要 ルールの内容：株主平等原則	
（事例1） 公開子会社の株を買った人が親会社から搾取された		経済学の立場 搾取されてもやむをえない（投資家はその危険を承知のうえ危険を加味したディスカウントベースの株価で買ったはず）しかしこれは効率を損なう可能性がある（リスク回避的な投資家は結果に差をつけるルールのもとでは投資しなくなる） 法学の立場 なんらかの方法で少数株主を保護すべき──事後的公正観から介入
（事例2） ある公開会社の株を買った後でその会社が買収され子会社になった＊	＊例：2008年10月，キリンHDはTOB及び株式交換により協和発酵株51％を保有する親会社となった	経済学の立場 投資先会社が企業買収される可能性もあることを予測しているべき 法学の立場 少数株主に株式買取請求権を付与
（事例3） 当事者の事後的な機会主義的行動の問題（ホールドアップ問題）		経済学の立場 契約の不完備性のもと少数株主保護のルールが事前に特定されない場合，法的規制が望ましい分配をつくりだす──効率性改善 法学の立場 当事者の一方が相手の弱みにつけ込んだ再交渉を行うこと─不公正

なおこれまでの少数株主保護に関わる議論の全般を,「事前と事後」「公正と効率」「経済学と法学」それぞれの側面からみた相関関係につきマトリックスに取り纏めた。前ページ表6-5「株主間利益対立に係る事前と事後の効率と公正についてのマトリックス」を参照されたい。

5. 不完備契約論からみた少数株主保護のための法的ルール

一般に投資家は将来支配株主からどのような扱いを受けるかまったく不明確な場合,株式投資をためらう。そのため支配株主としても少数株主を搾取しないことを約束して投資を促進することに利益を有するが,将来にわたり生じるすべての場合に対応して契約に書くことは不可能であり支配株主が少数株主を信頼させることは難しい。そのような支配株主がコミットすることが難しい状況にあるとき,その代替として法制度が存在意義をもつ[25]。

その場合,例えば前記の通りの情報開示を主とする親子会社間のコミットメントにより,これを改善する余地があると同時に,契約の不完備に伴う情報収集コストや契約作成費用や契約のエンフォースメント費用等の取引費用の軽減も可能になる。

下図6-3は少数株主保護につき,法的ルールの有無による株式市場の変化をみたものである。

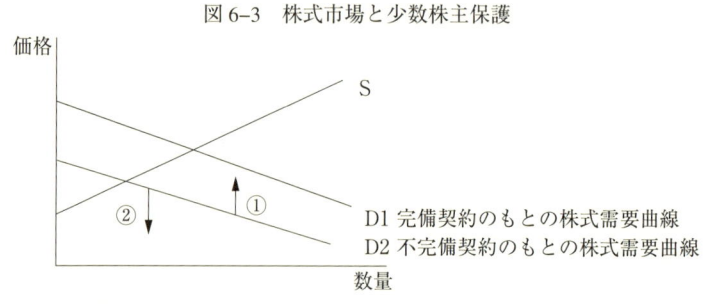

図6-3　株式市場と少数株主保護

D1 完備契約のもとの株式需要曲線
D2 不完備契約のもとの株式需要曲線

（出所）福井 2007, 159ページ。

---

25)　宍戸・常木 2004, 169ページ。

ここで需要曲線Ｄ２は取引費用がかかる分下方にシフトしている。これは少数株主保護のための法的ルール（例えば当事者が少数株主を保護するというコミットメントをした）に従うことにより取引費用を軽減することができれば上方にシフト（図１内①）するはずであり，価格・数量ともに上昇し少数株主からの資金調達は効率的になる。

　しかし，もし①少数株主との意見調整に失敗して支配株主中心の戦略経営ができない（機動的なグループ経営による企業価値な最大化ができない）ことによる非効率が明らかになったときや②少数株主がその権利・利益が搾取されていると判断したとき，投資家（少数株主）の投資インセンティブは減退し株式購入をしないことはありえる。これによる不確実性の高まりによって取引費用が増えて，上記①②の場合ともに需要曲線Ｄ２は下方にシフトする可能性があり資金調達の効率性は失われる。

　これらの場合の支配株主の対応策として，支配株主が少数株主を締め出す（完全子会社化する）という選択肢がありうる。これにより利害対立が解消され親会社（支配株主）による柔軟な経営による効率経営が可能となると同時に少数株主の投資インセンティブの減退による株式購入需要減によるマイナスの要因は排除することが可能となる。そして需要曲線Ｄ２はＤ１に近づき効率性を回復することができる。特に上記②の場合のように少数株主が搾取されていると判断したとき支配株主に対し少数株主への忠実義務によって規律すること，すなわち少数株主が損害賠償請求を提訴できるという法的ルールがあれば契約のエンフォースメント等の取引費用の削減が可能となる。

　しかしながら，その予防のためのガバナンスコストや訴訟費用の上昇は避けられない。例えば米国においてはこの忠実義務とクラスアクションの存在により親会社が上場子会社を維持する訴訟リスクは高い。したがって親会社の経営者は子会社の少数株主から何時提訴されるかもわからない状態を続けたくないという理由から，米国のエクイティー・カーブアウトが短期を前提にし，上場後株式市場の反応をみてスピンオフするのか完全子会社化するのかの選択をするという企業行動をとらせていると考えられている。

この他に米国でエクイティー・カーブアウトが用いられる理由として，親会社は上場子会社をスピンオフするのか完全子会社化するのかのオプションの価値を享受できるというオプション仮説がある。つまり米国の上場子会社は過渡的な状態[26]に於かれている。一方，このオプション仮説に依るとわが国の親会社は，オプション行使のタイミングを先延ばしすることによってオプション価値を高めていると評価できるので，上場子会社という状況を長期安定的に維持することは経済合理性に適っていると考えられる[27]。

おわりに

本章では株主間利害対立の問題につき当事者間の事前と事後の公正および効率の側面から論じてきたが，条件として次の点を満たせば公正と効率をともに実現することも可能であると思われる。すなわち①当事者の事前の選択を尊重する（強行法規の適用をできるだけ避ける）②支配株主もしくは経営者のインセンティブを損なわないよう，結果の平等を指向するルールは避ける③少数株主の投資インセンティブを損なわないよう予めルールを明確化する[28]。すなわちより具体的には，情報の非対称性により当事者（投資家）による合理的判断ができないことを避けるため少数株主保護を定款に定める。または事前に支配株主から少数株主に対して，例えば「不当な搾取や介入を行わない」とか「事業分野調整後競合が起こったら損害賠償する」というようなコミットメントを財務諸表等に記載するというような，開示を中心としたシステムを構築することが有効な施策となろう。

しかしながらこのような施策がなされていない現状のもと株主間利害対立が企業経営の効率性に潜在的な脅威をもたらしているにもかかわらず，子会社公開は広く行われている。またグループ経営の一端を担う独立した組織としての

---

26) 米国において長期を前提とするエクイティー・カーブアウトをした稀な事例として Thermo Electron がある。Allen 1997.
27) 宍戸・新田・宮島 2010〔中〕7 ページ。
28) 宍戸・常木 2004, 169–170 ページ。

上場子会社の経済的・戦略的メリットも大きい。これをどう解釈したらいいのであろうか。2007年（親子上場企業数がピークをつける）までは①「支配株主中心の戦略経営が行われることによる効率性向上（少数株主保護をしないか，軽視することを前提）」と②事後的な機会主義的行動をとらないというコミットメントをすることにより少数株主の投資インセンティブを高め必要な資金調達を実現する。すなわち「コミットメントによる資金調達のメリット」との比較考量において①が②を上回っていたと解釈することが可能である。しかしこの戦略経営による効率性向上とコミットメントによる資金調達のメリットのバランスが崩れたとき，親子上場という企業行動に抑止力が働く可能性があるかもしれない。

　また少数株主から必要な資金調達を実現することを実効ならしめるためには，現行会社法では規定がない「事後の審査」（支配株主による少数株主に対する忠実義務違反規定）の体制を構築することが少数株主の投資インセンティブの維持に欠かせないとともに，支配株主たる親会社による少数株主搾取への抑止力として働くことが期待できる。すなわち現行会社法の改正（忠実義務規定の追加）により少数株主が主張する損害の内容を事後的に審査し，少数株主が支配株主に対し損害賠償請求を提訴できる途をつくることが必要となろう。これは法的インフラとして米国では当然にある救済策がわが国にはないという不均衡の是正の意味で重要であり，それが結果的にわが国の証券市場の評判維持につながることにもなる。

参　考　文　献

伊藤・林田「分社化と権限委譲」日本経済研究　1997年。
伊藤靖史「子会社の少数株主の保護」商事法務 No.1841　2008年。
宍戸・常木『法と経済学』有斐閣 2004年。
宍戸・新田・宮島「親子上場をめぐる議論に対する問題提起─法と経済学の観点から─」〔上〕〔中〕〔下〕商事法務 2910号 5月 5日，5月 25日，6月 5日。
志馬祥紀「上場廃止はだれのためか」証券経済研究　第 55号　2006年。
上場制度整備懇話会「上場制度整備懇談会中間報告」東京証券取引所 2007年。
福井秀雄『法と経済学』日本評論社　2007年。
日本経済研究センター研究報告書所収，加藤岳彦「日本企業の株主構造と M&A」

2009 年 3 月。
三輪・神田・柳川『会社法の経済学』東京大学出版会 1998 年。
柳川範之『法と企業行動の経済分析』日本経済新聞社 2006 年。
山下和保「締出し組織再編行為と少数株主の保護（1）―正当事業目的の要否を中心に―」筑波法政第 15 号 2008 年 9 月。
Allen, J. W. 1997 "Capital markets and corporate structure : the equity-carve-outs of Thermo Electron", *Journal of Financial Economics*.
Cusatis, P. 1993 "Restructuring through spinoff's", *Journal of Financial Economics*.
La Porta, R. Lopez-de-Silianes F., Shleifer A.,1999 "Corporate Ownership Around the World", *The Journal of Finance*.
La Porta, R., Lopez-de-Silianes F., Shleifer A., Vishny R. 2000 "Investor protection and corporate governance", *Journal of Financial Economics*.
Vijh, A. M. 1999 "Long-term return from equity carveouts", *Journal of Financial Economics*.

第 7 章

CRMによる持続的競争優位の構築

は じ め に

　現在，多くの企業が，顧客の固定化をはかることを目的にクレジットカード，ポイントカードを発行している。これらの多くは，Customer Relationship Management（CRM）と呼ばれる経営手法を導入しているのである。これは，顧客を固定化し，いわば売り上げの安定をはかることによって，持続的競争優位を築こうとする。企業は，例えば，ポイントカード，クレジットカード等を発行し，顧客に関する情報を集め活用しようとすることが多い。これらのカードは，POSまたはそれに類似したシステムから，いくらの購買額なのか，さらに何を買ったのかという「購買情報」と，誰が買ったのかという「本人特定」情報を結びつけ記録する[1]。アメリカにおいては，これから論じるマーケティング手法の理解によって1985年ごろから急速に普及し，日本においても規制緩和による景品表示法の運用基準緩和の1997年から，ポイントカードの発行は一般的である。
　しかし，競争戦略としてこれらの取り組みをみた場合，いくつか大きな問題点が出ている。単なる割り引き競争になり，顧客情報活用にまで至っていない

---

[1] カードには，JRが発行するスイカカードのような，本人特定機能はなく，プリペイド等による利便性を追求したカードもあるが，ここでの議論の対象にはしない。

企業は多い。これらの企業では，CRM を採用するという戦略が収益の圧迫要因になっている。CRM のためにポイントカードを発行した多くのケースでは，この顧客固定化の経費の負担が大きい。また多大な努力の割に持続的な競争優位につながっていないのではないかという指摘もある。

本章では，この CRM を現代の戦略論，特に資源依存戦略論（RBV）の観点から分析し，それがなぜ持続的競争優位につながりにくいのか，持続的競争優位の確立のために，CRM に何が足りないのかを論じる。

1. CRM とは何か

1990 年代から，CRM をはじめ，「関係性マーケティング」「One to One マーケティング」「顧客主導マーケティング」「データベース・マーケティング」等の名称の新しいマーケティング手法が注目されてきた。これはメーカー主導のマス・マーケティング，または，市場飽和期にきた先進国のマーケティングに対応する新しい概念の1つともいえる。論者によって，名称およびその概念は様々であるが，和田充夫[2]（1998）によれば，従来の「量のマーケティング」，すなわち，標準化された商品をより安いコストでより多くの人々に普及させること，が，社会の成熟化，多様化によって限界に達したことにより，「質のマーケティング」が求められてきた。このことから，従来のマーケティングの見直しが必要になったとされる。

この背景にあるのは，IT の発展である。急速な IT は，リッチネスとリーチ[3]のトレードオフの解消をもたらし，低いコストでのシステム構築を可能とした。これが顧客とのワン・トゥ・ワン（一対一）の相互関係を前提としたマーケティングを可能とした。Peppers, Rogers[4]（1997）によれば，顧客との関係性を前提としたリレーションシップ・マーケティングを情報テクノロジーで武装することにより，顧客1人1人を把握し，個別の仕様にしたがってカスタマ

---

2) 和田充夫（1998）34-35 ページ。
3) Philip Evans & Thomas S. Wurster,（2000）.
4) Don Peppers, Martha Rogers,（1997）.

イズ（個客化）した製品・サービスの提供を可能にした。消費者の個性化・多様化が進展する中で，このことの重要性の認識が高まっている。CRMは，顧客1人1人を識別，そこに対応していくことによって，顧客の維持をはかることを中心に据えた概念である。

　Kotler（1999）[5]は，21世紀に向けて，顧客に対する知識や顧客との関係を構築する技術を高め，「旧来のマーケティング発想は，いまやより新しい発想に道を譲りつつある」として，データベース・マーケティングが時代の主流になると論じている。

　CRMがこのように急速に発展しつつあるのは，新規開拓を優先する従来のマーケティング手法には，「既存」顧客を維持に対する認識が無かったという批判に立脚している。新規顧客獲得にかかるコストは高く，効率が悪い，既存客の維持のほうが安いという認識の広まりがある。また，いわゆる「20対80の法則」によれば，20%の顧客が利益の80%に貢献しているとされる（Kotler, 1999）。それならば，20%の優良顧客に効率よくコストを配分したほうが効率的ではないか，という議論である。つまり，CRMの基本姿勢は，「不特定多数の顧客に大量のコストをかけ，売り上げは増えても利益は少ない」状況を回避し，「既存の優良顧客に効率よくコストをかけ，より多くの利益をあげよう」とする効率・利益優先のマーケティングといえる。低成長が続く小売業・サービス業・金融業等では，この利益優先の意味からCRMに取り組む企業が増えている。特に日本においては，競争の激化と，少子化によりマーケット自体の拡大は望めないという認識から，顧客の維持に関する姿勢が高まっている。

2. 価格競争としてのCRM〜FSPを中心に

　Woolf（1998）[6]は，長年の流通業，製造業におけるコンサルティング経験に基づき，"Customer Specific Marketing" という新しいマーケティング概念を提唱している。この概念は，「個客識別マーケティング」と訳される。この概念

---

5) Philip Kotler, (1999).
6) Brian P. Woolf, (1998).

は特に小売業においては最も理解しやすく実行しやすい。またWoolf自身が導入した企業の好業績から，アメリカそして日本の小売業に対し大きな影響を与えてきた。

個客識別マーケティングにおいては，文字通り企業の顧客を識別し，別々の個人として取り扱う。そして，従来の，顧客を，大きいか小さいかは別として何らかの「塊」「セグメント」として取り扱う手法とここが大きく異なる。また，個客識別マーケティングには，2つの原則がある。この原則は，顧客を識別し，その顧客を購買履歴などの事実をベースに「個客」として扱うために重要である。

基本的な考え方は，まず，顧客の買い物行動は1人1人異なることに注目する。これは，従来のセグメント・マーケティングが，同質の顧客を，基準によって「塊」として扱っていたのに対し，顧客を1人1人，別のものとして扱う。2つ目に，企業に対する貢献度も異なり，従って，顧客を「平等」に扱うことはできない，ということである。これは，企業間同士では，取引量の多寡等に由来する交渉力によって，価格が変動することは当たり前であったが，この考え方を対消費者にも取り入れる。最後に，新規の顧客の獲得に割いていたリソースの一部を，より良い顧客の引き留めに配分する。いままでは，例えば広告，広報などの手段によって新規顧客獲得への資源投入はあったが，顧客のつなぎとめには，明確なリソースの投入は少なかった。

個客識別マーケティングでは以下のような対応を取る。1）最も重要，かつ利益を生み出す顧客を引き留める。2）その下のランクの顧客についてはより上位の顧客に育ってもらう。3）企業にとって儲からない顧客についてはコストをかけず，その結果，その顧客を失ってもかまわない。つまり個客識別マーケティングとは顧客を区分し，評価し，それによって対応を変えていくという方法である。買い上げ金額もしくはもたらしてくれる利益に対応し，取り扱いをかえていく。これらは，法人を対象とした現実の営業のうえでは普通におこなわれている。大口の顧客に対しては，割り引きをしたり配送のサービスをおこなったりしてその顧客を失わないようにはかる。小口の顧客にはそういった

取り扱いは行わない。それがむしろ顧客に対する公平な扱いであると認識されている。

しかし小売・外食産業等の現場では、顧客が小口かつ数が多く、現金の取引が多く、名前もわからない（きかない）、すなわち顧客が識別できないところから、顧客の購買額によって対応を変化するということは組織だっては行われてこなかった。顧客1人1人に個別に対応することはなく、顧客の取り扱いは均等である。これに対して個客識別マーケティングは顧客を識別し、特定し、対応を変化させる。

個客識別マーケティングの目標は市場シェアではない。LTV（LifeTime-Value）、あるいは顧客シェアということが目標となる。LTVとは1人の顧客のその企業あるいは商品に対する「生涯需要」を最大化するというものである。ある重要な顧客が生涯に、三百足靴を購入するとすれば、この戦略を採用する靴屋の狙うべき目標とは、三百足のうち三百足のシェアを獲得するということになる。靴屋では、この顧客を失わず、毎年買い換えの度にこの店で買ってもらえるようにさまざまな工夫をする。個客識別マーケティングとは、ライバルと市場シェアを競い合うのではなく、自社の顧客を優良客に育て、その顧客と生涯の付き合いをし、その結果、大きく安定した利益を確保しようとする戦略なのである。

個客識別マーケティングは、具体的にはどのように進めるのか。このマーケティングを実施するためには、まず2つのものが必要である。

ひとつは、顧客を識別する入り口となる、カードである。都市銀行、通信販売業、携帯電話会社等が、同様の戦略を採用しようとした場合は通帳や請求書発行の過程において顧客の識別は可能であるため、カード発行の必要はない。しかし、小売業あるいは外食産業等においては、不特定多数の顧客を対象とし、特に日本では現金での支払いも多いため、顧客を識別するための仕組みが必要となる。カードを発行時に、氏名、生年月日、性別、住所、電話番号等の基本的な属性情報を収集する。購買時に顧客はそのカードを提示し、多くの場合、POSシステムを通じて、購買額と内容を把握する。それを、サーバーの

中で統合し，購買内容と購買者を結びつけてデータベースに収納する。まず，この情報の入り口を制しないことにはこの戦略は成り立たない。

加えて優良顧客を優遇する何らかの仕組み，FSP（フリークェント・ショッパーズ・プログラム）が必要である。例としては，航空会社が行っている「マイレージプログラム」（飛行距離に応じ，航空券その他を提供）が挙げられる。利用状況をポイント等に置き換え，ポイントの蓄積を奨励し，蓄積状況に応じたメリット還元を行う仕組みである。日本では特に流通サービス業の場合はポイント制と言い習わしている場合が多い。

カードを発行し，カードを使わせる，ということはコストがかかる。顧客はカードを持ち歩きたがらないし，財布からも出したがらない。そのためには，何らかの「特典」を付与し，カードを持てば，使えば有利な仕組みを構築する必要がある。

日本ではクレジットカード会社と提携して汎用性のあるクレジットカードを発行し，そしてカード所有者に対し，サービスと称して一律に割り引きを提供するやり方はこれまでも行われてきた。しかし，この方法では，顧客が複数のカードを使い分ける場合には，発行側にはほとんどメリットがなかった。

FSPにおいては，ポイントの蓄積状況に応じて，それが多い顧客には何らかの優遇処置（ポイント付与率を上げることが多い）を取り，少ない場合には切り捨てなどの処置を取ることにより，個客識別マーケティングの目標である，最も重要，かつ利益を生み出す顧客を引き留める，企業にとって儲からない顧客についてはコストをかけない，ということを達成する。

日本の流通業は多くの企業が，何らかのカードを発行し，この個客識別マーケティングに基礎を置くCRMに取り組んでいる。その他航空会社，ガソリンスタンドをはじめ，個人顧客を対象とするビジネスでは非常に多くこのポイント制度，すなわちFSPを軸とした原初的なCRMが観察できる。

では，この形のCRM，個客識別マーケティングは，持続的競争優位の源泉となり得るのだろうか。

3. 資源依存戦略論の概観

　リソース・ベース・ビュー（RBV : resource-based view）とは，競争優位をもたらすレント（rent）の源泉を企業自身に求める議論である。本当に大切なものは，その企業の資源のユニークさとそれを形成する資源の蓄積する能力である。

　ポジショニングを重視する競争戦略論では企業の市場環境の分析を行う。同じ環境に対しては，どの企業もほとんど同じ一般利用可能な分析方法，概念的フレームワークを利用して環境を分析した場合，可能性についても似たような結論になり，平均以上の利益を生む競争優位は構築できない。

　対して，RBV では，本当に大切なものは，その企業のもつ資源のユニークさとそれを形成する資源の蓄積する能力である，とする。それらの資源の違いは，安定的である（Foss, 1997）。

　RBV は，ペンローズの発想に源流が見いだされる。ペンローズは，企業が成長するためには，資本や労働者を必要とする，という。同様に経営能力，資金や材料調達能力が必要である。資金調達力や販売力，従業員管理能力や経営管理についての知識と経験などをペンローズは，総称して経営資源と呼んだ。ペンローズは，企業の成長にやがて限界がくるのは，物理的制約からではなく，この経営資源が相対的に不足するようなるからだ，と主張する（Penros : 1959, pp. 42-43）。ネルソンとウィンター（Nelson and Winter）の研究"Evolutionary Theory of Economic change, 1982."は，企業は，本質的な異質性に着目し，進化していくことを主張している。さらにワーナーフェルト（1984）は，「リソース・ベースド・ビュー（Resource-based view）」という用語を初めて用い，それを体系化した。

　リソース・ベース・ビュー（RBV）では，企業は互いに本質的に異なるものであるという事実認識から出発して，企業の持つ資源の特性とその変化に結び付けて，競争優位の構造と維持と再生を説明・分析しようとする[7]。ルメルト（1984）は，企業が持つ生産的な資源はそれぞれ本質的に違いがあること，そ

して，そこからもたらされるコスト構造の違いがあれば，それが競争優位の源泉である，とした。

ポジショニング戦略論は，ハーバード学派の産業組織論に源流を持つ。それ故に，経済学の持つ企業の中身をいわばブラックボックスとして取り扱う企業観を受け継いでいる。対してRBVは，各企業が持つ諸資源やケイパビリティにおける固有の「異質性」に着目する（Barney, 1986, 1991, 2002）。

バーニーは，VRIO分析を提唱し，ある資源が競争優位をもたらすかどうかは，資源の価値（value），希少性（rareness），模倣可能性（imitability）の3つの要因によって決まるとする。VRIOとはこの3つの要因に組織（organization）を加えた4要因の頭文字である。価値がありかつ希少な資源を保有することで「一時的な競争優位」が得られ，さらにその資源が競争相手にとって模倣困難なときに「持続的な競争優位」がもたらされる。競争優位を持続可能にさせる3要因に加えて資源を活用するためには適切な組織能力[8]（ケイパビリティ：capability）がなくてはならない。

ここでの議論は，CRMは，VRIOたり得るか，また，単純なCRMがVRIOたり得ないとすれば，どのように，ケイパビリティを構築し競争優位を確立すべきか，ということである。

4．競争環境下のCRM

CRMは，顧客，企業間の関係を重視し，企業間の競合を直接的には重視しない。したがって，競合について比較的に軽視する。CRMの「原初的なモデル」である，個客識別マーケティングでは，顧客とその企業との関係のみが語られ，ライバル企業は影の存在である。

しかし，現実では当然，ライバル企業が存在し，対抗する手段を打ち出して

---

7) 日本においては，伊丹敬之らの「見えざる資産」による競争優位の議論がある。伊丹敬之・軽部大，（2004）。
8) 組織能力とは，社内でおこなわれているルーチン（routines）とよばれる業務のやりかたや慣習や学習のパターンであるGhemawat（2001）。

くる。同様のポイント制度を各社が導入したら，顧客から見た相違点はなく，したがって差別化はできず，コストだけが大きくなる。これは，いわば囚人のジレンマの状況にある。自社だけが，FSPを導入すれば利得は大きいが，他プレイヤーも導入すれば全プレイヤーが不利益をこうむる。

個客識別マーケティングの提唱者，Woolf（1998）自身もこの競合の危険には気がついている。「すべての小売業がトップクラスの個客識別マーケティングに移行したら，全員が再び同じレベルに戻るゼロサム・ゲーム」に移行するのではないか？ この答えは理論的にはイエスである。」しかし，Woolfはそんなことは起こりえない，同時に同じような手をうってくることはありえないとしてこれを否定している。

現実には，国内の航空会社は，ほとんど同様のプログラムを各社がほとんど同時に導入することにより，差別化ができない単なるポイント付与という価格競争となった。これらの業界では，コストの高い個客識別マーケティングを導入しながら，さらに別の価格競争を戦うこととなった。航空会社は，LCCとの競合，JRとの競合もあり，「早割」「特割」といった商品に代表される価格競争を演じ，FSPの運営コストとあわせて利益をすりつぶしている。イギリスのスーパーマーケット業界を代表する企業，テスコは顧客識別マーケティングの成功事例として喧伝されていた。しかし，セインズベリーの同様のプログラムの導入により，競争が加速している[9]。

Kotler（2000）も，「ほとんどの競合企業がプログラムを競いあったら，顧客ロイヤリティは低下するというのだ。ロイヤリティ・プログラムに特典をもっとつけ加えたら，企業の利益はなくなってしまう。（中略）企業にとって危険なことは，プログラムを実施するだけで顧客のロイヤリティが獲得できると過信し，高いレベルのサービスが提供できなくなることである。」と指摘している。

しかも，FSPによる顧客固定化策は硬直的であるこ。これを導入した場合，

---

[9] これについては，矢作らの（2000）の「欧州小売のイノベーション」に詳しい。

簡単に撤退はできないのである。顧客は一所懸命にポイントを集めているところへ，企業がそれを中止するというアナウンスがあれば，それは企業の恐れる顧客離反の直接的なきっかけとなる。顧客への背信であり，熱心にポイントを集めていた優良な顧客ほど反動で離反する可能性は高い[10]。個客識別マーケティングの本質は，「ポイント」に置き換えられているが，やはり価格競争なのである。価格競争であるがゆえに，競合他社が対応を取れば，顧客を奪われる。ところが，この戦略には柔軟性がない。競合状況を見ながら，値段を上げ下げしていくのがビジネスの常道である。ところが，個客識別マーケティングには，一度顧客に提示した条件を悪化させられないという硬直性がある。

競合から脱するためには，「ステルス戦略」という方法がある。どんな差別化を行っているかを競合企業に知られなければ良い，企業と顧客との「関係」の中で優良な顧客にのみ，秘密裏に徹底したサービスが行い，顧客を維持するという方法である。元・西武百貨店の取締役で現在多摩大学客員大学教授の原田[11]（1999）によれば，西武には年間買い上げ額200万円以上の顧客だけが利用できる「プラチナサロン」という部屋が設けられており，事前に電話をしておけば，その顧客のサイズ，好みの商品が集められ，顧客の好みを理解したスタッフによるコンサルティングサービスが受けられる。このことは，西武百貨店のカード「クラブ・オン」のパンフレットには記載されていない。

その他の事例として，アメックスのクレジットカードの優良顧客から，ブラックカード，プラチナカードという一般には募集しない上位顧客を対象としたカードもある。

一般の顧客には知られず，実態がわからない以上，他社は真似をすることができない。しかし，ステルス戦略をとっても長期間がたてばその実態は競合企

---

10) 2010年01月19日，JALは，東京地方裁判所に対し会社更生手続開始の申立てを行いまた，企業再生支援機構から支援決定を受けた。しかし，その中でも，マイレージ等もすべて保護し，マイレージプログラムも従来どおり継続する方針を打ち出している。これは，経営の危機にあってさえ，導入したFSPを廃止することの難しさを意味している。

11) 原田保（1999）。

業の知るところとなり，その制度自体を取り入れることは不可能ではない。しかし，その特定の優良顧客と企業との関係に対し，対抗する手をぶつけていくことは難しい。しかし，これは特殊な方法である。様々な業種で，あるいは様々な顧客層にこの方法を行うのはかなり無理があるといえる。

5．CRMにおけるユニークな経営資源確立のために

では，RBVでいう，ユニークな経営資源を確立するために，いかなる方法があるか。Barneyによれば，模倣を困難にする条件は4つあり，4つのうちのいずれか，または複数の組み合わせが，経営資源の模倣を困難とする。

その条件は①独自の歴史的条件（unique historical conditions）②因果関係不明性（causa ambiguity）③社会的複雑性（social complexity）④特許（patent）である。ここで，特に注目すべきは，「社会的複雑性」である。これは，社会的に複雑な現象であり，企業が管理する能力の限界を超えていることを意味する。それはたとえば，企業文化，ブランドなどである。他社が同様の資源を獲得しようとしても，それらの社会的複雑さゆえに，まったく同じ資源を獲得することは不可能である。

FSP（フリークェント・ショッパーズ・プログラム）を軸とした，ポイント付与によるCRMは，顧客に明示された特典を軸にする方法であり，前述のステルス部分を除いては，競合企業はその情報を知ることは容易であり，模倣はできる。

ポイント付与等の特典を軸とするCRMはその本質は価格競争であり，模倣しやすく，競合する状況に弱い。ここから脱し，暗黙知あるいは社会的複雑さを軸とした非価格競争に持ち込まねばならない。

そのためにさらにこの方向性を深化させた考え方で，CRMを構築せねばならないのである。これは，顧客との長期的な関係維持の重視ということについてはこれまでと変わらないが，その手段を個客識別マーケティングの中核であったFSPという「価格競争」から，顧客の理解による対応の変化，差別化による競争に変えていく。具体的には営業・販売担当者やコールセンター，イ

ンターネットなど顧客と企業の接点からあらゆる収集可能な顧客の情報（顧客属性情報，取引履歴，応対履歴など）をデータウエアハウス（Data Warehouse）によって収集・管理し，顧客毎にUniquenessなサービスを提供し，顧客との関係維持・向上を目指し，最終的には顧客のロイヤルティ向上を図るという考え方である。

例えば，Peppers, Rogers（1997）は，LTVの最大化のために，多様化する顧客1人1人のニーズやウォンツを最新の情報技術を駆使することによりデータベース化し，マスカスタマイゼーションにより低コストで製品やサービスを提供することを提唱した。さらにはアンケートなどを通じた顧客からのフィードバックを製品やサービスに取り入れることで，競合他社が太刀打ちできない顧客との長期的な信頼関係を築き上げ，生涯にわたって顧客を囲い込むことを目指す。

マス・カスタマイゼーションとは，大量の顧客1人1人のニーズやウォンツを把握し，製品やサービスを顧客の仕様に合わせ，低コストで提供することである。いままでは，商品開発や生産は，なるべく大量に生産する少品種多量生産方式でコストを下げないと規模の経済のメリットを享受することはできなかった。最近のIT技術の進歩により，従来はトレード・オフであったマスプロダクションとカスタマイゼーションの融合，すなわち個々の顧客のニーズに合わせた多品種の生産が可能となってきている。

6. 顧客分析能力というケイパビリティ

カスタマイズを行うにしても，その前提として，個々の顧客を理解しなくてはならない。

高度な顧客分析能力は，競争優位を構築するためのケイパビリティとなる可能性がある。先端的なデータ解析によって競争優位そのものを創り出す企業が存在する（Davenport and Harris : 2008）。

CRMはまず，顧客を知るところから始まる。流通業のIT利用は，POSシステム（point of sales system）の発展により，「何が売れているか」を知ることか

ら出発したが，CRM の実現のためには，さらに「誰が，いつ，何を，どれだけ」買ったかのデータを把握・蓄積し，それを分析することが必要になる。従来の POS システムからの「何が売れているか」という情報に，「誰が買っているか」を加えていく。このためには，従来の POS システムよりさらに複雑な情報システムを構築しなくてはならない。

　IT の活用の方向性には，前述の EDI のような業務コストの削減による「効率」の向上を目指したものと，情報をどのように活用して競争優位を得るかという「情報の有効活用」自体を目指したものと 2 つある。小売業では，早くから POS システム（Point Of Sales system）販売時点情報管理システムによって販売時点（小売店頭）での情報収集を行ってきたが，その情報を，販売時点での売り上げ管理，在庫管理，商品管理などを容易に，効率的にする方向に発展させてきた。POS データをマーケティング上の経営判断に使うという方向性はもちろんないわけではなかったが難しい。大槻博（1991）は，「POS でなにが売れたかわかったとしても，店頭で大量陳列されたために売れたのか，チラシによって売れたのか，関連陳列によって売れたのか，天候に恵まれて売れたのか（中略）その原因は店頭状況の記録がないとわかりません」と指摘している。IT 技術の発達は，すでに効率性だけではなく，データの戦略的な「分析と活用」が強調されるようになってきているが，従来の POS システムによる分析では，限定された店舗の中での棚割の分析や広告の効果測定等の限られた側面でしか活用が出来なかった。

　一方，業務をコンピュータによって行うことが効率的との認識から，多くの「情報」が各セクションに蓄積されている。情報は企業のホストコンピュータに蓄積されている場合もあれば，アウトソーシングされている場合も，もっと小型のパソコンが蓄積されていることや小型のサーバーに情報があることもある。POS による商品の情報はホストコンピュータに，あとから構築された顧客データは，顧客データシステムという独立したサーバー[12]に，物流はアウトソーシング，といった分散して情報が蓄積される構築のされかたが多いと考えられる。

各セクションあるいは各企業は，その業務効率を優先して構築されたシステムを使用している。それぞれ固有のニーズや要求で設計され，発注された時期も別，メーカーやオペレーションシステムも異なるということが多い。当然，内部のコード体系も異なる。これらばらばらに構築されたシステムから，企業の意思決定を行うための判断材料をスムーズに引き出すことが出来るか，といえばそれは難しいといわざるをえない。また，業務系システムのデータは，非常に細かい。それらは，日常業務そのものであり，詳細で膨大であり，意思決定に対しては，加工し直す必要がある。しかし，その加工し，集計した基準が，その問題に対して荒すぎるか，または細かすぎるか，すれば分析は意味をなさなくなる。また，業務系のシステムは，日常の業務をこなすのであるから，過去のデータは必要がない。一応，バックアップの形で保存するものの，それを日常的に使用することは稀である。だが，意思決定のために使用するで情報は，一定期間が経過した後であることが多く，確定していない，したがって不確かな現在の情報はむしろ混乱をまねく。

このように，企業が日常の業務を遂行するための「業務系」システムと，企業の意思決定に必要なシステムの間には相容れない要素が多い。「業務系」システムは，意思決定を目的に作られてはいないからである。データを活用し，意思決定を使用とした場合，それらの「業務系」システムとは別に，「情報系」システムを構築すべきである，という認識が一般的になってきた。

効率化の過程で集められた大量の情報，ばらばらに構築された「業務系」システムから，意思決定のために有用な情報を取り出し，別のシステムを構築し有効に活用するのが，データウエアハウス（Data Warehouse）である。CRMの実現のためには，別々に運用，構築されたシステムから，顧客に関わる情報を取り出し，顧客を軸として分析していかねばならない。

---

12) 小売業においては，クレジットカードによって顧客情報を収集するケースが多いが，その際，クレジットカードを独立した関連会社にする形態が一般的である。ジャスコはイオンクレジットサービス，西武は，セゾンカード，ダイエーはOMCと上場を行っているクレジットカード会社を持っている。当然，コンピュータシステムは別々に構築されている。

CRM実現のためのツールとして、データウエアハウス[13]が注目を集めている。CRM実現のために、購買商品情報と顧客情報を分析しようとしたときには、POSシステムからの購買商品情報やカードシステムからの顧客属性情報を長期の時系列（Time-variant）にわたって保有し分析する必要がある。当然、データ量は膨大なものとなる。

有用な情報を引き出すには、当然、仮説検証を繰り返すことになるが、最近では、データマイニングという解析ツールが普及してきた[14]。これは、単純な集計では思いつかない法則を発見しようとするものである。小売業におけるデータマイニング成果の伝説的な事例としては、相関関係分析（Association）を利用し、買い物客が何と何を一緒に買う傾向があるかを分析した結果、通常では思いもよらない結果が出て、それが売場の構成に役立った、という。これは、「バスケット分析」とも呼ばれる。その他、時系列分析（Sequential pattern）、クラスター分析（Clustering）、ディシジョン・ツリーなどが挙げられる。

もちろん、データマイニングは、発展途上の技術であり、紹介されている成功事例も少ない。出てくる結果のほとんどは当たり前の事柄または実現不可能なことであることも少なくない。

では、これらのツールを競争優位の実現のためにどう使っていくか。そして活用のための条件は何か。もちろん、顧客との関係を強化し、一生涯の顧客になってもらう、ということが大目標であるが、それだけでは、漠然とすぎている。CRMを目指すためには、顧客情報の使用の方向性をはっきりとさせ、そしてそのための手法を確立せねばならない。

顧客情報使用の方向は、まず「関係」を強化すべき優良顧客を特定すること

---

[13] データウエアハウス活用の基本は、集計機能である。ある週、月、期等の単位、店舗、部門、課、商品等の単位で、年代別、男女別、居住地別の顧客が、何人購買し、その購買額はいくらか。そしてそれを前年や同条件の他店舗と比べてどうなのか。いままでは、時間を要していた様々な切り口の集計・分析が、簡易検索ツールであるOLAP（On-Line Analytic Processing）製品を用いて、ほとんど瞬時に行うことができる。

[14] マイニング（mining）とは、鉱山を発掘するという意味の言葉である。

が第1である。まず，顧客を評価し，現在利益に貢献している，もしくはこれから貢献するであろう顧客を特定する。第2には，その優良顧客に対し，具体的にどんな関係強化のためのアクションを行うか，ということになろう。

一般に顧客の情報といえば，住所氏名電話番号という顧客との接触に使用する基本属性に加え，年齢，職業，趣味といった従来のセグメント・マーケティングに使用される属性情報をイメージすることが多い。しかしながら，こうした顧客属性情報のみを利用したマーケティングには限界がある。ある属性の顧客の購買が高いという分析はできても，それぞれ個別の顧客がその性質を持つとは限らない。例えば職業が「医師」であっても購買力の高い顧客から低い顧客までおり，また購買力は高くても，その企業に対しロイヤリティが高いとは限らない。

例えば百貨店の上位の顧客は，医師，弁護士，上場企業役員の本人かその配偶者というイメージがあるが，西武百貨店がデータベースによるマーケティングを導入し，ある店舗の上位顧客ベスト10を分析したところ，年間一千万を超える上位買上顧客としてOLの名前がずらりと並び関係者を驚かせたという。多くのOLの中から，購買力の高い，企業の利益に貢献する顧客を発見し，それらの顧客を「評価」する手法を別に持たねばならない。また，年齢はともかく，職業，趣味等は数年で変化し，これらの属性のメンテナンスは困難であり，顧客属性に頼る分析を難しくしている。これらは従来のセグメントマーケティングの限界を示すものともいえる。

流通業あるいはサービス業では，顧客評価のためにRFMという基準が用いられる。1980年代からアメリカでは広く利用される。R（Recency）とは最近の購入であるかどうか，F（Frequency）とはどの位の頻度で購入しているか，M（Monetary）とはどの位の金額を使っているかを示す基準である。実際のRFM分析は，データベースの中からこの3つの指標を顧客毎に導き，調整のための指数をかけ算し，総和を算出する。この結果算出されたトータルスコアの多寡で顧客のランキングを行う。

業態によっては，客単価がより意味を持つ場合もあれば，頻度がより重要な

場合もある。したがって，各指標に掛け合わせる指数は企業の特性に応じ設定されることが常である。なお企業特性によっては，M基準だけを用いる場合もあるが，いずれにせよ，何らかの指標を用いて，顧客のランキングを行うことは共通である。

このRFMスコアにより，顧客の属性とは関係なく優良な顧客を特定することができる。また，RFMそれぞれのウエイトを変化させることによって，大抵の業種に対して応用が可能である。しかし，RFMスコアとして総和を計算する方法の欠点として，具体的な顧客対策のアクションには結びつけづらいという点にある。

一方，それを拡張し，具体的な顧客へのアクションと結びつけ発展させたのがRFMセルという概念である。これらはコンサルタントがそれぞれ小売業の豊富な事例から導きだした，顧客分析とそれに基づくアクションを一気に行う，応用しやすい具体策となっている。

RFMをそれぞれウエイトづけして総和を導くという方法ではなく，それぞれのRFMを独立させ，顧客を三次元で評価する。仮にそれぞれを三段階に区分するとすれば[15]，311なら新規の顧客であり，新規取引感謝の挨拶状を出す，333ならもっとも優良な顧客であるので，コストをかけても繋ぎ止めの努力をする，233なら，かつて優良顧客であったのに，離反しかかっている放置すれば失う危険な顧客であり，アプローチを強化する，133の顧客はかつての優良顧客であったのが完全に離反しておりこれら顧客を分析することにより顧客離反原因把握への組織学習を行う，111の顧客は，たまに来店し買い上げも少ない，すなわち利益に貢献しない顧客であるのでコストはかけない，という手法を取る。

しかし，このRFMセルにも欠点はある。この手法は通信販売の効率化から発想された。これにより，優良顧客を発見し，その顧客へ絞り込んでダイレクトメール（DM）を発送し，レスポンス率をあげることに成功した。しかし，e

---

15) 各数値の3が最優良，1が最低の評価とした場合。

メールの登場により，DMのコスト自体は無限に下がっている。さらに通信販売の如く，販管費のうちDMの費用が非常に大きい企業を除き，ほとんどの企業ではDMのコスト削減に成功したからといって業績を押し上げる要素にはならない。

　さらに，RFMセルという概念には，現在の優良顧客を判定することは出来ても，潜在的に存在する顧客が優良顧客なのか否かを判定することが出来ない。同じ322のセルに入っているセルの顧客が，購買力の限界によってそこに留まっているのか，それとも購買力に余裕がありながら，例えば品揃えの欠陥により購買が増えないのかはわからない。言い換えるならば，顧客シェアを100%押さえているのか，それとも顧客シェア半分で，半分の購買力が他の企業に流れているのかが判定できない。RFMセルの概念のみでは，維持すべき顧客は発見できても，次に攻めるべき顧客が分からない。また，商品のCategoryが多岐にわたる業種においては，顧客のRFMが最高の値を示していても，売り込むべき商品Categoryに全く反応しない顧客を見分けることができない。

　ここでは，RFM概念を発展させ，顧客シェアを推計する要素をつけ加えたマイニング手法を提案する。従来の，RFMに加え，「C」をつけ加える。Cとは，その業種のもつ商品のCategoryの略である。小売業を想定して作られ，使われてきたにもかかわらず，従来のRFM概念には「商品」の要素が無かった。この「R-FM-C」では，その部分を補い，次に攻めるべき顧客を発見し，売り込むべき商品を特定しようとすることを目的とする。その企業がもっている商品をいくつかのCategoryに分け，そのいくつが利用されているかを測定する。ガソリンスタンドなら，ガソリンの販売の他に，オイルの交換や，タイヤ，車検，洗車等の商品Categoryを持っている。ガソリンだけを利用している顧客に対しては1，その他にガソリンに加えオイル交換を利用していれば2，3つのCategoryを利用していれば3と評価する。分類したすべての商品Category利用されていれば，この顧客の車に関する需要の顧客シェアは100%であるといえ，逆に1であるならば，まだまだ潜在的に商品を売り込む需要の

ある顧客であるという評価ができる。ただし，これらの顧客は利用していないCategoryに対して，顧客は何らかの不満を持っていると理解される。その不満を分析し解決すれば，顧客満足度は向上していく。

　ある百貨店の分析では，婦人服を購買しながら，婦人雑貨を購買しない顧客が30%程度いるという。逆に，婦人雑貨の購買がありながら，婦人雑貨を購買しない顧客も同程度いる。それらの顧客は，まだまだ買い上げを増やす余地の大きい顧客であり，現在のFとMの数値が低くとも，優良顧客になる可能性がある。これらの顧客へのいわゆるクロスセリングを目指し，分析とそれに基づく対応を行っていく。多くの場合，マーチャンダイジングのミスマッチが想定される。例えば，あるブランドの婦人服に見合う靴やバッグが品揃えされていないということが浮かび上がり，それらの顧客層にあった靴やバッグのブランドを導入していけば，必然的にCは高まり，顧客の満足は高くなる。

　地方銀行の中でも経営力に優れ，またCRM導入に先進的なスルガ銀行では，「取引商品数」の上昇をCRMの成果としており，導入後の半年間で最も高い優良顧客層の平均取引商品数が7.18点から，7.53点に上昇したという[16]。

　このような常に新しい分析手法を取り入れ，または提案していくことも持続的な競争優位になり得る。それが，役に立ち，さらに特許等で守ることができるなら，それは有利であろう。そのために，多くのコンサルタントが知恵を絞っている。さらにIT業界は，新しい手法，新しい分析技術を提案している。しかしながら，分析手法それ自体は，模倣はたやすい[17]。

---

16) 日経情報ストラテジー　2000.10月号「だから現場は動かない　失敗に学ぶシステム活用術」31ページ。
17) CRMという概念それ自体が，IT業界とコンサルティング業界が主導してきた。すなわち，ある企業が構築した競争優位ではなく，先に取り入れる有利さはあっても，あとで模倣はたやすい形式知化されたものを核としていたといえる。

7. 経営者というケイパビリティと戦略連携

　先進的な分析方法は，競争優位の源泉となる「価値」を持つ。しかしながら，それが企業の人的資源の中に蓄積されるのではなく，形式知された「手法」である。特に手法の多くは，コンサルタントあるいはIT業界が開発したものである。

　先進的なITの使用は，持続的な競争優位といえるのだろうか。Joshi Sudhir Man（2007）は，「ITはそれ自体，資源として価値があるが，希少でも模倣不可能でもなく，戦略的必要性仮説が説明する状況下においては競争優位の必要条件であるが，それ自体では競争上の同格の地位を占めるまでにしか至らない。しかしながら，補完的な他の資源と相互利用が可能であれば，完全には模倣されることのない資源の不動性により，持続する競争優位の源泉にもなり得る。」と述べている。これは，ITを使った分析能力が，簡単に，ITアプリケーションの中にパッケージ化されて転売されうることを示す。同様に堀川（2009）は，技術的ITスキルは通常，持続的な競争優位の源泉でなく，技術的ITスキルは価値があるものの固着性が非常に低い，言い換えれば模倣コストが非常に低いとのべ，したがって技術的ITスキルは一時的な競争優位の源泉ということにすぎない，と指摘している。

　CRMに基づく顧客分析のITを導入したとしても，それは競争優位の源泉にはなり得ない。それは他社にも簡単に模倣可能なものでる。

　しかし，顧客分析を使いこなし，常に，顧客の動向を理解した上で経営を行うことは，簡単にできることではない。多くの日本企業では，「顧客を大切に」といった顧客というステークホルダーを重視する企業理念を掲げてはいる。しかし，それは多く精神的なものに留まり，例えば，経営管理に取り入れているか，という点では多いに疑問である。

　経営管理に取り入れる，ということは，経営戦略実現のために，管理会計の根幹に，この「顧客」関連の分析情報を取り入れ，現在の自社の顧客が何人いて，いかなる状況にあり，経営上の様々な施策によってその状況はいかに変化

するか，を経営者自ら考え，全社を挙げて実行する必要がある。

　例えば，バランスト・スコアカード（balanced scorecard）は，企業や組織のビジョンと戦略を，4つの視点から具体的なアクションへつなげていくが，その視点の一つに「顧客の視点」が含まれている。また，鈴木（2010）は，顧客関係性を管理会計に落とし込むマネジメントを提唱し，CRMの管理会計への取り入れを試みている。

　加えて，経営者自身もケイパビリティたりうる。

　業務系のシステム構築に対しては，経営者は情報化投資への決断を行うことでその経営者としての業務は実結した。実際のユーザーは業務を行う各セクションであったからである。しかし，CRMの顧客分析システムは，実は最も重要なユーザーは経営者自身[18]なのである。

　したがって，経営トップの十分な理解と参画が情報系システム構築の鍵となる。しばしば顧客分析は構築したものの，使わない，使えないという事例が報告されるが，これは経営者がこの業務系と情報系のシステムの相違に対する無理解による。業務系システムならば，情報化の重要性を認識し，あとはミドルマネジメント以下に任せればよかった。業務系は，業務の効率を上げることを目的とするものであるから，それを使用し成果を上げるのはミドルが率いる各セクションである。しかしこの情報系システムでは，それを経営者が自分で使

---

18)　経営者等のユーザーは，OLAPを用いてあらかじめ準備・登録された分析メニューから，関心のある情報を選択してグラフや表を作ることができる。一方，専任のスタッフ等は，OLAP（On-Line Analytic Processing）上で興味のあるデータを自由に選択，組み合わせて解析を進めることになる。そこでは，業務系システムで発生する詳細なデータを参照し，なにか意味のある情報を発見すれば，その原因を探るべく，さらに別の角度もしくは深さからの次元の解析を行っていく。経営資源のうち，最も重要なものとして「情報」がクローズアップされる現在，経営環境の変化に対応するためには，情報の管理を情報システム部門，マーケティング担当だけに任せておいては対応が遅くなる。経営者も含めたすべてのナレッジワーカーが，データをいろいろな角度から検索，分析し迅速な意思決定に結びつけることが，競争の優位を作り出す。そのために，エンドユーザー・コンピューティング（EUC）の重要性が指摘されている。EUCとは，エンドユーザー（利用部門）が自部門に関わるコンピュータの運用，活用等のすべてを主体的に行うことである。

わねばならない。活用されていないとすれば，その責は経営者自身にある。

　情報系システムの目的とはあくまで，経営判断を助けるところにある。したがって，CRMの実現のためには，顧客の動きを経営者が常に意識することが基本となる。CRMでは，端末を直に操作するかどうかは別にして，経営者自身が，経営判断のために構築したシステムを自分で活用しなくてはならない。そして管理会計として，これを位置づけ顧客に関する様々なデータを活用する必要があろう。

　換言すれば，顧客分析を軸とする経営判断を行う経営者の能力は，移転や模倣の難しいユニークな経営資源たり得る。

　本章で論じてきたデータベースを利用したマーケティング，CRMには，この状況を打破するために，別の方法もあり得る。その方法としては，企業の枠を超え，顧客の情報を交換するための戦略的な提携，同盟を結ぶ方法である。1つの企業が提供する事業では，顧客の多岐にわたる生活を満たすことは出来ない。したがって，1つの企業が収集する顧客情報のFrequencyとCategoryは限られたものとなる[19]。しかし，多くの企業が情報を交換するならば，接触の回数は増え，顧客を多面的に捕らえることが出来る。顧客のLife Timeを多面的に知ることができるのである。もちろん，プライバシーの問題には充分な配慮は必要ではある。

　こうした顧客を軸としたアライアンスはすでに始まっている。世界の航空会社

---

19)　さらに，RFMを摘要するにしても，本章で提案したR-FM-C基準を適用するにしても，顧客を分析し，「知る」ためには，接触の回数が重要である。Frequencyがある程度ないと，統計においてサンプル数が非常に少ないなかで分析するように誤差が限りなく大きくなり，正しい答えは導きだせない。データベース・マーケティングは，購買時の情報を基本にしているため，年間数回しか購買機会のない顧客を分析しようとしたとき，それは難事となる。例えば自動車のディーラーなどは数年に1回しか購買機会を持ち得ないし，百貨店や衣料の専門店の購買回数もそんなに多いものではない。食品スーパー等，購買の頻度が多いものは良いが，逆に収集できる情報の幅，すなわち利用Categoryの幅が狭いという問題点がある。FrequencyとCategory，この両者が顧客を知るための基礎となるデータである。換言すれば，Life Time Valueの最大化を目指しているのにもかかわらず，顧客のLife Timeについて一企業はほんの一部しか知りえない。

は，Star Alliance, oneworld, Sky Team Alliance という同盟を結成し，エアラインの枠を越えて，同盟内の会社を利用するならば，世界中どこでも顧客の動きが把握できる仕組みを構築している。イギリスのスーパーマーケット，テスコ，セインズベリーは，カードを軸に銀行業務への参入している。両者はさらに，航空会社，ガソリンスタンド，電力会社，ホームセンター，ビデオレンタルから動物愛護団体にまで提携の輪を広げている。まだまだ，ポイント付与によるサービス競争の域を出ないようであるが，将来は，戦略連携から得られる多面的な顧客情報を分析し，顧客との関係をより強固なものにしていくであろう。

データベースの活用によるマーケティングが主流になり，顧客の生活を多面的に捉える顧客情報の蓄積と分析能力が企業の業績を左右するという認識が一般的になったとき，その実現には，収集するデータの幅と量という「大きさ」を必要とする。これらは，バーニーのいう複雑な社会的関係に由来するユニークな競争優位であり，模倣が不可能である。

お わ り に

本章では，CRM を現代の戦略論，特に資源依存戦略論（RBV）の観点から分析し，それがなぜ持続的競争優位につながりにくいのか，持続的競争優位の確立のために，多くの企業の CRM に何が足りないのか論じた。

RBV からみれば，ポイント付与を主軸とする CRM は，価格競争に陥ることは危険性があり，非価格競争への戦略シフトが必要である。非価格競争の 1 つとして，顧客分析を試みている企業も多いが，単純に IT を導入するだけでは，持続的競争優位たり得ない。これは，CRM が，IT 業界とコンサルティング業界が主導してきたことに由来する。すなわち，ある企業が構築した競争優位ではなく，先に取り入れる有利さはあっても，あとで模倣はたやすい形式知化されたものを，IT 業界とコンサルティング業界は取引の対象とする。市場で簡単に入手できるものは，持続的競争優位の核たり得ない。

CRM が，持続的競争優位たるためには，顧客を知り，大切にする，という

ことを単なる経営上の理念として掲げるだけでは足らず，経営者が自ら活用し，その動向を自ら分析し，経営管理上の目標に落とし込む必要がある。その経営者の資質はケイパビリティたりえる。

　また，多数の企業と顧客情報を交換し，顧客を分析，紹介する企業ネットワークを構築する必要がある。これらは，社会的関係に由来するユニークな競争優位であり，模倣が不可能であり，持続的競争優位を構築できる。

参考文献

石川伊吹（2005）「RBV の誕生・系譜・展望―戦略マネジメント研究の所説を中心として―」『立命館経営学』43 巻 6 号。
伊丹敬之・軽部大，（2004），『見えざる資産の戦略と論理』，日本経済新聞社。
江尻弘『最新データベース・マーケティング』中央経済社，1996。
大槻博（1991）『店頭マーケティングの実際』日経文庫。
木村達也（2009）『実践 CRM　進化する顧客関係性マネジメント』生産性出版。
嶋口充輝（1994）『顧客満足型マーケティングの構図』，有斐閣。
鈴木研一（2010）「顧客関係性評価のための管理会計モデル：固定収益会計の提唱」国際戦略経営研究学会第 3 回全国大会報告要旨集。
日経情報ストラテジー　2000.10 月号「だから現場は動かない　失敗に学ぶシステム活用術」。
日経ビジネス 1998 年 10 月 19 日号。
橋本輝彦　岩本昌樹（2008）『組織能力と企業経営』晃洋書房。
服部隆幸，井関利明（2000）「対談　EC 時代のマーケティング」ダイヤモンドハーバードビジネス 1 月号。
原田保（1999）『戦略的パーソナルマーケティング』』白桃書房。
程近智（1999）「データマイニング」ダイヤモンドハーバードビジネス 7 月号。
堀川新吾（2009）「競争優位と IT Resource-Based View より」名城論叢　2009.11。
三谷宏治（1999）「深さの経済による顧客生涯価値の追及」ダイヤモンドハーバードビジネス 7 月号。
矢作敏行（2000）『欧州小売のイノベーション』白桃書房。
和田充夫（1998）『関係性マーケティングの構図』有斐閣。
Barney, B. J. (2002), Gaining and Sustaining Competitive Advantage, Second Edition. Prentice-Hall., 2002.（岡田正大訳『企業戦略論―競走優位の構築と持続―』上巻，ダイヤモンド社　2003 年）。
Brian P. Woolf, (1996) CUSTOMER SPECIFIC MARKETHING, Teal Books, 1996,（上原征彦監訳『顧客識別マーケティング』ダイヤモンド社，1998 年）。
Don Peppers, Martha Rogers (1999), "THE ONE TOONEMANEGER", NewYork, Doubleday,（井関利明監訳『One to One マネジャー』ダイヤモンド社，2000 年）。
Don Peppers, Martha Rogers (1997), ENTERPRIS ONE TO ONE, NewYork, Doubleday,

(井関利明監訳『One to One 企業戦略』ダイヤモンド社，1997年。
Davenport and Harris (2008) "Competing on Analytics" 2007（邦訳：村井章子訳『分析力を武器とする企業』日経BP社　2008年）。
Joshi Sudhir Man（2007）「情報技術（IT）と競争優位の持続性」武蔵大学論集　第54号第4号。
Nonaka, I. & Takeuchi, H. (1995) The Knowledge-Creating Company : How Japanese Companies Create the Dynamics of Innovation. Oxford, UK : Oxford University Press. 邦訳　野中郁次郎，竹内弘高（1996）『知的創造企業』梅本勝博訳，東洋経済新報社。
Philip Evans & Thomas S .Wurster (2000), *BLOWN to BITS*, Harvard Business School Press,（ボストンコンサルティンググループ訳『ネット資本主義の企業戦略』ダイヤモンド社，2000年。
Philip Kotler (1999), *KOTLER ON MARKETING*, The Free Press,（木村達也訳「コトラーの戦略的マーケティング」ダイヤモンド社，2000年）。
Barney, B. J. (1986), "Strategic Factor Market : Expectation, Luck, and Business Strategy" Management Science, Vol. 32, No. 10, October, 1986, pp. 1231-1241.
Barney, B. J. (1991), "Firm Resources and Sustained Competitive Advantage", Journal of Management, Vol. 17, No. 1, pp. 99-120, 1991.
Barney, J. B, and Tyler, Beverly. (1992), "Top Management Team Attributes and Sustained Competitive Advantage".
Barney, B. J. and Arikan, A. M. (2001), "The Resource-based View : Origins and Implications".
Nicolai Foss and Ibuki Ishikawa (2007), Towards a Dynamic Resource-Based View : Insights from Austrian Capital and Entrepreneurship Theory., Organization Studies, SAGE Publication., 28/05 : 749-772.
Ray Gautam, Muhanna Waleed A, Barney Jay B (2005), "Information Technology and The Performance of Customer Service Process : A resource-Based Analysis" MIS Quarterly, Vol. 29, No. 4.

第 3 部　現代経営戦略の発展

第 8 章

中間管理者のリーダー行動の実態に対する調査分析
―――中日比較を中心に―――

は じ め に

　改革開放以来30余年間，中国では多くの民営企業が目覚しい発展を遂げることができた。しかし，企業の規模が大きくなるにつれて，今までの「カリスマ経営者」の独断的な経営ではなく，中間管理者にも経営情報の創造性や革新性が求められるようになり，中国の企業において中間管理者の役割が重要視されるとともに，その組織力の弱点が問題点として明らかになった。

　一方，日本では，非正規雇用の増加などの雇用の不安定要因やアメリカ型の成果主義が導入されるなどの経営革新が行われ，かつての「終身雇用」や「年功序列」といった言葉に代表されていた「安定モード」より，「不安モード」（佐久間，2004）が拡大している。このような現象の現れから，日本企業の中間管理者の役割が時代の変化とともに新しい課題に直面していることが指摘できる。

　このように中国民営企業において中間管理者の重要性が認識され，一方日本の企業では「上司・部下関係の再構築」（佐久間，2004）の必要性が再認識される状況の中，本章では，中国民営企業の中間管理者のあり方を，企業の組織力，とりわけ中間管理者のマネジメント力が強いとされる日本の企業との比較

を通じて，今後の中国民営企業の組織発展の条件について考察する。

本章の研究視点は次の2点に要約される。第1は，中国の民営企業と日本の企業において，中間管理者がリーダーとして，部下からどのように認識され，両国企業の中間管理者のリーダー行動，そして職場と部下の組織コミットメントにはどのような違いが見られるかについての分析を行う。第2には，同じアジア文化圏の両国企業の比較を通じて，各自の特徴を分析，理解することによって，組織に存在する問題点を考察する。

この2つの研究視点に基づいて現状を分析するために，次の研究仮説を設定する。

仮説1：中国民営企業と日本の企業の経営において（イ）中間管理者のリーダー行動（Leadership behavior），（ロ）職場（Workplace），（ハ）組織コミットメント（Organizational Commitment）の3つの経営要素は各々異なる因子に峻別される。すなわち，中国民営企業と日本の企業において，中間管理者のリーダー行動は，部下がどのように認知しているかによって因子が抽出される。そして，職場，組織コミットメントについての因子分析をすることにより，変数として中間管理者を取り巻く一部の組織内部要素が明らかになる。

仮説2：中間管理者のリーダー行動，職場，組織コミットメントに関する変数の加重平均値は中国民営企業と日本の企業に違いがある。しかも両国企業の違いは，組織内部の経営要因はもとより外部の経営要因，すなわち国別特殊性によるものである。

1. 中間管理者に関する理論研究

中間管理者については，従来の彼らのマネジメント能力が研究対象となったマネジメント論から，近年多くの研究において，リーダーシップ論が注目を浴びている。まず，マネジメント論については，ドラッカー（Peter F. Drucker, 1954）らにより主張され，中間管理者の役割を上層部と下層部のパイプ役と認識されていた。このような古典的なマネジメント論からの脱却の試みは，ヘンリ・ミンツバーグ（Mintzberg. H. 1975）によって行われている。ミンツバーグは，伝

統的な管理者に関する研究は現実に即したものではないと批判した上で，実際のリーダー行動は「対人関係の役割」,「情報の役割」,「意思決定の役割」の3つの機能に準じたものであると主張し，10の現実的な役割行動としてまとめている[1]。

中間管理者のリーダー行動について，ジョン・コッター（John P. Kotter 1996）は，リーダーシップの視点から，ビジネス活動はリーダーシップとマネジメントの両方が必要であると指摘した。また，変革型中間管理者には上層部のビジョンに創造的な解釈を加え，それを部下に伝え共有することによって，絶えずイノベーションを起こす役割が必要であることを強調している。

それから野中（1990）は，知識創造の主体は中間管理者を中心にしたすべての組織成員であるとし，中間管理者のマネジメントはトップダウンとボトムアップとを組織的に加速させる終節点にあると主張する。そして，中間管理者を核とした集団が上下に働きかける運動を展開することで，組織の自己革新が行われると指摘し，組織変革における中間管理者のリーダーシップの重要性を強調した。さらに野中（2001）は，中間管理者がいかにほかのメンバーたちと協働し，相互作用を促進して，意識的に組織変革の支援を行うかが，企業の「綜合力」に影響をあたえると強調している[2]。

中国における中間管理者のリーダー行動に関する研究には，三隅二不二のPM理論に個人のモラルを加えた徐聯倉ら（1988）がある。中国の伝統的なモラルは，リーダー行動に「言動一致」を求め，リーダーには常に自分の行動により「自ら手本」を示すことが要請される。国際的な視野で中国の中間管理者の特徴を捉えようとした時に，中国の文化的要素に注目したこの研究は，中国の実情に合わせたものであり，リーダー行動の研究に貢献しているといえる。しかし，企業組織を取り巻く外部の経営環境には，文化以外の要素もあるし，また文化的要素にもモラル以外の要素がある。したがって，本章は，（イ）外部の経営環境をより全面的に把握し，（ロ）それを組織内部要因と関連付けな

---

1) ミンツバーグ［1975］，12ページが詳しい。
2) 野中［2001］，20-30ページが詳しい。

がら展開する必要性が明らかになるという方向での研究を志向している。

2. アンケート調査と比較研究の方法

2-1 中日国際比較研究の方法

　中国民営企業における中間管理者のあり方や彼らのリーダー行動の特徴を知るためには，他国企業の中間管理者のリーダー行動との比較が必要である。本研究は比較相手として日本の企業を取り上げているが，それは，かつて内外から高い評判を得ていた日本の企業の中間管理者が，上述の通り，様々な問題を抱えており，同じアジア文化の背景を持つ両国企業の比較を通じて，各自の特徴を分析，理解することによって，組織に存在する問題点の原因を明らかにすることが可能となるからである。すなわち，なぜ日本の中間管理者の役割が不明確な状態になったのか，その原因の追究から，中国民営企業の中間管理者の特徴を明らかにすることができる。この意味で，比較相手としては，日本の企業が最適であり，比較から得られる理論的・実践的な示唆も大きい。

　また，中日比較において，組織管理体制の現代化が進んでいる日本の企業の中間管理者が，そうでない中国企業の中間管理者より優れているに決まっているという先入観を排した。その理由は，2つの国の中間管理者の実態調査によって，それらの各自の特徴や法則を客観的に考察する視点が必要だからである。

　そして，本研究が中国側の企業は国営企業ではなく民営企業を研究対象にする理由であるが，これについては中国民営経済の発展過程に触れつつ説明したい。

　中国経済は改革開放以来，公有制を基礎とした計画経済から多様な所有形態が並存する社会主義市場経済へと転換したが，これは経済の所有制のあり方を模索する過程でもあった。中国経済の所有制は国有と民営に大別されるが，民営経済に関しては，中国経済の改革モデルに支配される形で，様々な言い方が出没した。70年代から80年代末の個人経営，郷鎮企業や，その後の私営企業，集体企業，民営企業などがある。そして，社会主義市場経済の方針を打ち出し

た1992年以降，これらはその所有形態が国有でないことから民営経済の範疇に定められた。

また，民営企業の概念もまだ学術界において定義されていない状況にある。企業の所有形態をその基準にする説と，経営主体が民間であることに着眼する説の2つの議論が行われているが，前者は企業の出資元を強調したものであり，後者は経営権のあり方を重視したものと言える。本論文では，この2つの議論のうちの後者を支持し，経営権が民間にある個人経営，私営企業，集体企業を民営企業と見なす。

本研究が研究対象の中国の企業を国営企業ではなく民営企業にした理由の1つに，まずは民営企業は国営企業に比べて，経営の自由度が比較対象の日本の企業に近いという点があげられる。そして，もう1つの理由は，民営経済の中国経済における位置づけの変化である。1979年に始まる改革開放の最初の段階では，民営経済は「社会主義公有制の補充」としてしか認められなかったのだが，80年代後半からは民営経済の雇用圧力の緩和，税収による国家財政への貢献などが高く評価され，中国経済の推進力として位置づけられるようになったのである。

2–2 調査対象と方法

本研究では中間管理者の比較分析の方法として，企業を対象にアンケート調査を行い，そこから得られたデータを基に，より詳しい比較分析を行う。中国では，民営企業9社のホワイトカラーを対象に700枚のアンケート用紙を配布し[3]，491枚（回収率70.1%）を回収することができたが，回答に不備のあるものを破棄したため，有効な回答は429枚となった（有効回答率87.6%）。比較対象の日本の企業については，佐久間賢教授の調査データ（N = 948）を使用した。日本では15の会社のホワイトカラーを対象に1300枚のアンケート用紙を配布し，995枚（回収率77%）を回収し，うち有効な回答は948枚となった（有

---

3) 中国での調査は，すでに日本で調査が進められていた佐久間賢教授のアンケート調査票を中国語に訳して，中国民営企業で調査を行った。

効回答率 95%）。調査対象者は表 8-1 の通りである。

表 8-1　調査対象者の内訳

	勤務年数		職位		年齢構成		性別	
	3年未満(%)	3年以上(%)	なし(%)	あり(%)	25歳未満(%)	25-50歳(%)	男(%)	女(%)
日本 (N=948)	58.1	41.9	44.9	55.1	31.1	68.9	60.6	39.4
中国 (N=429)	16.2	83.8	47.0	53.0	31.3	68.6	59.8	41.2

（出所）著者作成。

調査に用いた質問表は，部下の上司に対する認知を中心に，職場の雰囲気，組織コミットメントなど上司と部下間の関係全体にわたって定量的な比較ができるように設計されたものである[4]。

3．リーダー行動，職場，組織コミットメントの因子分析

3-1　リーダー行動の 2 タイプ

前述の中国民営企業の従業員に対するアンケート調査の中で，上司と部下関係に関する質問 32 項目への回答を，因子分析（主成分分析，バリマックス回転）の結果，3 つの因子が抽出された。負荷量が 0.5 以上の項目を採用し，2 つの因子 (a/b) に注目する。ここでは a タイプを問題解決型リーダー行動（α＝0.85），b タイプをギャップ型リーダー行動（α＝0.67）とする。

a 問題解決型リーダー行動（7項目）：

(1) 上司は，われわれの提案を生かしてくれる。

(2) 上司は，部下を問題解決に参加できるようにしてくれる。

(3) 上司は，部下が満足できるような問題解決をしてくれる。

(4) 上司は，部下に仕事を任せる。

---

[4]　回答にはリッカートスケールにより，「そう思う」，「どちらかと言えばそう思う」，「どちらとも言えない」，「どちらかと言えばそう思わない」，「そう思わない」の五つの選択肢を提供した。

(5) 上司は，部下の提案を取り上げてくれる。
(6) 上司は，自身の仕事と部下にまかせる仕事をうまく区別してくれる。
(7) 上司は，新しい手法で問題解決を図る。

b ギャップ型のリーダー行動（5項目）：
(1) 上司は，何かを変えようとする提案を拒否する。
(2) 上司は暗に「脅し」と思える指示の仕方をすることがある。
(3) 上司と部下との間には，価値観の相違によるギャップがある。
(4) 上司は，われわれが反対したとき後には引かない。
(5) 上司との価値観の相違から生じるギャップを埋めるのは難しい。

そして，これらの中国民営企業から析出された2つのタイプを日本の企業で項目別に信頼性分析を行った結果，aタイプとbタイプのα値はそれぞれ0.87と0.80と高く，日本の企業においてもこの2つの因子が有効であることが確認された。

3-2 職場の2タイプ

中間管理者のリーダー行動に対する分析に続いて，職場について分析する[5]。職場関係の質問8項目への回答について，因子分析（主成分分析，バリマックス回転）の結果，2つの因子が抽出された。負荷量が0.5以上の項目を採用の結果，2つの因子（a/b）に峻別された。それをa明るい職場（α=0.77）とb対立する職場（α=0.67）に区別する。

a 明るい職場（6項目）：
(1) 職場の仲間とは個人的なことでも気兼ねなく話せる。
(2) 良い仕事をすれば職場の仲間から高く評価される。
(3) 職場の仲間は仕事に行き詰まったり，困っていたら助け合う。
(4) 職場の中は暖かくてなじみやすい。

---

5) コーネリスト（Cornelius, N. 2002），スペンサー（Spencer, L. M. 1993），チェルニスとゴールマン（Cherniss, C. & Goleman, D. 2001）は中間管理者のリーダー行動を職場の先行要因として位置づけている。

(5) 職場の仲間には心配や悩み事をなんでも相談できる。

　(6) 職場の仲間とはいつも本音で話し合える。

b 対立する職場（2項目）：

　(1) 職場の仲間はいつも気持ちがバラバラでまとまりがない。

　(2) 職場の仲間はお互いに無関心で冷淡である。

　2つの因子が比較対象となる日本の企業で，a「明るい職場」とb「対立する職場」の信頼性分析の結果がそれぞれ0.88と0.87であった。これにより，日本の企業においてもこの2つの因子が有効であることが確認できた。

3-3　組織コミットメントの4タイプ

　同様に組織コミットメント関係の質問20項目への回答について，因子分析の結果，5つの因子が抽出された[6]。その内，各因子の負荷量が0.5以上の因子成分を採用の結果，次の通り，4つの因子（a/b/c/d）が峻別された。それをa愛着要素（α=0.88），b規範的要素（α=0.74），c内在化要素（α=0.83）とd存続的要素（α=0.60）として区別する。

a 愛着要素（affective）（7項目）：

　(1) この会社が気に入っている。

　(2) 会社のために力を尽くしていると実感したい。

　(3) この会社の発展の為なら，人並み以上の努力を喜んで払うつもりだ。

　(4) もう一度就職するとすれば，同じ会社に入る。

　(5) いつもこの会社の人間であることを意識している。

　(6) 他の会社ではなく，この会社を選んで本当に良かったと思う。

　(7) この会社にいることが楽しい。

b 規範的要素（normative）（5項目）：

　(1) この会社を辞めたら，家族や親戚に合わせる顔がない。

---

[6] 中間管理者のリーダー行動は組織コミットメントの先行要因としても位置づけられており，その研究成果にはマジュウ（Mathieu & Zajac, 1990）とザヤックやメイヤー他（Meyer, Stanley, Herscovitvh & Topplnytsky, 2002）らがある。

(2) この会社を辞めることは，世間体が悪いと思う。
　(3) この会社を離れたら，どうなるか不安である。
　(4) いまこの会社を去ったら，私は罪悪感をもつであろう。
　(5) この会社を辞めると，人から何と言われるかわからない。
c 内在化要素（internalization）（3項目）：
　(1) 友人にこの会社はすばらしい働き場所であると言える。
　(2) この会社の問題があたかも自分自身の問題であるかのように感じる。
　(3) この会社で働くことを決めたのは，明らかに失敗であった。（マイナス値）
d 存続的要素（continuance）（3項目）：
　(1) この会社を辞めたいと思っても，いますぐにはできない。
　(2) この会社にいるのは，他に良い働き場所がないからだ。
　(3) この会社で働き続ける理由の1つは，ここを辞めることが，かなりの損失を伴うからである。

　これらの中国民営企業から析出された4つのタイプを項目別に日本の企業の値を分析した結果，a 愛着要素は0.84，b 規範的要素は0.82，c 内在化要素は0.84，d 存続的要素は0.65と高く，日本の企業においてもこの四つの因子が有効であることが確認された。

4. リーダー行動，職場，組織コミットメント

4-1　中間管理者のリーダー行動の中日比較

　ここでは，前述の中間管理者の2つのタイプのリーダー行動について中日両国企業の比較を行う。表8-2は，中日両国企業の中間管理者リーダー行動の2つの因子の平均値を示したものである。

　これによると，中日両方において最大値（35.00）との間に一定の開きが見られ，中日両国企業において中間管理者のリーダー行動に対する部下の評価は非常に高くもなく，また非常に低くもないことがわかる。ただ，問題解決型リーダー行動は日本の企業のほうが中国の企業より平均値がやや高く，反対に

表8-2 リーダー行動平均値の中日比較

	最大値	中国	日本
問題解決型のリーダー行動	35	21.23	24.43
ギャップ型のリーダー行動	35	21.98	18.54

(出所) 著者作成。

ギャップ型リーダー行動は中国の企業のほうが日本の企業より平均値が高い。すなわち，日本の企業で中国民企業より上司の問題解決型リーダー行動が部下に高く認知され，逆にギャップ型リーダー行動は中国民営企業で日本の企業より部下に高く認知されているのである。このことは，成長段階にある中国民営企業の中間管理者の現状の問題点として，組織管理体制が整備されている日本の企業に比べて問題解決型リーダー行動があまり認識されず，逆にギャップ型リーダー行動が多く認識されたことが考えられる。この結果は，中国民営企業では中間管理者の役割が日本の企業に比べて十分機能していないという本研究の問題意識と一致するものである。

4-2 職場の中日比較

前節では，中国民営企業の中間管理者の現状の問題点を指摘することができたが，本節では中国民営企業の職場の雰囲気について，同じく日本の企業との比較から考察する。表8-3は中日両国企業の職場に対する一元配置分析の平均値を示したものである。

表8-3 職場の平均値の中日比較

	最大値	中国	日本
明るい職場	30	20.37	18.55
対立する職場	10	4.44	5.34

(出所) 著者作成。

これによると，中日両国企業において，明るい職場の度合いがやや高い傾向にあり，対立する職場の度合いは低い傾向にあることがわかる。すなわち，中日両国の企業に明るい職場と認知する従業員がそれぞれ71%，62%と多いの

に対して，「対立する職場」と認知する従業員は両国の企業でそれぞれ44%と53%と少ない。このような両国企業共通点とともに次のような相違点も見えてくる。それは，明るい職場は中国の企業のほうが日本の企業より平均値が高く，反対に対立する職場は日本の企業のほうが中国の企業より平均値が高いのである。この違いは，中国民営企業の職場が日本の企業より活気にあふれ，仲間の間には信頼関係が築かれているということを意味するもので，近年の一部の日本の企業において，成果主義の導入などによって，職場に混乱が発生していることを示唆しているといえよう。すなわち，職場は従来の「創造の場」，「自己実現の場」，「人間形成の場」から，個人が成果のみ追及し，仲間はいつも気持ちがバラバラでまとまりがなく，しかも，お互いに無関心で冷淡な職場環境に変わってしまう可能性がみられるのである。

4-3 組織コミットメントの中日比較

ここでは，部下の組織コミットメントについて中日両国企業の比較を行う。表8-4は，部下の組織コミットメントの4つの因子の平均値の比較である。

表8-4 組織コミットメントの平均値の中日比較

	最大値	中国	日本
愛着要素	35	26.04	22.42
規範的要素	25	13.19	14.75
内在化要素	10	9.41	7.83
存続的要素	10	8.34	9.79

（出所）著者作成。

表8-4からは，中日両国企業の次のような共通点と相違点を見出すことができる。まずは，中日両国の企業の従業員の内在化要素がそれぞれ94%と78%と高く，存続的要素も両国の企業でそれぞれ83%と98%と，こちらも非常に高いが，ここからは両国企業において部下の内在化要素の度合いが高いのにもかかわらず，例えば，辞めたくても辞められないというようなネガティブな存続的要素の度合いが高いという共通点を見出すことができる。そして，相違

点としては，愛着要素と内在化要素は中国の企業のほうが日本の企業より平均値が高く，反対に規範的要素と存続的要素は日本の企業のほうが中国の企業より平均値が高い。すなわち，心的状態を表す愛着要素と内在化要素は中国民営企業のほうが日本の企業より高く，逆に客観的「誘因」とされる規範的要素と存続的要素は日本の企業のほうが中国民営企業より高いというわけである。この結果は，中国民営企業では従業員の所属先組織に対する愛着や価値の内在化の程度が日本の企業に比べて低いという本研究の問題意識と一致しないものである。

5. 中日両国企業における，中間管理者のリーダー行動の再考

これまで，中日両国の企業から収集されたデータを基に，中間管理者のリーダー行動，職場，組織コミットメントの共通点と相違点について考察してきた。ここでは，これまで得られた調査分析の結果を総合的に考察し，両国企業を取り巻く外部経営環境の比較の視点から，これらの共通点と相違点が生み出される原因を明らかにすることによって本章の仮説の検証を試みる。

第1に，中間管理者のリーダー行動については，問題解決型のリーダー行動とギャップ型のリーダー行動，職場について，明るい職場と対立する職場，そして，組織コミットメントについて，愛着要素，規範的要素，内在化要素，存続要素の各因子に分けられ，これにより，仮説1は支持された。

第2に，両国企業の共通点として次の2つの点が明らかになった。1つは，中日両国企業において明るい職場の度合いがやや高く，対立する職場の度合いはやや低いという点である。なお，この結果は中間管理者のリーダー行動を職場の先行要員として位置づけているコーネリアス（Cornelius, N. 2002），スペンサー（Spencer, L. M. 1993），チェルニスとゴールマン（Cherniss, C. & Goleman, D. 2001）と同じである。もう1つは，部下の内在化要素の組織コミットメントと存続的要素の組織コミットメントが高いという点である。この結果は，中間管理者のリーダー行動を組織コミットメントの先行要因に位置づけているマシュウとザヤック（Mathieu & Zajac, 1990）やメイヤー他（Meyer, Stanley, Herscovitvh &

Topolnytsky, 2002) と異なるものである。

　第3に，両国企業の相違点としては次の三つの点に注目したい。

　1つは，中国民営企業の中間管理者の場合，部下に問題解決型リーダー行動と認知される度合いが日本の企業よりやや低く，ギャップ型リーダー行動と認知される度合いは日本の企業よりやや高いという点である。本研究はこの違いを両国の置かれている発展段階の違いによるものであると捉える。すなわち，中国民営企業には創業時から経営者の強いリーダーシップによるカリスマ経営が多く，中間管理者の役割はマネジメントの狭い範囲内に留まっていることが考えられる。しかも，このような状況は，企業別要因というより，むしろ，中国民営企業の経営を発展させる過渡期にみられる特有なものとして理解されるべきである。

　相違点のもう1つは，このように中間管理者の役割が十分に機能していないという現状の問題点を抱えている中国民営企業で，そうでない日本の企業に比べて，職場は活気にあふれ，仲間の間には信頼関係が構築されている点である。中国民営企業では多くの企業において仕事を中心としたトップダウンのリーダーシップによる組織運営が普通であり，中間管理者の役割はマネジメントの狭い範囲内に留まっている可能性は前述の通りである。それにもかかわらず，活気溢れる職場の存在が確認できたことについては，制度と個人との関係の視点から考察したい。

　企業の管理体制には就業規則のようなフォーマル制度のほかに，残業の付き合いといった習慣的な意味でのインフォーマル制度も含まれる[7]。そして，こうした既存の制度が新しい制度の導入を妨げる場合，個人は新しい制度を導入することにかかるコストが高すぎることから挑戦をあきらめるとされ[8]，この

---

7) 社会学的制度主義 (sociological institutionalism) では，制度の範囲にはフォーマルな規則，規範のほかに，社会的慣例や道徳規範といったインフォーマル制度も含まれるとされる。

8) 理性選択制度主義 (rational institutionalism) は，既存の制度を維持することにかかるコストと新しい制度を導入することにかかるコストの差が縮小すれば，個人は新しい制度の導入に挑戦するとする。

ような職場ではイノベーションの創出が難しくなることがわかる。ということは，中国民営企業では組織の管理体制が整っておらず，組織運営がトップダウンのリーダーシップによって行われる中，新しいことへ挑戦するコストが低く，従業員にとって「創造の場」，「自己実現の場」となっている可能性がある。それに対して，日本の企業は管理体制が完成に近い状態にあるために，新しいことへの挑戦にかかるコストが高く，このことが日本の企業の従業員に自己実現が図りにくい職場環境として認識されていることが考えられる。

　相違点の最後の1つは，組織の管理体制が整備されていない中国民営企業において，部下の組織コミットメントは組織の価値観を内在化することによって会社に対する愛着を感じる愛着要素と内在化要素が日本の企業より高く，消極的な理由により生じる規範的要素と存続的要素は日本の企業より低いという点である。この結果にについては，集団の内部構造，集団内の人間関係の視点と労働市場の流動性から考察したい。

　まず，集団の内部構造の視点から見てみよう。企業経営を含め，中・日の違いを特徴づける考え方に，中国人と日本人にとって「家族」と「ムラ」がそれぞれの重要な帰属先となるが，中国人のほうがより「家族」型共同体的で，日本人のほうがより「ムラ」型共同体だというのがある。そして中根（1978）によると，日本人にとっての個体認識としての社会学的単位は個人ではなく，「常に（ほとんど毎日）顔を合わせ，仕事や生活を共にする人々からなる小集団である」[9]。そして，「個人は必ず小集団をとおして大集団に参加し，また大集団は必ず内部が小集団に分かれているため，大集団自体の機能は当然弱く，常に内部分裂の可能性を構造的に内包している」のに対して，「……中国人などの場合は，大集団は小集団にまさるともおとらず機能が高い」[10]。ということは，日本人の場合，大集団である「ムラ」型共同体内部への参加は内部の小集

---

[9]　中根（1978），21-23ページ。ここでいう小集団とは「仕事の協力と場の共有という限定要因を付したものとして，……同一のオフィスで働く一つの課の人々とか，工場内の一つの職場など」を指すものである。ということは，本章における職場もその小集団の1つの形態といえよう。

[10]　中根（1978），41-49ページ。

団をとおして行われ，小集団こそ最も重要な帰属先となるということが言えよう。一方，中国人の場合は，最も重要な帰属先が「家族」となるなか，個人が直接大集団に参加するために機能の高い大集団への帰属が小集団への帰属より高いことが考えられる。企業組織も集団内部が部門別に分かれているので，中日両国に見られるこうした「集団の内部構造」の違いが両国企業にも見られるはずである。そして，その違いは従業員の企業組織への帰属にも反映され，日本の企業の従業員の場合，小集団である所属部門が重要な帰属先となり，中国民営企業の従業員の場合は，会社への帰属が所属部門への帰属より高いことが考えられる。したがって，本研究の調査結果で見られるように，日本の企業で会社に対する愛着要素の組織コミットメントと内在化要素の組織コミットメントが中国民営企業より低いのは，こうした両国企業の「集団の内部構造」の違いによるものと見ることができよう。

次に，集団内の人間関係の視点から見てみたい。中根 (1978) は日本の社会の場合，「小集団の成員は，お互いにきわめて密度の高い，家族にも比敵しうるような人間関係を形成」し，構成員には小集団への全人格的参加が要求され，また，個人の行動に「個人をとりまく諸条件への順応が常に期待される」と指摘する[11]。このような日本の小集団における人間関係が日本の企業の職場においてもその特色が十分にあらわれ，そこでは一体化が強調されることが考えられる。日本の企業の従業員の規範的要素が中国民営企業と比べて高いのは，このような日本の「小集団における特色ある人間関係」によるものと見ることができよう。

最後に，日本の企業における従業員の組織コミットメントの存続的要素が中国の企業より低いのは，労働の移動性と密接に関連すると解釈できよう。本来，中国の伝統文化は物質や利益の追求よりも倫理道徳が重んじられた。しかし，「改革解放後，西洋の物質や利益追求の観念が入ってくるにつれて，物質や利益追求一辺倒の状況が現れた。しかも，伝統文化にはこれを覆すほどの理

---

11) 中根 (1978), 81-82 ページ。

論がなかったため，中国社会は義理を重んじ，利益を軽視する1つの端から，その反対側のもう1つの端へと移行した」[12]。このような伝統文化のゆれは，社会意識のゆれをもたらし，就業意識にも変化が起こっている。企業の従業員の帰属意識は，物質や利益に大きく左右されることが考えられる。すなわち，従業員の職業に求める誘引がキャリア形成より物質のほうに過剰に偏っている傾向が見られ，人材の移動が激しい中国では，存続的要素の高い従業員はあまり企業に留まっていないことが考えられる。しかし，労働市場の流動性が比較的低い日本では，存続的要素の組織コミットメントが高い場合であっても，会社に残るしかなくなる。つまり，存続的要素は転職先が容易に見つかるかにも依存していることから，労働市場と密接な関係を持っている[13]。

以上，両国企業で見られた中間管理者のリーダー行動，職場，組織コミットメントの違いは，両国企業のおかれている発展段階，制度の整備，集団の内部構造や集団内の人間関係などの文化的要素，そして，労働市場の流動性などの国別の特殊性がその背景にあることが明らかにされ，仮説2も支持された。

おわりに

以上の通り，中日両国の企業から収集されたデータをもとに，中間管理者のリーダー行動およびそれに影響を与える組織内部要因（職場，組織コミットメント）の違いについて，さらにはその違いが生み出される原因について外部経営環境の比較の視点から分析された。この分析から得られた結論は次のように要約できる。

第1に，中日企業の中間管理者のリーダー行動には，問題解決型リーダー行動とギャップ型リーダー行動がある。しかし，中国の企業ではトップダウンの意思決定が強く中間管理者の役割が日本の企業に比べて十分機能してない。中国民営企業において組織の管理体制が完成される途上にあることが指摘でき

---

12) 曹真・張瑛「市場化過程における労働争議と労働者団体行動に関する分析」『2005年中国社会形勢に対する分析と予測』，45-56ページが詳しい。
13) 孫銭章・袁玉兰 [1999]，14-15ページが詳しい。

る。

　第2に，中間管理者のリーダー行動を職場の先行要員として位置づけることができるという結論が得られ，これはほかの研究と整合するものである。また，中間管理者のリーダー行動を部下の内在化要素の組織コミットメントと存続的要素の組織コミットメントの先行要因に位置づけることはできないという結論が得られ，これはほかの研究と整合しないものである。

　第3に，組織の管理体制が完成される途上にある中国民営企業で，日本の企業に比べて，職場は活気にあふれ，イノベーションを引き起こしやすい環境となっている。両国企業における中間管理者のリーダー行動，職場，組織コミットメントの変数の平均値に見られた違いは，企業の管理体制の完成程度の違い，両国における集団の内部構造や集団内の人間関係などの文化の違い，そして，労働市場の流動性などの国別の特殊性によるものである。

　しかし，本章はこれらの平均値の中日比較とその違いに対する分析にとどまった。これらの変数間にどのような関係が見られるかという分析は行われなかった。また，これらの分析結果が，実際の企業の中で確かに存在するかを検証するための中日両国企業におけるケーススタディーも今後の課題として残される。

参 考 文 献

徐联仓・凌文轻編（1988）『组织管理心理学』科学出版社。
孙钱章・袁玉兰主編（1999）『比较・启迪――中日企业文化比较研究』中共中央党校出版社。
郭克莎主編（2004）『中国最有影响的企业案例：人力资源』商务印书馆。
亨利明茨伯格（2000）『领导』（哈佛商业评论精粹译丛）中国人民大学出版社・哈佛商学院出版社，12ページ。
加藤周一（1999）『加藤周一セレクション5　現代日本の文化と社会』平凡社。
中根千枝（1978）『タテ社会の力学』講談社，40-50ページ。
野中郁次郎（1990）『知識創造の経営』日本経済新聞社，20-30ページ。
佐久間賢（2003）『問題解決型リーダーシップ』講談社。
高木浩人（2003）『組織の心理的側面―組織コミットメントの探求』白桃書房。
城繁幸（2004）『内側からみた「富士通」の成果主義の崩壊』光文社。
野中郁次郎（2001）「綜合力：知識ベース企業のコア。ケイパビリティ」（『一橋ビ

ジネスレビュー』WIN), 18-31 ページ。

佐久間賢 (2004) [「モザイク模様」職場の条件：問題解決型リーダーシップ—上司と部下関係の国際比較] (『中央大学政策文化総合研究所年報』第 3 号), 3-27 ページ。

Kotter, J. P. (1996) On What Leaders Really Do, Harvard Business School Press. (黒田由貴子監訳 1999『リーダーシップ論』ダイヤモンド社)。

Peter F. Drucker (1954), The Practice of management, New York : Harper & Brothers Publishers. (野田一夫監修・現代経営研究会訳 1975『現代の経営』(上・下) ダイヤモンド社)。

Spencer, L. M., Competence at Work, John Wiley, 1993.

Mathieu, J. E., & Zajac, D. M. A review and meta-analysis of the antecedents, correlates and consequence of organizational commitment, Psychological Bulletin, 108, p 171-194, 1990.

Meyer. J. P. Stanley, D. J., Herscovitch, L., & Topolnytsky, L., Affective, continuance and normative commitment to the organization : A meta-analysis of antecedents, correlatives and consequences. Journal of Vocational Behavior 2002.

McGregor, D. The Human side of Enterprise, New York, McGraw Hill 1960.

Cherniss, C. & Goleman, D. Intelligent Workplace, Jossey-Bass 2001.

Cornelius, N. Building Workplace Equality, Thomson Business Press 2002.

# 第 9 章

サブプライムローン問題の検証とリスクマネジメントの再構築

1. リスクマネジメント

1-1 リスクマネジメント・プロセス

リスクマネジメントは,「リスク」と「マネジメント」の結合概念である。つまり,リスクに対して,マネジメント(経営管理)プロセスに則って対処していくことを意味する。マネジメントプロセスは, ⅰ)計画 (Planning : P) ⅱ)遂行 (Do : D) ⅲ)監視 (Check : C) ⅳ)是正措置 (Action : A) という一連の行為の循環的連鎖として進めていく。ただし,リスク処理計画を策定する際,リスクを特定・評価するというプロセスが先行することとなる。

経営は経営戦略を遂行するため自ら積極的に取るべきリスクを見極める必要がある。すなわち,自社のリスク負担意欲 (Risk appetite) を満たすリスクを選択し,リスク負担能力 (Risk tolerance) の範囲内にリスクを抑えるよう管理する必要がある。

リスクマネジメントの第1段階は,リスクの確認・特定のステージである。企業経営を阻害する各種の危険を,ペリル,ハザード,リスクの次元で検証し,多方面の情報を収集し,これを整理し,分類することである。これらの関

係は，図9-1の通りである。

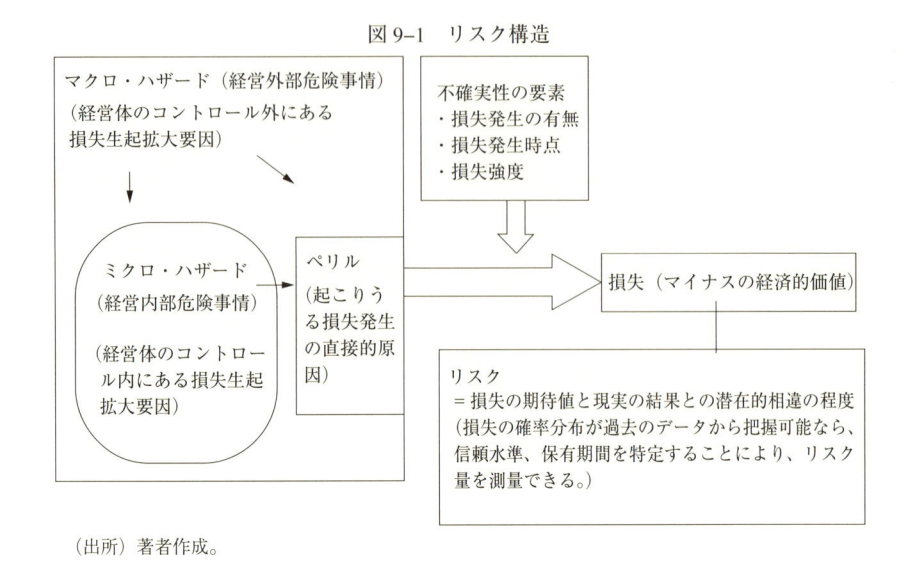

図9-1 リスク構造

```
マクロ・ハザード（経営外部危険事情）        不確実性の要素
（経営体のコントロール外にある              ・損失発生の有無
損失生起拡大要因）                          ・損失発生時点
                                            ・損失強度
        ↓
ミクロ・ハザード        ペリル
（経営内部危険事情）    （起こりう
                        る損失発生    →    損失（マイナスの経済的価値）
（経営体のコントロー    の直接的原
ル内にある損失生起      因）
拡大要因）
                        リスク
                        ＝損失の期待値と現実の結果との潜在的相違の程度
                        （損失の確率分布が過去のデータから把握可能なら，
                        信頼水準，保有期間を特定することにより、リスク
                        量を測量できる。）
```

（出所）著者作成。

　第2段階はリスクの評価のステージである。リスクに関して収集された情報を分析し，評価する。このプロセスにおいては，経営環境や環境変化に伴うリスクの洗い出しを一定書式に基づき実行していく。選び出されたリスクの一覧をリスクレジスターと呼ぶことがある。情報の分析では，その情報がペリル，ハザード，リスクのいずれに関するものであるかを分類し，企画活動との関係づけがなされる。計量化できるリスクについては，頻度と強度の予測がなされる。リスクの予測は論理的推定に頼らざるをえない場合もある。これら一連の作業においては，ⅰ）過去のリスクは将来繰り返す可能性がある，ⅱ）環境の変化により将来のリスクは変化する，ⅲ）リスクは新たに創造される，といった点に着目する必要がある。

　このようにして当該企画活動に特有なリスクが予測・確認されると，次に各種のリスク処理手段（代替案）が抽出され，その代替案の長短，代替案の組み合わせが比較検討され，その優先順位がつけられてリスクマネジメント計画案が作成される。

リスク処理は2つの類型に分けられる。すなわち，リスクの回避（リスクの遮断，行動の中止），リスクの除去（リスクの予防，分散，結合，撤退，制限）の検討を意味する「リスク制御（Risk control）」と，リスク移転（保険やヘッジに代表されるリスク処理手段の利用）と，リスク保有（自家保険（キャプティブ）や自社で直接リスク負担すること）の検討を意味する「リスク財務（Risk finance）」である。

第3段階では，リスク処理方法に関する代替案を提示し，最適の方法を選択する。

第4段階では，選択した方法を実践し，これらを選択したプロセスや現在選択した方法に関する効果を検証する。この検証に基づき，さらにこのプロセスを改善し，このサイクルを回していく。（図9-2参照。）

1-2 統合的リスク管理

企業が事業ポートフォリオのリスクを適切に管理しようとするなら，グループ全体のリスクを統合して管理する必要がある。リスクは，計量化できるものと困難なものがあり，それぞれ定量・定性双方のアプローチを採って管理する。

■定量的アプローチ（測定主導型アプローチ，とも呼ぶ。）：これは組織が直面する主要なリスクを計量化し，管理しようとするアプローチである。保有するリスク量がリスク負担能力を超えないよう定期的にモニタリングする。通常，組織内の各部門に内部管理上の仮想的な資本（リスク資本）を配賦する。各部門はこの配賦された資本を上回らないようにリスクを管理する。

■定性的アプローチ（プロセス統制型アプローチ，とも呼ぶ。）：これは，事業執行に関連する主要ビジネスプロセスにおける意思決定の合理性を保証するた

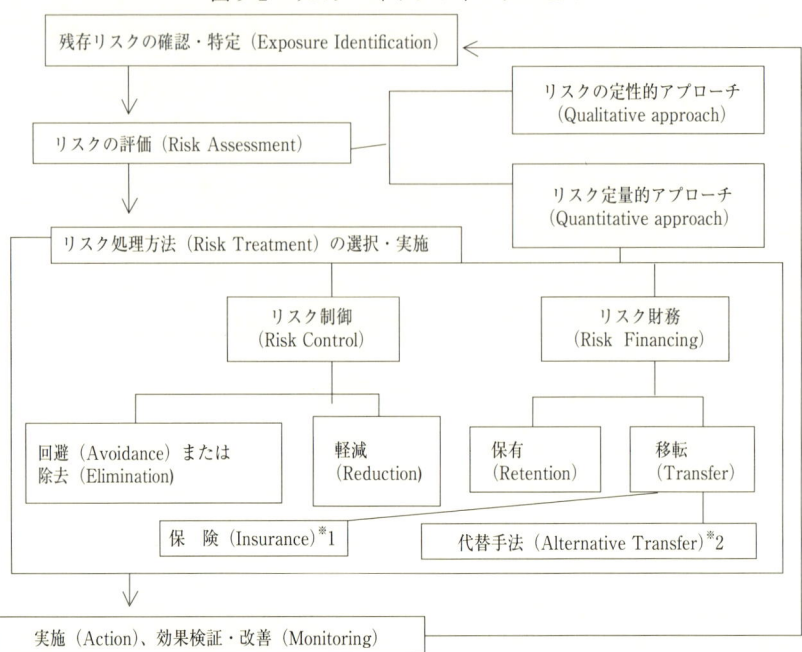

図9-2 リスクマネジメント・プロセス

```
残存リスクの確認・特定（Exposure Identification）
        ↓
リスクの評価（Risk Assessment） ← リスクの定性的アプローチ（Qualitative approach）
        ↓                      ← リスク定量的アプローチ（Quantitative approach）
リスク処理方法（Risk Treatment）の選択・実施
        ├──────────────┬──────────────┐
    リスク制御                    リスク財務
   （Risk Control）            （Risk Financing）
    ┌────┴────┐              ┌────┴────┐
 回避（Avoidance）または   軽減          保有          移転
 除去（Elimination）    （Reduction）  （Retention）  （Transfer）
         保険（Insurance）*1    代替手法（Alternative Transfer）*2
        ↓
実施（Action）、効果検証・改善（Monitoring）
```

*1) 偶然に発生する事故（保険事故）によって生ずる財産の損失や人の生命に関する損失に備え，多数の者（保険契約者）が金銭（保険料）を出し合って，その資金によって，損失が発生した者に対して金銭（保険金）を給付する制度。

*2) デリバティブ（派生商品）などのリスクヘッジ手段をいう。金融デリバティブは，先物，オプション，スワップに分けられ，先物とオプションを組み合わせた先物オプション，スワップとオプションを組み合わせたスワプションなど複合的な商品も開発されている。これらはいずれも原資産に存在する株価，金利，為替，信用などの変動リスクをヘッジする機能を有している。

（出所）著者作成。

め，リスク管理方針やリスク管理規程から乖離した活動が起こらないよう，普段の活動を監視・制御するアプローチである。ビジネスプロセス間における，報告関係，方法論と情報収集などにかかわるリスク事情を，プロセス横断的に一貫して管理し，予想外の事象が発生した場合においても，適切に統制することにより，合理的対応からの乖離を是正しようとする仕組みである。

2. サブプライムローン問題の検証

サブプライムローン[1]問題をきっかけにした今回の金融危機では，証券化を通じた取引のグローバルな連環の結果，かつて経験したことのない程リスクが連鎖した。平時にはレバレッジを効かせ回転していた取引が停止状態に至り，流動性が一気に危機状況に至った結果，信用リスク，市場リスクが発現した。また，金融工学を過信したため，不確実性が軽視されたという教訓も残した。本章では，金融危機を検証し，リスクマネジメントがどのように機能したのかを確認する。

2-1 金融危機の概要

2007年8月9日仏大手銀行BNPパリバがサブプライムローン関連の証券化商品を組み込んだファンドの解約停止を発表した。これを契機に，個人投資家が銀行窓口に殺到した。住宅ローンを元にした高利回りの証券化商品を，欧米の投資家はこぞって購入していた。証券化商品は高い格付けを得ていたため，投資家は安心していたにもかかわらず，このような事態に至り，金融界は疑心暗鬼となった。

上記BNPパリバがファンドの解約停止を実施するまでの状況・背景を振り返ってみたい。米国ではクリントン政権時代に低所得者層の住宅取得を促進するために各種政策が実施され，低所得者層向けの商品の充実の1つとしてサブプライムローンは生まれた。ローン実施後の最初の期間金利返済を猶予された

---

[1] 「信用力の低い個人向け住宅融資」のこと。例えば，頭金を支払う貯蓄がないだけでなく，月々，住宅ローンの元利返済するのにも十分な収入がないような人に対するローンといえる。このようなローンは，頭金無しで，最初の2〜3年の元利返済額を通常より低く抑えたものであった。これが可能になったのは，住宅価格が上がり続けることを前提に，本格的な返済期間が来れば，支払い不能に陥る可能性が大きくなるが，値上がりした住宅を転売して，ローンを返す。また，銀行が担保である住宅を売却し，貸し金を回収できるという前提で成り立っていた。

り，当初数年間は低金利の変動金利となるような商品として開発された。住宅価格が上昇し始めた1990年代半ばから当該ローンは拡大を始め，2003年以降急増した。2000年のITバブル崩壊に伴う世界的なデフレの可能性が懸念された状況の下，当時の米連邦準備理事会（FRB：The Federal Reserve Board）のグリーンスパン議長は，2002年11月6日の米連邦公開市場委員会（FOMC）で政策金利を年1.75％から1.25％への引き下げを決定した。その後も金利は引き下げられ，2004年まで低金利政策が続けられる。国際的な過剰流動性とも相まって，行き場を失ったマネーは，不動産市場に流入することとなる。これが，米国の異例の住宅ブームの遠因の1つである。このような状況の下，本来不適格の低所得層や不十分な信用履歴の社会的少数派にまでマネーが流れ，大きなジャンク市場を創造したこととなる。金利はその後上昇するが，不動産価格も上昇するため，このジャンク市場創造のメカニズムは維持された。

　住宅価格が上昇していれば，借り手は低金利の期限が来たときに別のサブプライムローンに借り替えを行うことで，また再び低金利からスタートできるようになる。一方，貸し手のほうも，住宅価格の上昇があれば，最悪でも担保物権の売却という手段があるため，誰に貸しても必ず回収できる。つまり，住宅価格の上昇がサブプライムローンビジネスの発展を支えていたこととなる。そしてこのメカニズムを促進したのが証券化であった。証券化とは，保有する資産を担保に証券を発行することだが，資産保有（運用）機能から，組成（オリジネイト；審査を行った上で与信を実行して新たに債権を作り出すこと）機能を分解（アンバンドリング）することを可能にした金融技術である。かつては，債権の組成を行った者は，そのまま満期まで保有し続けるのが一般的であったが，最近では，組成した債権を卸売り（ディストリビュート）して資産保有は別の主体に委ねる（オリジネイト・トゥ・ディストリビュート）という傾向が強くなっていた。この場合，売却とともに債権のリスクも購入者に移転される。オリジネーターがリスクを保有しなくなることによる，モラルハザードを回避するため，オリジネーターに一定のリスクを保有する等の工夫をしつつ発展してきた。こ

れにより，サブプライムローンを買い取る投資家層が広がり，潤沢な資金が当該市場に流入した。こうして金利も住宅価格の上昇と連動して上昇し，2006年から高止まり状態となる。

しかしながら，2006年6月をピークに米国の住宅価格が下がり始めた。住宅価格の低下現象は関係者にとって懸念材料となった。翌2007年2月には，英HSBCが住宅ローン関連で105億ドルの損失を計上した。同年4月には，カリフォルニア州の住宅金融大手ニューセンチュリー・ファイナンシャルが破産した。

2007年夏頃から，住宅販売の不振が目立つようになった。売れ残った住宅在庫の増加，住宅価格の下落といった住宅市場の一段の低迷や住宅ローンの返済延滞の増加で，金融機関は貸出基準を厳格化したため，相対的に返済能力の乏しい層が破綻することとなった。

しかし当初はその影響は限定的と考えられていた。なぜなら，サブプライムローン残高は，12兆ドルの住宅ローン市場の1割強の1.3兆ドルにすぎず，経済全体を揺るがす規模ではないとみられていたからである。しかし，その見方は甘く，サブプライムローンから住宅ローン担保証券（RMBS : Residential Mortgage Backed Security）や複数の証券化商品を合成した債務担保証券（CDO : Collateralized Debt Obligation）など証券化商品が金融市場全体に波及していたため，このメカニズムの破綻は，「信用の危機」として瞬く間に世界を覆うこととなった。

2007年6月米大手証券ベアー・スターンズ傘下の2つのヘッジファンドにおいて，サブプライム関連資産の値下がりで，運用成績が悪化，資金繰りが行き詰った。これらのファンドは，RMBSやCDOなどの保有資産を担保に市場から短期資金を調達する「レポ取引[2]」と呼ばれる手法で資金繰りを回していた。だが，担保価値の値下がりで，必要な資金が調達できなくなったのである。

---

[2]「レポ取引」とは，米国で発生して巨大なマーケットに成長した買戻し（Repurchase）条件付取引の意味である。

さらに金融の混乱で資金の現金化を急ぐ投資家が投信やファンドの解約に動いたため，ヘッジファンドが顧客からの解約に備え換金売り，さらには利益確保のための空売りが増加した。結果米欧金融機関の対外資産が圧縮され，世界同時株安と各国の通貨危機に発展した。日本の株式市場も対日投資残高を抱える外国投資家の投売りで多くの株価が清算価値を下回る状態となった[3]。

このような中で，証券化商品の信用に関する第三者の評価を与えていた格付け[4]会社が格下げに動いた。格付けが信用できないということになると，格付けによって解消されていたはずの情報の非対称性の問題が顕在化し，そのことを改めて認識した投資家は一斉に投資を手控えることとなり市場の消滅を引き起こす結果となった。

2007年8月には，金融機関やファンドを含む企業が短期資金を調達するコ

　仕組みは，当事者の一方が他方に債券を貸し出し，見返りに担保金を受け入れ，一定期間経過後にこの債券と同種同量のものの返還を受けて，担保金を返却する。借り手はトレーディングの決済に必要な債券が調達できる。貸し手は債券の品貸料が入ると共に，受け入れた担保金の運用益も期待できる。日本でも，債券の貸借取引には金銭を担保金として差し出す現金担保付債券貸借市場が1988年5月に創設された。1998年12月には，株式の保有者が株式を借りたい者に，必要な銘柄を必要株数貸出し，合意された期間を経た後，借入者が貸出者に同銘柄，同株数の株式を返還することを約する消費貸借取引である株式レポ取引（株式貸借取引）も始まった。金融機関のごく短期の資金（原則として1ヶ月未満）の貸借を行う市場であるコール市場の規模より大きくなっている。

3) 2008年9月末には1万1,000円台であった日経平均が，10月27日には7,163円まで下落した。その後も株式市場は乱調が続いている。
4) 格付けは，信用リスク（クレジット・リスク）に関する専門的な評価である。そのような評価を行う民間専門会社を格付け会社と呼ぶ。信用リスクとは，企業の債務がどの程度の確率でデフォルトするかを評価することである。ここで，デフォルトとは，企業が実質的に債務超過に陥り，残された財産では債務者の債務総額を満たせない場合に債務不履行になる状況のことをいう。厳密にいえば，倒産と同義ではない。倒産してもデフォルトしないケースも考えられるからである。具体的な事象としては，決まった期日に元金を返済できない，期日に利息を払えない，約束していた権利内容を悪化させる（例えば，1997年の日産生命の破綻時に，保険契約の予定利回りが下げられた事例など），金融機関への貸し出し債権が株式に変更されるといった権利の大幅な変更などが典型的な事例である。（島（1998）18～23ページ。）格付けはクレジット・リスク以外は表示しない。格付けはたくさんあるはずの投資情報の1つにすぎない。（同書124～125ページ。）

マーシャル・ペーパー（CP）市場において，証券化商品の担保価値が疑問視され始め，証券化商品を担保とする資産担保CPに対する資金の貸し手が姿を消してしまった。このように欧米の短期市場が実質機能停止に陥った。その後，市場の疑心暗鬼はサブプライム関連商品のみでなく，証券化商品全体に向けられ，それらを担保にした資金調達が困難となり，サブプライムローン問題に端を発した金融機関の資金繰り危機が，大手金融機関の経営不安に火をつけることとなる。

2008年3月に米国FRBの仲介で，JPモルガン・チェースによるベアー・スターンズの合併が起こった。9月には不動産投資や証券化ビジネスに傾斜していたリーマンブラザーズが破綻した。（連邦倒産法11章　申請）クレジット・デフォルト・スワップ（CDS：Credit Default Swap）を過重に抱えていた米国最大手の保険会社AIGが資金繰りに行き詰まり，米政府によるつなぎ融資の設定と，出資による株式取得権（ワラント）保持という救済策を受け入れた。その後も，米S&L（Saving and Loan：貯蓄金融機関）最大手のワシントン・ミューチュアルに対し業務停止命令が出され，連邦預金保険公社（FDIC）の管理下に置かれ，営業権を含む資産は，JPモルガン・チェースに譲渡された。さらに信用不安から，米銀行大手ワコビアや欧米金融機関の株価が急落し，政府による救済や金融機関による合併，買収が起きた。モルガンスタンレーやゴールドマンサックスも，株価急落を受け増資と銀行持株会社化方針を決めた。

この米国発の金融危機は，欧州の銀行にも波及した。CDSは，銀行が企業に融資したり，投資家が企業の社債を購入した場合，企業の債務不履行に備えて，元本支払いを保証する信用派生商品（デリバティブ）である。金融市場において信用リスクを分散するため開発された商品で，主に保険会社や投資銀行が発行する。倒産リスクが高くなれば，保証料は高くなる仕組みとなっている。損失回避の目的からスタートしたが，その後投機的な商品としても取引されるようになった。CDS取引は急拡大し，想定元本は2008年6月末で54.6兆ドルとなり，2007年度の世界全体の国内総生産（GDP）に匹敵する規模になっ

た。AIG は，その傘下に金融派生商品を扱うロンドン法人を抱えていた。CDS で巨額の保証を行って得た保証料を利益計上することで，2005 年度には同社の利益の 17.5% を稼ぎ出すまでに至った。しかしながら，サブプライムローン関連の保証履行債務が急速に拡大し巨額の損失計上を迫られ，同社の格付けが最上位のダブル A 格から大幅に引き下げられた結果，CDS の信用保証先に巨額の担保を差し入れる義務が生じ，政府から資金支援を仰ぐこととなった。

投資家のリスク許容度が低下すると，世界のマネーはリスクを嫌う方向に転ずる。このマネーの萎縮の連鎖はあらゆる切り口で発現する。金融商品間のシフト，企業間のシフトにとどまらず，国の間のシフトも起こった。経済基盤に比べて対外債務が多いとみなされた国の通貨も次々と売られた。結果金融危機は，米欧からアイスランド，ウクライナ，パキスタンなどに波及していった。その過程で，たとえばアイスランド・クローナは暴落した。金融危機の影響は，その後実体経済の悪化を引き起こすこととなった。

2-2 金融危機における不確実性

今回の金融危機の構成要素を整理すると，以下のような 3 つの危機が急速かつ広範に連鎖したものといえる。

ⅰ）サブプライムローンの不良債権化により，それを大量に抱えている金融機関の「ソルベンシー危機」が発生

ⅱ）ⅰ）により金融機関がバランスシートの調整（レバレッジの縮小，リスク性資産の削減）を行った結果，証券市場が売り一色となる「マーケット流動性（取引の実行のしやすさ）危機」が発生

ⅲ）金融機関の信用リスク懸念から，短期金融市場が機能不全となる「ファンディング流動性危機」が発生

各企業は次の危機に直面することとなった。

短期流動性危機　→　短期収益性危機　　→　事業継続性危機
（黒字倒産問題）　　（期間損益赤字問題）　　（資本不足問題）

　さて，金融工学に基づくモデルは，「市場価格の上がり下がりは予測不能であり，確率的にしか評価できない」という前提の下で理論構築されている。ファンダメンタルズに関する情報は瞬時に市場価格に反映されるため，それを上回って価格を動かすのは，市場を構成する人たちのバラバラな予測に基づいた売買だけ，と仮定している。このバラバラな行動は，コインを投げたときの表裏の出方のようなもの（表が出たら相場が上がり，裏が出たら相場が下がる）だと考えるなら，市場の動きを確率的にモデル化でき，標準的には正規分布が当てはまるといえる。この分布を前提にするなら，サブプライムローン危機やブラックマンデーのような大暴落は，数百年に1度も起こりえない極めて確率の低い現象と考えられている。

　今日企業はリスクを共通の尺度（例えば，Value at Risk：VaR[5]）で計量化し，保有する各種リスク量を統合して管理している。具体的には変動する指標を確率分布で捉え，信頼水準99％（100年に1度の発生確率）や99.5％（200年に1度の発生確率）の下での予想最大損失をリスク量として把握し，それに見合う資本を確保・管理している。金融市場が確率モデルで説明できるように動いている間は，1つの合理的管理といえる。しかし，今回サブプライムローン問題のように金融市場がイレギュラーな様相を呈する事態が長期間続いた場合，確率モデルが想定した世界を逸脱することとなる。

　本危機を振り返ってみると，住宅市場が好調を維持している時期は，リスクを意識せず取引が続けられた。しかし不動産リスクは分散されたもののリスクが消滅したわけではない。サブプライムローンに関連した重層構造の一部の要

5）　一定期間に一定確率で，自社の保有ポートフォリオの現在価値が最大どの程度の損失を被る可能性があるかを統計的手法で計測した値。

素の崩壊がきっかけとなり，証券化により広く市場にばらまかれた住宅ローン債権リスクが一気に顕在化した。

サブプライムローンに関するリスクを含んだ金融商品やそれを保証する商品の取引が金融市場全体に分散されるという重層構造が崩壊すると，市場の価格機能がうまく働かなくなる。資金繰りに窮した金融機関が資産を投売り，恐慌相場となる。それがまた，金融機関の評価損を膨らませるといった悪循環に陥り，金融機関の破綻と金融市場の不全を深める[6]。

金融市場が不全を深めると，これまで経済・金融において前提としてきた通念の信頼性を失わせる結果となる。例えば，将来キャッシュフローの現在価値を正しく評価できるという通念は揺らいだ。また，米国連邦政府の保証する証券化商品は最も信頼できるものであるとされていたが，保証金融機関自体の破綻により，信頼性を失った。さらに，格付けは規制を不要とする信頼の象徴と考えられていたが，今回証券化商品の発行者のために付された格付けの信頼は崩壊した。

2–3 サブプライムローン問題とバブルについて

我々は過去，1929年の世界大恐慌をはじめとする様々な金融危機を経験してきた。もちろん，過去のケースと全く同様な事態は発生しない。時代，背景，さらに金融技術も異なる。したがって表面的には異なる事象に映る。その意味では過去のバブル崩壊と今回のサブプライムローン問題は同じではない。しかし表面的には異なる様相であったとしても，本質的なリスク構造まで遡ると共

---

6) 流動性がない資産に投資すると，その資産を永遠に持ち続けるしかなく，その資産が生み出すキャッシュフローを長期にわたって少しずつ受け取る以外の選択肢はなくなる。したがって，このような資産に投資する投資家が極めて少なくなり，需給の関係から資産価格は極めて安くなってしまう。流動性がないという高いリスクを反映して，大きなディスカウントがなされ，将来のキャッシュフローの期待値に比べ，極端に低い価格がついてしまう。キャッシュフローの現在価値が企業価値や金融商品の価値を決定づける前提は，流動性が存在する平時であり，有事には流動性リスクが大きく，本来その事業や金融商品の原資産が有するキャッシュフローとは大きく乖離することとなる。

通点が見いだせる。これまで金融危機に直面し，多くの企業が破綻したわけであるが，その教訓を経営管理の改善に活かしきっていないのではないか。今回の金融危機を未知のリスクと捉えるのではなく，意思決定のプロセスに潜在するリスク構造に着目して，同じ失敗を繰り返さないための仕組みを検討すべきだと考える。

　ここでバブルとは，資産価格がそのファンダメンタル価格から上方に乖離し継続的な高騰が続き，それがいきすぎると，その後は一転して資産価格がそのファンダメンタル価格を下回り急激に暴落する（下落のオーバーシュート）現象のことをいう。新規参入者による需要の拡大が，なんらかのきっかけで停止した時，これまでのスパイラルが変調をきたし，逆スパイラルとなり，急激な暴落へとつながりバブル崩壊に至る。

　ガルブレイスの『バブル物語』やキンドルバーガーの『熱狂，恐慌，崩壊』の中で指摘されていることは，人間の行動の潜在的な要素の中にこれらを繰り返し発生させる要因があり，それ故，一定の時間が経った後，同様の現象が繰り返される，という点である。

　金融バブルに起因して破綻する場合の共通点は，リターンという誘惑に負けて取引を拡大した結果，巨大なリスクを抱え込み破綻するというものである。バブルを促進する要素は次の4点に要約される。

ⅰ）レバレッジによるリターン拡大要素の存在（1929年は投信，今回は証券化）
ⅱ）巨大な取引ニーズを満たす流動性の仕組の存在
ⅲ）盲目的に利潤を追求する群衆の存在
ⅳ）不正確なリスク情報（未知のリスク）の介在

　これらの要素は相互に関連し合っているが，特に注目すべきは，ⅲ）の要素である。これは，人のリスクに対する認知に影響を及ぼし，リターンを過大評価し，リスクを過小評価する。

2-4 サブプライムローン問題に介在する心理的バイアス

　当初サブプライムローン問題は，比較的楽観的に捉えられていた。それは，不良債権化が最高水準まで達したとしても米国の GDP の数％の損失であり，米国の金融機関の財務体力から判断し十分に対応可能と思われていたからである。しかしながら現実にはその予想は外れた。この一因は，損失の絶対額は負担可能であったとしても，その損失がどこに潜んでいるか分からなくなってしまったからである。次元は異なるが，「毒入り冷凍餃子事件」のように，客観的には毒入りとみられる餃子は全体のごく一部にすぎないにもかかわらず，一時的にはほとんどすべての冷凍餃子が売れなくなってしまった事態と類似する。情報の非対称性に直面していることを改めて認識した投資家が一斉に投資を手控え，市場が一気に消滅したものと考えられる。このようなリスクに対する心理面に注意が必要である。

　金融市場のバブル発生要因を根絶するのは困難であるが，企業はバブル状況に直面した場合，破綻を避けるためにいかに合理的な行動をとるべきかを考えることは可能である。
　まずは，前述した4つの構造的特徴を基準に，バブル的現象に至る兆候を早期に認知する努力が必要である。そして，バブルが崩壊した時に影響を受けるであろう自らのリスクポートフォリオについて分析することが重要である。

　また，企業は市場の中で競争しつつ利益を追求する生きた組織である。バブルが市場経済の中で発生し，それが発展する過程ではリターンの機会を提供する。それ故，そのチャンスを無視できない。さらに，保有しているリスクとその担保たる資本との関係を冷静に判断できなくなり破綻に至る危険がある。今回も同様のパターンを観察できる。つまり，当初証券化商品の原資産が有するリスクやその仕組み上のリスクを懸念して当該市場に参入しなかった投資家も，この取引に参加した者が利益を得，その市場が拡大し，実績が積み上がっていくと，他の投資家もその取引に参加する誘因が大きくなる。一定の規模の

市場が形成されると，取引の規律が強化され健全な市場を維持するための仕組みが形成されていく。しかし，たとえば急成長の結果，取引規律の整備が追いつかない事態も生ずる。また継続的な利益を経験したある企業が，元々存在するリスクに慣れてしまい，それを過小評価し，自社の負担能力以上のリスクテイクをするように，リスクと資本の関係を冷静に判断できなくなると企業は破綻に至る。

ナシーム・ニコラス・タレブ（2009）は，「ほとんど起こりえないが起これば大きな影響を及ぼす事象」をブラック・スワンと表現し，警鐘を鳴らしている。この呼称は，オーストラリアでブラック・スワンが発見されるまで，人たちは白鳥といえばすべて白いものだと信じて疑わなかったことから命名され，その特徴を，ⅰ）予測できないこと，ⅱ）非常に強い衝撃を与えること，ⅲ）いったん起こってしまうと，いかにもそれらしい説明がなされ，実際よりも偶然には見えなくなったり，あらかじめわかっていたように思えたりする，と説明する。つまり，我々には後知恵や単純化を行う傾向があり，それがブラック・スワンを無視しようとする危険を生む，と説明する。そして，私たちのまわりの世界を単純化すれば，不確実性の源をいくつか無視することになる[7]，と警告する。

また，タレブは，統合リスク管理におけるリスクの計量化の問題点として，

---

7) この傾向に陥りがちな原因が次の通り説明される。「脳はよく，私たちが意識しないところで仕事をする。……私たちには生まれつきパターンを探す性質が備わっている。……強調したいのは，深読みのような推論をしてしまうのをコントロールすることはできないという点だ。……もう1つ（の原因は），情報の溜め込みや読み込みを行う仕組みが及ぼす影響にかかわることである。……第1の問題は，情報を手に入れるのにはコストがかかるという点である。第2の問題は，情報は溜め込むのにもコストがかかるという点である。……第3の問題は，情報は複製したり取り出したりするのにもコストがかかるという点である。……パターンを見つけたり，並び方の法則を見つけたりすれば，丸覚えする必要はなくなる。……生の情報よりパターンのほうが小さくまとめられる。」と。（タレブ上（2009）132-135ページ。）

正規分布を使った推論は，大きく外れた値を無視する。にもかかわらず，なんとなく不確実性を飼いならした気になってしまうため，外れ値が関与する事件を予測できないということである[8]，と指摘する。

　外れ値を無視すると，企業を破綻に追いやる危険がある。しかし，外れ値を必要以上に意識すると，リスクへの挑戦という意欲をそぎ，発明，イノベーションという経済の活力をそぐ恐れがある。この両者のバランスを欠いた意思決定を回避するという，意思決定そのものに対するマネジメントが必要である。

　スリーマイル・アイランドの原発事故[9]，インドのボパールでの化学工場爆発[10]，チェルノブイリ原発事故[11]など巨大事故の分析をきっかけとして，危機管理（Crisis management[12]）の対象は技術の改善のみでなく，そのような事故

8）　同上書，16 ページ。
9）　米国ペンシルベニア州スリーマイル島のメトロポリタン・エジソン社原子力発電所で起こった 1979 年 3 月 28 日の事故。2 次系の脱塩塔のイオン交換樹脂を再生するための移送作業中に発生した。原子炉冷却系の異常による事故で，周辺住民の大規模避難が行われた。1989 年の調査で圧力容器に亀裂が入っていることが判明し，異常事態が更に長引いていたならば，チェルノブイリ原子力発電所事故と同様の規模になっていたといわれている。
10）　1984 年 12 月にユニオン・カーバイド・インド社の農薬工場から猛毒のイソシアン酸メチルガスが流れ，死者 3,800 名を出した化学工業史上最悪の惨事となった事故である。コスト削減のため熟練工が解雇され，安全教育を十分受けていない経験不足の従業員によって，作業規則が遵守されなかったり，機器の修理や保守点検が後回しにされたことが，大事故につながったと報告されている。
11）　1986 年 4 月にウクライナ共和国のキエフで発生した原子炉の爆発事故により大量の放射性物質が外部に飛散したため，周辺住民約 30 万人が移住を余儀なくされた事故である。当時のソ連の原子炉の技術上の問題もあったが，オペレーターの安全規則に違反した運転が原因であった。しかしながら，原子炉の構造面で安全工学的にもヒューマンエラーを防止する措置に欠けていたり，事故は実験中に起こったものであるが，実験計画そのものにも問題があったと指摘されている。
12）　危機管理という用語は元来国家の安全保障との関連で使われてきたが，その後経営学上のマネジメント概念や戦略概念が導入され，今日では，リスクマネジメントの一部として位置づけられるようになった。危機管理について共通の統一的定義は

を起こした人間的要因，組織的要因に向けられた。アイアン・ミトロフ (2001) は，危機管理はこの企業文化を疑うことから始める必要がある，という。つまり，企業の行動パターン（人間の意識）を変えることを念頭において，危機管理態勢の整備に取り組む必要があると指摘する。受身的な危機管理ではなく，能動的で，かつ組織構成員の日常の意識・意思決定・行動にまで入り込んだ危機管理が必要であることを強調し，次のチェックポイントを提示する[13]。

　ⅰ）危機が現実に発生する前に，危機の兆候が繰り返し，継続して送られてくる。従って，初期警戒信号を感知するメカニズムを構築せよ。危機を知らせるシグナルの伝達が途中で止まらないようにせよ。

　ⅱ）現代のシステムは複雑で，連環している。被害は一度に発生するのではなく，連鎖的に拡大していく。ささいな欠陥から大惨事が起こる。1つの問題への対応の誤りが新しい危機を招く。

　ⅲ）効果的な危機管理のためには，自社の危機管理の強みと弱みを直視することに耐えること。弱点を直すために資金や労力をつぎ込む前向きさを維持すること。

　ⅳ）欠陥を認めて改めようとする者は，裁かれない。自分から真実を明らかにすれば，危機的な状況でも，主導権を握ることができる。

　ⅴ）会社の論理が世間の論理と同じとは思うな。本質的な問題に対応しろ。批判的な考え方と他者への配慮を兼ね備えること。

　ⅵ）「自分だけは大丈夫」という危機発生の可能性を否定するために使われる企業の防衛本能を確認する。危機が発生する構造が組織内部に存在する。

　これまでのバブルでも，リスクマネーが膨張している間は大きな問題は起き

　　存在しないが，ここでは「より切迫した重大リスクへの対応」として，緊急事態の回避，危機発生時対応に特化した活動と定義しておきたい。
13）ミトロフ (2001) には数多くの実践的留意事項が挙げられているが，その中で特に重要と思われるものを著者が抽出した。

ないが，合理的であれ，非合理であれ，一定規模の投資家がレバレッジが高すぎるというように認識を変えた瞬間，このバブルは崩壊する危険がある。彼らがリスク回避に走れば，リスクテイクによる富の創造メカニズムが逆回転し，損失の機会が拡大する。サブプライムローン問題についても，人々の心理が変わって，悲観的なコンセンサスが広がり，さらなる下落へのスパイラルに陥っていった。このように一定比率以上の人が走り始めると，その中で何もせずに立ったままでいるのは大きな勇気がいるのと同様，変化そのものがより多くの同方向の変化を加速してしまう。その後，ある事態（パリバやベアスターンの変調）をきっかけに，その負の側面が市場関係者に広く知れ渡ることになり，広く市場に連鎖的影響を及ぼし，システミックリスクの発現に至る。しかしながら，崩壊に至るバブルか，新しい市場形成の過程なのかの見極め，またたとえ崩壊する場合もそのタイミングを予測することは難しい。なぜなら，一度金融危機が起これば，それに対する対策が打たれるので，その後まったく同じ金融危機が発生することはない。そのため，次に起こる金融危機の形態は変形し，その正確な予測を困難とするからである。これらの教訓を踏まえると，平時のリスク管理として，保有しているリスクを計量化して統合してモニタリングできる体制の整備が必要である。そして有事の管理として，定期的にストレステストを実施し，自社のポートフォリオの脆弱性を分析し，リスク負担能力を超える保有がないことを確認すること，金融市場の状況との関連で異常なバブルの兆候や予期せぬ連鎖の兆候が感じられないかといった検証体制を構築する必要がある。

さてここで，サブプライムローンに関連する取引に参加した者に介在したと思われる心理的バイアスを列挙してみたい。

<u>慣性のバイアス</u>

不動産価格がしばらくは上昇するという錯覚を覚える。サブプライムローンのサイクルは，資金を借り，不動産購入。不動産価格の上昇，買替えまたは売

却により，返済が容易になる。したがって，サブプライム（信用力の低い）層でも返済上のリスクは小さい，と錯覚してしまう。

パターンシーキング（モデルの過信）

　プライム（信用力の高い）層の住宅モーゲッジは，資産の性質が均質であるなら，それをプール化すればリスクが安定する。（大数の法則）さらに資金使途が住宅に限定されるので個人差が少ない上，借り手が資産保有者なのでその住宅の保全に努める誘因をもつため担保価値は劣化しにくい。市場関係者にとっては，このような経験則があったといわれている。また，住宅ローンのスコアリングシステムは，過去に住宅ローンを借りた者と現在申し込みをしている者との質的な差異を数値化し，同じなら過去の平均値と同様の貸し倒れが出るはず（パターンシーキング）だと想定して，スコアリングするものである。その意味では，過去に豊富なデータが存在する領域のリスクであり，市場関係者にとっては計量的推定が可能なリスクと考えられていた。

　しかし，同様のモデルがサブプライムローンを組み込んだリスクについても適用できるかというと，その保証はない。つまり，サブプライム層に対しては，経験の裏づけがなく，信頼性が低いという要素を軽視したこととなる。

格付け会社への過信と情報カスケード（スコアリングシステムに内在する単純化のバイアス）

　今日の金融仲介機能は，貸付先のスクリーニング，預金獲得，リスク分配といった機能に分解され，それぞれ専門化され，分業するシステムへと変わっている。売却を前提にローンを組成するプールの中に，サブプライムローンが組み込まれた。このリスクプールを等級毎に分けて，投資家の注文に応じて証券化商品を組成，相対取引する仕組みが市場に広まった。しかし，これが結果として，投資家が，合理的リスク計算に注力するか，無思慮に格付けを信じるかの二者択一しかない状況に至らしめたという指摘がある。

　また，銀行の審査部は，住宅ローンのスコアリングシステムに合致する顧客

を選別する機能を果たす。一方，証券化を前提にした住宅ローンでは，審査部にあたるのが格付け会社である。しかしながら，サブプライム層のリスク評価においては，データと経験が少ない。モデルは，結果データによる検証を通じて，補正されていくので，それまでの間，評価に歪みが生ずる[14]。

　最初はリスクの不透明さに不安をいだき，格付け会社の評価に十分な信頼をおいていなかった投資家も，市場が拡大するに伴い慣れのバイアスで不安が低下してくる。その後自らもこのビジネスに参入することにもなったであろう。このようなメカニズムでビジネスが回転しだすと，格付け会社の評価を過信して，誰も疑義を差し挟まなくなる。（情報カスケード現象）

リターンの過大評価

　裁定取引は，最終的には，価格の歪みを調整するので，次第に裁定機会が縮小する。このため，他人より早く始めさっと手仕舞いする必要がある。ところが，裁定取引に巨額の投資資金が流れ込むと，それ自体が信用創造を行って，過剰流動性を創り出してしまう。サブプライムローン取引は，最初は，借り手の信用リスクに対する裁定取引であったものが，過剰流動性が住宅バブルをもたらした。

　このような状況に至ると，組織の拡大や高い報酬がからみ，そのような取引を手仕舞いするのは相当困難となる。リターンの過大評価が，その判断をにぶらせるからである。

業務の分散によるオペレーショナルリスク低下の幻想（サイロ的リスク評価の弊害：業務の細分化，専門化によるリスク評価の質的低下）

　証券化で機能分化が進み，モラルハザードや判断上のリスクが高まる。商品

---

14) サブプライムローン問題における格付け会社の問題は，情報の非対称性に着目する論者からは，格付けというサービスの受益者は，投資家であるが，格付け会社に対して格付け作業の報酬を払っているのは，証券や証券化商品の発行者であることから，発行者支払い（イシュアーペイ）のビジネスモデルが，格付け会社の行動をゆがめる原因になった，との指摘がある。

化に際し，かつては一体であった業務は，あっせん，貸付，保証・信用補完，回収・取立て，原債権の収集・プール化，証券化などに分化され，専業の業者が担うようになった。これによって，事務ミス等のオペレーショナルリスクが集中するのは回避できた半面，リスクの移転が前提となるため，強引なあっせんや貸付，無責任な査定・監視を誘発したともいえる。

3．リスクマネジメントの再構築

　企業のリスク判断を歪めた原因に心理的バイアスの介在がある。これを管理する仕組みを加えない限り，同様の失敗を繰り返すこととなる。

　本章では，「判断上のリスク」を「リスク評価に関する無意識の判断上の錯覚」と定義する。そして当該リスクをリスクマネジメントの直接の対象に追加する。検討にあたっては，人の意思決定や行動に関する行動経済学（Behavioral Economics）の知見をリスクマネジメントの領域へ活用する。

　ハーバート・A・サイモン（1957）は，人は，経済学者達が想定した合理的規範的モデルと一致するような意思決定ができる知識と計算能力は持っていないと結論づけた。そして，人の意思決定は，経済学的視点からは合理的な（Rational）行動ではないが，合目的的であり，相応な（Reasonable）行動であるとし，人の合理性には，限界があり，限られた範囲で次善策を追求するという限定合理性（Bounded rationality）を主張した。このような認知能力の限界から，最適な解を求める「途中の」段階で，自分にとって最低限譲れない基準をクリアするような選択肢で満足してしまうという仮説，満足化理論（Satisfycing theory）を導出した。ここから，人間は完全に合理的ではないが，完全に非合理でもない現実に立脚した研究が展開されることとなる。

　サイモンの後，カーネマンとドバスキーは，人の限定合理性に光を当て，経済学が無視してきた心理的側面の発展に貢献した。彼らが実証実験から導出した理論は，プロスペクト理論（Prospect Theory）と呼ばれる。これは，伝統的な経済学において採用されていた期待効用理論を修正した。同理論は，結果が不

確実な将来の事柄に対する意思決定を期待効用関数（「効用×それが起こる確率」）を基準に，考えられるすべての選択肢の中から最大の効用が得られる選択を行う，というものである。これに対して，カーネマンとトバスキーは，価値関数と主観的確率である確率ウエイト関数を使用した新たな枠組みを提示した。つまり，主観的確率（Π (p)）と好ましさの程度（価値関数：V (x)）によって決定される効果（ΣΠ (p) V (x)）を最大化しようとして行動する，と説明する。価値関数は，期待効用理論のように所得などの絶対的水準に基づく価値ではなく，価値の基準となる参照基準点からの変化によって決定づけられる。また確率ウエイト関数は確率に主観的な重みがあり，利得の場面では，危機回避的特性を，また損失の場面では危険追求的特性を有し，利得損失が小さい場合は変化に敏感で，大きくなると感応度が鈍くなる，と説明した。

これらの研究によって導きだされた知見は，伝統的な経済理論が，「合理的に行動する個人[15]」を前提としていたのに対して，限定合理性に基づき，既存の理論に内在していた現実との乖離に改めて目を向けさせ，これまでの理論の再構築を迫ることになった。

本章では，組織構成員のリスクの認知に関する知見を取り入れ，それを管理・モニタリングする枠組みについて検討し，リスクマネジメントの再構築を図りたい。「行動的」アプローチに基づいて再構築するという意味で，この処方箋を「行動[16]リスクマネジメント（Behavioral Risk Management）」と呼ぶ。

---

15) 経済学において次の3つの合理性を前提としている。ⅰ）超合理的：自らの効用を最大化する行動を選択する。そのためにあらゆる情報を駆使し，利用する能力がある。ⅱ）超自制的：一度決めた行動は将来においても変わらない。誘惑に負けることなく，意志は強固で崩れず貫きとおす。ⅲ）超利己的：行動を決定する際には，自分の利益のみを考える。
16) ここで使用する「行動」という用語は，ギルボア，シュマイドラー（2005）が，整理した次の内容に従ったものである。「行動的データは，意思決定主体がとった行動の観察結果である。それに対し，認知的データは，内省も自己申告などから導か

4. 伝統的リスクマネジメントの課題

4–1 意思決定者の合理性にかかわる課題

　たとえ完全な管理体系を構築しても，組織構成員が適切に行動しなければその目的は達成されない。つまり企図した効果は，組織構成員の合理的で妥当な意思決定と行動に負っている。また，どんな有効な仕組みを作ったとしても，完全に人の欲望をコントロールしたり，非合理性を排除するのは難しい。

　リスクマネジメントの枠組みとしてCOSO[17]は，ERM（Enterprise Risk Management）モデルを提示しているが，これを導入したとしても，それは経営に絶対的な保証を与えるものではなく，「合理的な保証（Reasonable assurance）」を与えるにすぎない，と明言し，下記の「固有の限界[18]」を挙げている。すなわち，

　　ⅰ）意思決定における人の過ち・エラー
　　ⅱ）経営者や一定の権限を有する組織構成員がERMを無視した場合や，複数の人の共謀
　　ⅲ）経営資源の制約による有効性の限界

である。

　この内，ⅱ）は倫理の問題であり，ガバナンスや行動憲章，内部統制で取り

れる観察のうち，選択に関するものである。…意思決定理論は，意思決定主体が意味があると思うデータやその主体が依拠する理論的概念の種類によって分類することができよう。ある理論が行動主義的（behaviorist）であるとは，それが行動に関するデータのみを用い，認知理論的概念を用いないことをいう。…われわれは「行動的（behavioral）」という用語を行動的なデータのみを認める一方で，メタファーとしては認知的（cognitive）なものも認めるような理論を指す。」
（ギルボア，シュマイドラー（2005）17–18ページ。）

17）　COSOとは，トレッドウェィ委員会（The Committee of Sponsoring Organizations of the Treadway Commission）と呼ばれ，1980年代後半に米国で多発していた内部統制上の問題（特に米国貯蓄金融機関；S&Lの破綻問題）に対応するため，国際経営管理会計協会（IMA）や米国公認会計士協会（AICPA）などがスポンサーとなって設立した業界団体である。

18）　COSO（2004）7ページ。

扱う領域である。不正を許さない態勢を構築する必要がある。またiii）は，経営資源のリスクへの対処に対する資源配分の問題である。しかしながら，i）は，意思決定者が適切と思いつつ，または無意識の内にそう思って判断し行動したが，実際には企図したものから乖離するといった要素を含んでおり，リスクに関する意思決定の問題である。本章では，特にこの領域に着目する。

4-2 対象とするリスクの課題

フランク・H・ナイト（1921）[19]は，確率的に表現できる不確実性（Measurable uncertainty）と確率的に表現できない不確実性（Unmeasurable uncertainty）とを峻別し，前者を「リスク」と呼び，後者を「真の不確実性」と呼んだ[20]。その上で，損失のチャンスまたは確率が測定できる場合には，同種の事象をグループ化したり，その負担を特定化・専門化することによって，不確実性を取り除くことができる，とした。これに対し，「真の不確実性」は，そのユニークさ故，事象を集団化することが不可能である，という問題を提起した。

ナイトによってこのような提起がなされて以降，確率計算が可能で大数の法則[21]が応用できるかどうかが，リスクを定義する1つの有力な考え方となった。今日実務で利用されているリスク処理の手法は，ナイトの主張したようにグループ化，特定化・専門化に基礎を置いている。例えば，先物市場における

---

19) Knight（1921）．
20) ジョン・メイナード・ケインズも同様の主張をしている。彼は大恐慌時のケインズ革命と呼ばれる『一般理論』で有名であるが，論理的確率に関する数学的考察である『蓋然性理論』を書いている。この内容は，一般理論にも反映されており，確率論的なリスクと先が読めない真の不確実性は根本的に異なり，不確実性の故に企業家が立ちすくみ，十分な投資活動を行えず，深刻な需要不測が生じたのが大恐慌である，と考えた。
21) 大数の法則とは，独立的に起こる，ある事象について，それが大量に観察されれば，ある事象の発生する確率が一定値に近づくことをいう。保険関係においては，個々人にとって偶発的な事故を大量に観察することにより，ある確率でその発生率を全体として予測できるということになり，この法則に基づき保険リスクを管理している。

ヘッジ取引は，価格や金利や通貨の不確実性を投機家に移転する。投機家は個々のリスクを集めることによって，リスク全体を減らしている。また保険もリスクを専門的に引き受けることによって，個々の致命的な経済的負担を複数の契約者に分散させている。

ただ現実に企業が直面するリスクには，確率的に表現できない。「未知の既知リスク（リスクの存在は認識しているが，その特性を十分に解明しきれていないリスク）」や「未知の未知リスク（存在そのものも知らないリスク）」も存在する。

人はリスクをいかに認識し，いかなる判断プロセスを経て意思決定をしているのであろうか。

リスクは，組織内において十分解明され尽くされたものもあれば，専門家ですら解明できていないものもある。また専門家によってリスクが適切に評価されていたとしても，実際の執行部門が，同等の知識を有するとは限らない。さらに専門部門から関連する科学的データが与えられていたとしても，意思決定を下す我々の中に心理的バイアスは容易に生ずる。

リスクを回避するかテイクするかの判断は，リスクの大きさとリスクをおかした結果得られる価値の大きさに依存するだろう。芳賀繁（2004）は，人がリスクテイキングしやすい状況として，次の3つを提示する。

・リスクに気がつかないか，主観的にリスクが小さいとき
・リスクを犯してでも，得られる目標の価値が大きいとき
・リスクを避けた場合のデメリットが大きいとき[22]

心理的バイアスの介在と不適切なリスクテイキンクの関係を整理すると，図9-3の通りとなる。

---

[22] 芳賀（2004）114-115ページ。

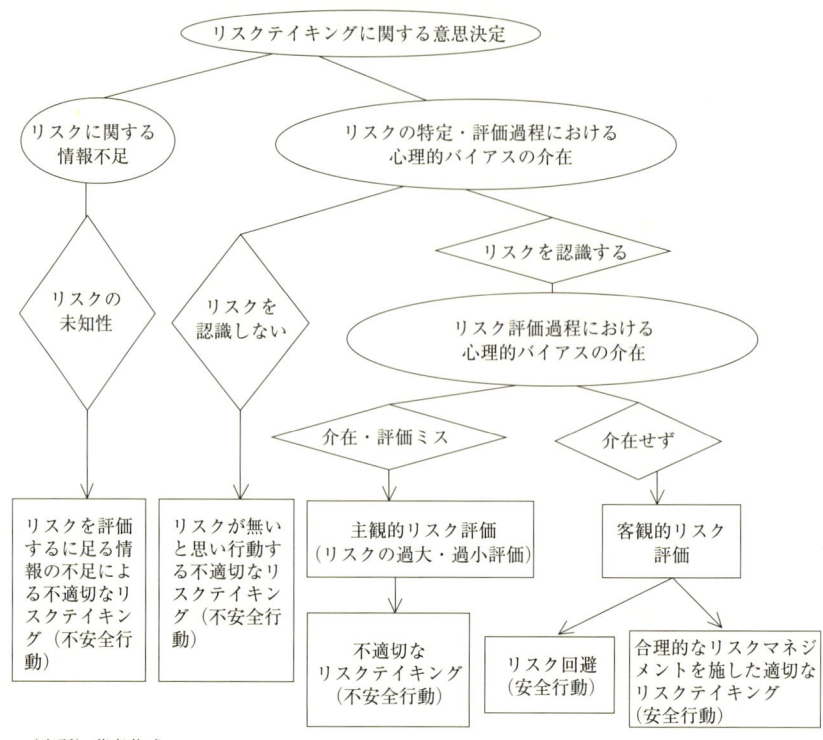

222　第3部　現代経営戦略の発展

図9-3　不適切なリスクテイキングの構造

（出所）著者作成。

　日常の意思決定において，よく経験する事態は次のようなケースである。
　　ⅰ）未経験領域に関する対応であるため，予測がしにくい
　　ⅱ）環境変化が激しく対処案に関するリスクが読めない
　　ⅲ）どうしても推進したいので，否定的なことは考えたくない
　　ⅳ）これまでの経験から，よく承知していることなので，リスクがあるように思えない

　ⅰ），ⅱ）は，リスクの未知性に起因するもの，ⅲ），ⅳ）は心理的バイアスが介在したもの，つまりⅲ）は例えば成功バイアス，ⅳ）は例えば慣性のバイアスによりリスクを無視したり，過小評価するケースといえよう。

ビジネスリスクに直面すると，実際にリスクテイクをすべきか否かという意思決定において，得られるリターンについても同時に評価することになる。従って，リスクを現実より低く認識することは，リターンを現実より大きく評価するのと同義である。実際にリスクを主観的に過大に評価すると，そのリスクの大きさのために行動を思いとどまる。しかし，実際に客観的に評価したリスクが許容範囲にあったとするなら，リスク判断の失敗からリターンを得る機会を失ったことになる。逆に，リスクの過小評価はリターンの過大評価によりリスクを負担能力以上に取りすぎ会社を危うくさせる。

4-3 問題解決の視点

伝統的リスクマネジメント論には2つの課題が確認される。すなわち，i）現実に人は完全に合理的ではない（「限定合理性」の存在）。にもかかわらず，リスクマネジメント論は意思決定者の合理性を前提としていること。

ii）検討の対象としているリスクは，確率的に表現できる不確実性（＝ナイトのリスク）を中心としているが，現実の企業は「確率空間が描けない不確実性（＝未知のリスク：ナイトの真の不確実性）」に直面する機会が多くなっており，このような意思決定の局面に対して十分な対処ができていないこと。

このような状況下，伝統的リスクマネジメント論が想定してきたERMのみでは，合理的意思決定モデルと現実の意思決定に乖離が生じ，バイアスの介在といった事態に対して適切な対処ができない。結果無意識の内に不適切なリスクテイキングが起こる可能性を孕んでいる。この課題を解決するためには，組織構成員の判断上のリスクを直接の対象としたマネジメントの構築が必要となる。

では構築において何に留意する必要があるのか？特に，無意識の内に発生するバイアスへの的確な対処が重要となろう。この重要性を理解するには，知覚の錯覚としてよく知られたミュラー・ライアーの矢を使って説明すると分かりやすい。つまり，我々は，矢印の向きにより錯覚を起こすということをすでに

知識として知っている。しかし，その上でも，2つの矢の前に立つと，まだ一方の方が長いと感じてしまうわけである。分かっていても感覚はなかなか是正できない。つまりそのように感じるのが自然なのである。これと同様の現象がリスクに対する判断においても起こりうる。我々は本で読んだ知識や他社の失敗の経験により，不適切なリスクテイキングが起こるということを知識として知っている。しかしその渦中に自分自身が入ってしまうと，その通り意思決定ができない。かつての自分自身が同類と思っている経験で成功した記憶を信じて無意識の内にリスクをそのまま取ってしまう。その経験が直面している問題と差異があるのか否かを十分確かめたり，自分自身の判断の合理性を十分疑うことなく，意思決定がなされてしまう。このような認知の錯覚による失敗は，ミュラー・ライアーの矢の知覚と同様，分かっていても，同じミスを繰り返してしまうという現象につながっているのではないか。

アンドリュー・キャンベル，ジョー・ホワイトヘッド，シドニー・フィンケルスタイン（2009）は，意思決定が下された時点で誤っていたと思われる83の事例について，そのデータを収集し，分析した結果，「誤った意思決定は，影響力の大きい個人の判断ミスに端を発している」という結論に達した。そして，そのメカニズムを脳科学の知見により次の通り説明している。前述の無意識の意思決定が生ずる原因を理解するのに役立つので引用しておきたい。

　　リーダーは，直面した状況のパターンを認識し（パターン認識），素早く意思決定を下す。その際，これらのパターンから呼び起こされる感情（感情タグ）によって，それに反応するか，あるいは無視するかを決める。…パターン認識とは，脳の30もの異なる部位から発せられる情報を統合する複雑なプロセスである。見知らぬ状況に遭遇すると，人は過去の経験や判断に基づいて推論する。…「感情タグ」とは，記憶された考えや経験に伴う感情情報に基づくプロセスである。この感情情報が脳に働きかけ，注意を払うべきか否か，どのように行動すべきか－即対応するか延期する

か，戦うか逃げるかなど－について指示する。…人間の脳が，このような過ちを見逃したり，修正しなかったりするのはなぜか。精神作業の大半が無意識になされるというのがいちばんの理由である。…これら二つのプロセスは，ほとんど同時に進行する。実際，心理学者のゲイリー・A・クラインの研究によると，人間の脳は結論に飛んでしまい，その他の選択肢を考えようとしないという。しかも，みずからが最初に評価した状況判断，つまり「初期設定」を改めることがとりわけ苦手である。…三つの要因がリーダーに影響を及ぼし，感情タグを誤らせたり，間違ったパターン認識に導いたりしていることがわかった。これらの要因のことを，我々は「レッド・フラッグ条件」と呼んでいる。第一の，…レッド・フラッグは「不適切な個人的利害」の存在である。…第二のレッド・フラッグは，…「歪んだ思い入れ」の存在である。…最後のレッド・フラッグは，「判断ミスに至らしめるような記憶」の存在である[23]。

ミュラー・ライアーの錯覚に陥らないように，図9-4のような補助線を引いてみると，この錯覚から回避しやすくなる。この補助線を引いて判断上のリスクを回避・是正することこそ，我々が構築しなければならない行動リスクマ

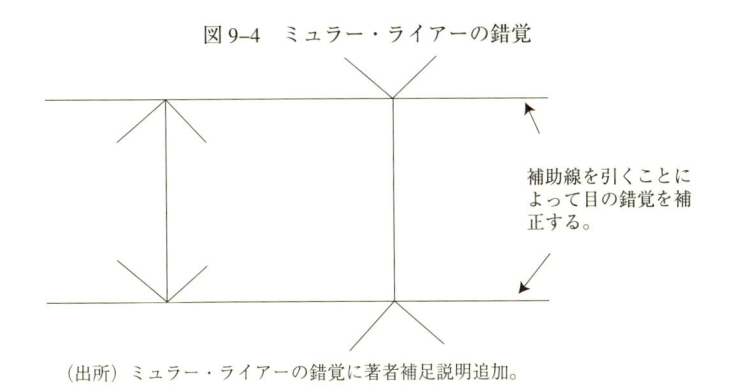

図9-4　ミュラー・ライアーの錯覚

補助線を引くことによって目の錯覚を補正する。

（出所）ミュラー・ライアーの錯覚に著者補足説明追加。

23）ダイヤモント・ハーバード・ビジネス・レビュー（2009）124-134ページ。

5. 行動リスクマネジメントの導入

5-1 リスクリテラシーの向上

　リスクに対する意思決定と行動を非合理なものに誘引する要素は多様である。しかしながら，人が意思決定に際して陥りやすい一般的特徴やパターンが存在することが明らかにされている。まず，この特徴やパターンを組織構成員が理解する（リスクリテラシー）必要がある。

　リスク（またはその裏返しのリターン）に関する認知の特徴については，カーネマン・トバスキーのプロスペクト理論が助けとなる。ただし，個々人の認知は，価値観等によって個人差が出るのも事実である。また，意思決定の対象や選好における時間軸，意思決定時の置かれた環境等により，この個人差は助長されることも明らかになっている。これらの認知の構造の特徴（図9-5）を理解しておく必要がある。

5-2 判断上のリスクを検証する「場」の設定

　無意識の内に生ずる心理的バイアスへ組織として対処するためには，これを検証するための特別の「場」を設定することが有効である。このような場では，異なるフレーム（専門的視点，社内の異なる部署や社外の専門家など，経験・価値観が異なる者とのインタラクティブな意見交換）からの多面的な検証プロセスを確保する必要がある。

　伝統的リスクマネジメント体系とは別のサブルーチンを設定し，プロセス統制型の組織的管理を提言したい。この追加フローは，図9-6のように機能することが期待されている。

図9-5 リスク・リターンに関する認知の一般的枠組み

――〈プロスペクト理論の一般構造〉――

人のリスク・リターンの認知は下記の2つのプロセスで行われる。
・編集プロセス…参照基準点により個人としてのロスとゲインがフレーミングされる。
・価値評価のプロセス…価値関数の特徴…ゲイン領域→リスク回避型の傾向がある。
　　　　　　　　　　……. ロス領域→損失回避を前提としたリスク追求型の傾向がある。

↑

――〈個人差の存在〉――

個人の有する価値観等により上記一般構造は変化する。たとえば、次の通り。
・参照基準点は、個人が置かれた環境によって変化する。
・ゲイン領域の価値関数は、リスク中立型、追求型の可能性もある。
・ロス領域の価値関数は、損失回避型の前提は変わらないものの、リスク追求度合が異なる。

↑

――〈個人差を助長する要素〉――

対象となる事象を巡る選好の時間軸、環境、個人的経験知により、個人差は助長される。
・異時点間の選択における時間価値の相違→対象となる事象が近未来か遠い未来のものか？
　　　　　　　　　　　　　　　せっかちな人は近未来の報酬、不確実性程、価値評価時の割引率が高い。また、参照基準点も変化する。
・恐怖、未知性、巨損性に対する感情が強いと、価値関数の特徴を鋭角にする。きわだたせる。
・経験知からくる自信、確信→不確実性を主観的に排除、無視する。つまり本来のリスク回避度が低下する。

(出所) 著者作成。

5-3 意思決定のタイミング：リアルオプションの応用

リスクに関連する情報が絶対的に不足すると、心理的バイアスが介在する可能性が高くなる。さらに現実には、できるだけ早い時期に意思決定せざるをえないプレッシャーも受ける。このような場合、確定的な意思決定を先送りする選択肢も必要である。

未知のリスクが介在すると、DCF（Discounted Cash Flow）法等による安定的

図 9-6 行動リスクマネジメントを実施するための追加フロー
〈通常のリスクマネジメントのフロー〉　〈行動リスクマネジメントで追加されるフロー〉

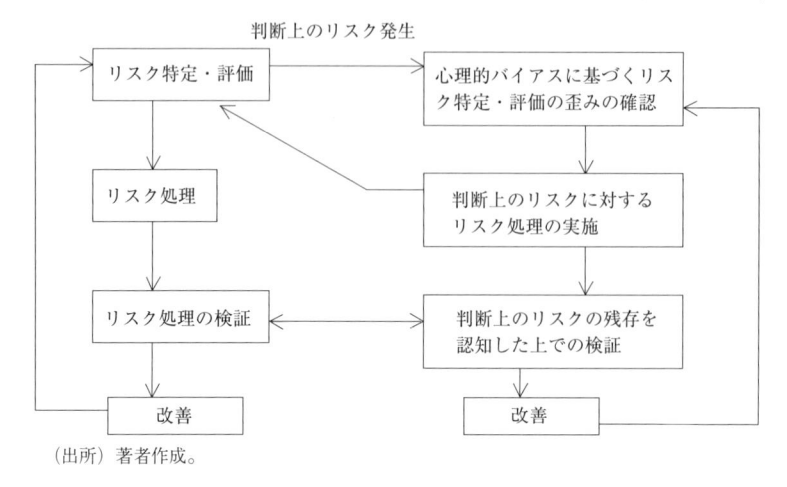

```
                        判断上のリスク発生
    ┌─────────────┐              ┌──────────────────┐
    │ リスク特定・評価 │─────────────→│ 心理的バイアスに基づくリス │←──┐
    │              │←─────────────│ ク特定・評価の歪みの確認  │    │
    └─────────────┘              └──────────────────┘    │
           │                              │                │
           ↓                              ↓                │
    ┌─────────────┐              ┌──────────────────┐    │
    │  リスク処理   │              │ 判断上のリスクに対する │    │
    │              │              │  リスク処理の実施   │    │
    └─────────────┘              └──────────────────┘    │
           │                              │                │
           ↓                              ↓                │
    ┌─────────────┐              ┌──────────────────┐    │
    │ リスク処理の検証 │←─────────────→│ 判断上のリスクの残存を │────┘
    │              │              │ 認知した上での検証   │
    └─────────────┘              └──────────────────┘
           │                              │
           ↓                              ↓
    ┌─────────────┐              ┌──────────────────┐
    │    改善      │              │       改善        │
    └─────────────┘              └──────────────────┘
```

（出所）著者作成。

なプロジェクションを描くことが難しい。将来予測が正確にできるまで意思決定に可逆性を持つリアルオプション[24]が有効であろう。経営の柔軟性を確保し，不確実性の高い事業環境における意思決定上のリスクを回避できる。原状に戻そうとすると膨大なコストがかかる不可逆的な戦略1つを選んでフルに実行してしまうよりも，戦略的選択の可能性を将来に維持して柔軟性を確保し，将来のある時点で非常に大きな価値をもたらす可能性のある戦略を選ぶ道を閉ざさないように手を打っておくことは，戦略的価値が大きい。

　リアルオプションによって獲得する柔軟性は，スポーツの世界における休憩

24）金融市場で利用されるオプション取引は，株式投資家は将来の一定期間または一定期日に，あらかじめ契約した価格で，一定数量の株式を購入する権利または売却する権利を取引するというオプション行使権の購入である。ストックオプションに投資するのと同様，新規事業への人材や資源の投入を判断する際，損失額の下限を固定しながら利益拡大の可能性を確保する意思決定を行うことがある。この場合，高利益を生み出す可能性のある新規事業プロジェクトにコミットしたいが，不確実性も高い。そのため，将来のチャンスを期待して支払うオプション料として，現時点では，最小限の投資を行い，不確実性が低下した段階で確定的なコミットメントを行う，という意思決定をリアルオプションと呼ぶ。

(タイムアウト)のようなものだとも説明される。つまり,行き詰まりを感じたときには少し休憩し,思索にふける余裕を見つけ出すようなものである。解決策を見つけるまで決してあきらめない粘り腰のアプローチともいえる。例えば,景気が悪くなった場合,工場の閉鎖や事業から撤退することは,有形,無形の資産を回収できない形で失うことを意味する。この場合,従業員が築きあげた特殊技能は他社に散逸してしまう。さらに長年かかり形成したブランドも失ってしまう。その後市場環境が好転したとしても,一度失った資本を再構築するコストは高くつく。それ故,事業を継続し,資本をそのままの形で維持し,景気好転時に生産を再開するオプションを保持するという選択肢が考えられる。

また,新規事業に参入する場合,単独で参入するには不確実性が高すぎる場合,それをあきらめるのではなく,業務提携(Non-equity alliance),業務・資本提携(Equity alliance),ジョイント・ベンチャー(Joint Venture)といった戦略的提携による参入は,自力で全面参入するリスクとコストを軽減するとともに,戦略パートナーのスキル,技術,能力,その他の経営資源を活用し,リスクへの対応力を向上させる選択肢でもある。リスクと潜在的価値について十分確信を持った時点(つまり不確実性が解消した時点)で,市場へのさらなるコミットメントをすればよい。もちろん提携には,パートナーの逆選択,モラルハザード等のリスクが存在するのも事実であるが,これらと戦略的提携という柔軟性戦略が有する利点とを総合的に判断することとなる。

5-4 多面的なリスク評価の確保

グループ行動心理学の中に,ジョハリの窓という概念がある。この概念に従えば,1人の人間を完全に知るには,実際上少なくとも2人の人間が必要である。ここで,2人の人間(ジョンとハリー,ここから「ジョハリの窓」という命名がある。)とは,その人自身と他人である。つまり,自分と他人それぞれに,その人自身に関して気づいていることと気づいていないことが存在する。自分も

他人も知っている事柄は「公開領域」と呼び，自分も他人も知らない事柄は「隠れた領域」と呼ぶ。このマトリクス（図9-7）には「盲目的領域」や「神秘的領域」も存在する。

図9-7 ジョハリの窓

	＜他の人＞	
	知っている	知らない
＜あなた自身＞ 知っている	1. 公開領域	2. 隠れた領域
知らない	3. 盲目的領域	4. 神秘的領域

（出所）アイアン・ミトロフ『クライシス・マネジメント』上野正安，大貫功雄訳，2001年，徳間書店，97ページ。

このマトリクスはリスクに関する情報にも当てはまる。仮にあなた自身が意思決定者で，リスクに直面し，リスクの構造を解明しているとしよう。その際，自らの経験・知識を頼りにしたアプローチのみでは，神秘的領域や盲目的領域が抜け落ちてしまう恐れがある。組織にとって未知のリスクの場合には，対処すべき対象が参加者全員にとって神秘的領域といえる。クロスファンクショナルな協議は，これまで他人が経験した類似事例を全員で共有し学習を促進する手段となる。また，組織としては既知のリスクで，一部の人を除いて多くの人にとって未知のリスク（盲目的領域）である場合にも，これを解消するメリットがある。

5-5 モニタリングツールの工夫

経営が経営目標達成や戦略推進との関係で積極的にリスクを取ろうとすることをリスク負担意欲と呼ぶ。また，財務の健全性を担保するためには，会社全体として，あるいは特定の事業単位またはリスク区分として保有できる許容限度（リスク負担能力）を明確に設定しておかなければならない。新たなリスクを取った場合保有したリスク全体がリスク負担能力の範囲内に収まっている必要がある。この負担能力を商品やより細かなリスク区分毎にリスク・リミット

第9章　サブプライムローン問題の検証とリスクマネジメントの再構築　231

として設定し管理するのが一般的であり，VaRの特定額で設定することが多い。例えば，トレーディング等でフロント部署にポジション操作の自由度が与えられるが，このリミットを超えてのポジション取りはできない。

リスク・リミット設定に際し，リスクの未知度合いに応じてバッファを決めることも有効であろう。つまり，一定の余裕を含めてリスク・リミットを低めに設定し，事態の変化を早期に発見できるようにしておくことができる。例えば現在保有しているリスクと今後新たにリスクを取る意思決定の関係を，図9-8の通りとする。ここで，リスク負担能力（y）と追加される累積リスク量（x）との関係をリスク負担関数と呼ぶ。（ここでは単純に線形としている。）

経営は，予期しない事態（有事）も考慮して，最大リスク担保力より小さい値（θ）をリスク・リミットとして設定し，（α）〜（β）間で，リスク負担の意思決定を行う。この場合，リスクに未知性が高い程，（β）〜（θ）間の差は大きくなる。すなわち，θを低めに設定する。実務では，未知のリスクが発現した際の最悪の事態（ストレス状況）を想定してもリスク限度額内に収まるよう，

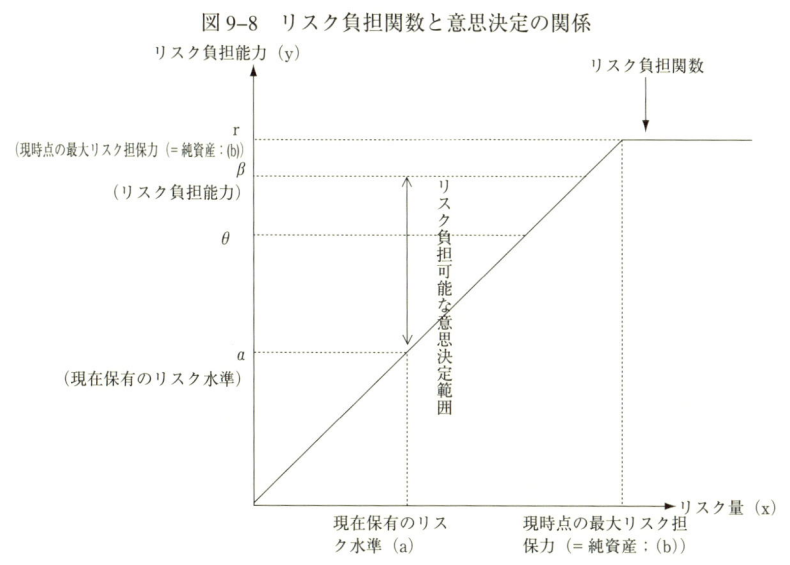

図9-8　リスク負担関数と意思決定の関係

縦軸：リスク負担能力（y）
横軸：リスク量（x）

r（現時点の最大リスク担保力（＝純資産：(b)））
β（リスク負担能力）
θ
a（現在保有のリスク水準）

リスク負担可能な意思決定範囲

現在保有のリスク水準（a）
現時点の最大リスク担保力（＝純資産：(b)）

リスク負担関数

（出所）著者作成。

ストレス要素を考慮してβを設定する。つまり、ストレス部分（計量化できない不確実性）が大きい場合は、γとβの幅は大きくなる。

　行動リスクマネジメントでは、リミット設定において、心理的バイアス部分を考慮して設定することによってリスク評価の歪みを早期に発見するための手段として活用することも検討する必要がある。

5-6　行動リスクマネジメントの枠組み

　行動リスクマネジメントの枠組みは、前述した知見を体系的に組み合わせたものである。ミュラー・ライアーの錯覚というアナロジーを使って説明するなら、意思決定には無意識の内に認知のバイアスが生じやすいといった認識に立つこと、すなわち「判断上のリスクに対するリテラシー」というソフト面と、ミュラー・ライアーの2つの線の間に補助線を引いてこのようなバイアスに陥らないようにする組織内のサブルーチンや是正手段といった「統制プロセス」といったハード面から構成されている。（図9-9参照。）

　この体系の理論的要素となっている、行動経済学、ヒューマンエラー、失敗学等において研究が深まり、新たな知見を加え、この体系をレベルアップさせるという関係にある。また、この枠組みを実践することにより積み上がっていく経験知も、この体系を進化させることとなる。このように行動リスクマネジメントの導入は、その組織のリスクリテラシーを向上させるとともに、実際の意思決定において判断上のリスクの回避・是正の手段として働く。この効果をリスクマネジメントの各ステージ別に整理すると、表9-1の通りである。

第9章 サブプライムローン問題の検証とリスクマネジメントの再構築 233

図9-9 行動リスクマネジメントの枠組み

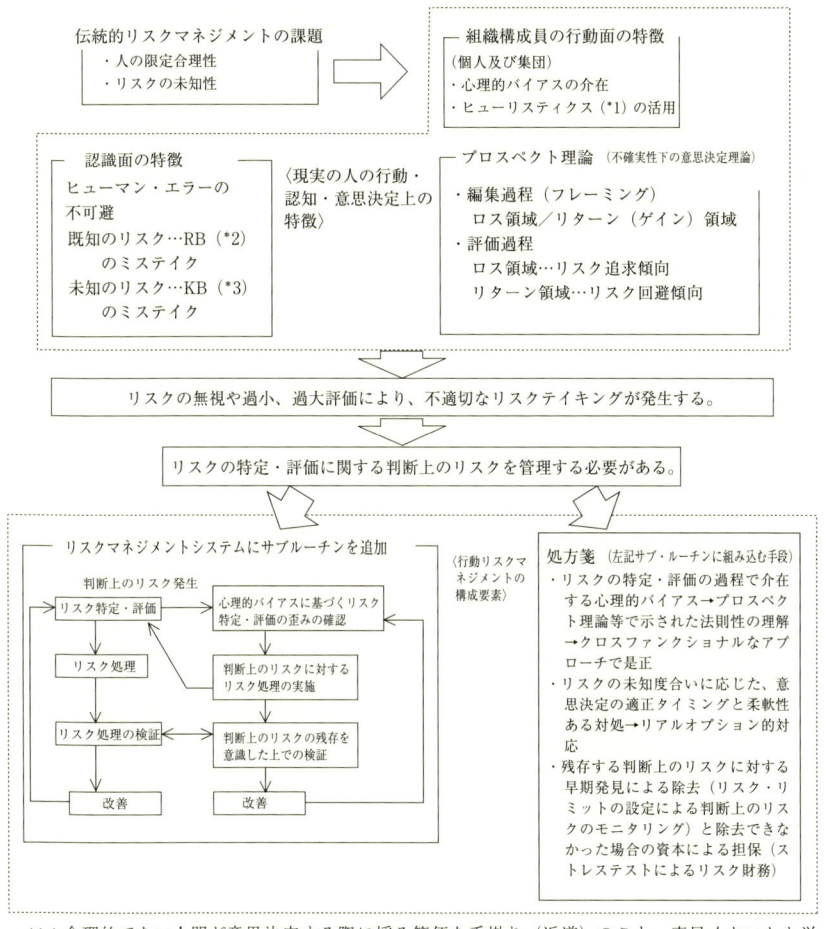

```
伝統的リスクマネジメントの課題            組織構成員の行動面の特徴
・人の限定合理性           ⇒    (個人及び集団)
・リスクの未知性                ・心理的バイアスの介在
                              ・ヒューリスティクス(*1)の活用

┌─ 認識面の特徴 ─┐   〈現実の人の行動・   プロスペクト理論 (不確実性下の意思決定理論)
 ヒューマン・エラーの   認知・意思決定上の   ・編集過程(フレーミング)
 不可避           特徴〉              ロス領域/リターン(ゲイン)領域
 既知のリスク…RB(*2)                 ・評価過程
  のミステイク                         ロス領域…リスク追求傾向
 未知のリスク…KB(*3)                  リターン領域…リスク回避傾向
  のミステイク
```

リスクの無視や過小、過大評価により、不適切なリスクテイキングが発生する。

⇓

リスクの特定・評価に関する判断上のリスクを管理する必要がある。

⇓

┌─ リスクマネジメントシステムにサブルーチンを追加 ─┐   〈行動リスクマ   処方箋 (左記サブ・ルーチンに組み込む手段)
                判断上のリスク発生   ネジメントの   ・リスクの特定・評価の過程で介在
  ┌→ リスク特定・評価 → 心理的バイアスに基づくリスク   構成要素〉   する心理的バイアス→プロスペク
  │   特定・評価の歪みの確認   ト理論等で示された法則性の理解
  │   ↓   ↓   →クロスファンクショナルなアプ
  │   リスク処理   判断上のリスクに対する   ローチで是正
  │   ↓   リスク処理の実施   ・リスクの未知度合いに応じた、意
  │   リスク処理の検証   ↓   思決定の適正タイミングと柔軟性
  │   ↓   判断上のリスクの残存を   ある対処→リアルオプション的対
  │   意識した上での検証   応
  │   改善   ↓   ・残存する判断上のリスクに対する
  └────────────── 改善   早期発見による除去 (リスク・リ
                                                              ミットの設定による判断上のリス
                                                              クのモニタリング) と除去できな
                                                              かった場合の資本による担保 (ス
                                                              トレステストによるリスク財務)

*1：合理的でない人間が意思決定する際に採る簡便な手掛り(近道)のこと。素早くたいした労力をかけず解が得られるが、完全な解法でないだけに、時にとんでもない間違いを生み出す原因となってしまう。
*2：リスクの特性が組織内で既知であれば、それを回避し是正するためのルール化が進む。通常オペレーション管理の中に落とし込まれる。つまり、規則ベース (Rule Based：RB) の行動となる。ヒューマンエラーによりこの規則から逸脱するとリスクが発現する。
*3：リスク構造が明らかになっていない場合、規則化されていないので、利用できる知識を総動員して対応することとなる。つまり、知識ベース (Knowledge Based：KB) の行動となる。この知識の活用にミステイクが生ずるとリスクが発現する。

(出所) 著者作成。

表9-1　行動リスクマネジメントの実践

意思決定や行動の非合理性誘発要素	代表的なバイアスとヒューリスティクス	追加プロセス（サブルーチン）に組み込まれる統制手段		
		事前の対処	意思決定過程における是正	モニタリング
・限定合理性に基づく満足化原理による意思決定 ・プロスペクト理論により明らかにされた意思決定の特徴 ＊参照点の存在 ＊フレーミング ＊確率ウエイト関数（主観的確率と客観的確率との乖離） ＊損失回避性 ・ヒューマンエラーによるミステイク リスクの未知性が上記要素の影響による非合理性をさらに高める	個人のバイアス ・可用性のバイアス ・アンカーリングのバイアス ・代表性によるバイアス ・自信過剰によるバイアス ・近視眼性のバイアス ・単純化のバイアス ・心理勘定によるバイアス ・確率事象の過小評価バイアス ・確率事象の過大評価バイアス ・曖昧性回避のバイアス ・小数の法則 ・コントロールに関する幻想のバイアス ・認知的不協和のバイアス ・慣れのバイアス　等 集団のバイアス ・同調圧力によるバイアス ・少数派影響力によるバイアス ・社会的手抜きによるバイアス ・集団極化現象によるバイアス ・過剰配慮によるバイアス　等	・リスクマネジメント方針策定による組織構成員間判断の標準化 ・追加プロセスに流すべき未知のリスクの組織内での周知徹底 ・リスクの未知性に応じたリスク・リミットの設定	・代表的バイアスを理解し，セルフ・コントロールの発揮 ・クロスファンクショナル協議における盲目的領域，神秘的領域の克服 ・複数のフレームに基づくリスクの本質の把握，多面的評価の実施 ・リスクの未知性に対するリアルオプション的対応	・期中のリスクレジスター管理 ・設定したリスク・リミットに基づくモニタリング ・バックテスティングによるリミット自体の妥当性検証 ・発現した判断上のリスクに対する原因分析と再発防止策の実施 ・上記を通じた行動リスクマネジメント体系の改善

（出所）著者作成。

今回の金融危機において，どのような効果が期待されるかを整理したのが，表9-2である。

6．環境変化への対応

　環境変化が激しい時代には，リスクも大きく変化する。戦略の修正を必要とする兆候（外部ハザードの変化等），例えば，業界の競争ファクターの変化を早

第9章　サブプライムローン問題の検証とリスクマネジメントの再構築　235

表9-2　金融危機における行動リスクマネジメントの適用

リスクマネジメントプロセス	金融危機における対応	心理的バイアス介在による判断上のリスク	行動リスクマネジメントによる処方箋
リスクの発見	初期警戒情報の把握。既存戦略の前提と現実の環境変化に伴うギャップの確認。	初期警戒情報の無視，認知不協和のバイアス等の介在。	会社に重要な影響を及ぼす事項については，所管ラインの意思決定とは別ルート（リスク管理委員会等）による検証を行う制度を導入する。クロスファンクショナルな多面的な協議により，判断上のリスクを無視する事態を回避・排除する。
リスクの評価	対象となる課題についてリスク構造がどこまで見えているかによって，意思決定に伴う判断上のリスク自体を評価する。	リスクの過小評価，リターンの過大評価につながるバイアスの介在。	リスク管理委員会等で意思決定ラインとは別の専門性を加えた多面的な検証を制度化する。各種ストレス状況を勘案したリスク評価を実施する。例えば，バイアス介在の余地を判断し，現時点で確定的意思決定を行うリスクを確認する。
リスク処理	意思決定できる段階か否かの判断，確定的意思決定を先延ばしすべきか否かの判断を行う。	対象とする課題の意思決定のタイミングとリスク構造判明状況から会社全体に対する影響度を判断し，確定的意思決定時期の判断。	リアルオプション的対応の要否を検討する。ストレスを考慮したリスク・リミットの設定を行う。リスク財務（自己資本の確保，ヘッジ，保険などの手配とコスト・効果の検証）方針を決定する。
検証・改善	意思決定後のリスク状況の変化，リスク処理の効果を検証。	確定的意思決定の時期の判断。	その後の情報収集により，リスク構造の判明状況を確認する。確定的意思決定の時期か否かの判断，リスク・リミット，リスク財務の妥当性を検証する。

（出所）著者作成。

期に発見し的確に対応しなければならない。このような動態的な環境に対して行動リスクマネジメントの適用領域も図9-10のように拡大する必要がある。つまり，静態型は，すでに日常業務の中にリスク管理がマニュアル的に組み込まれているような既知のリスクへの対応において主として適用される。

　この類型における典型的な適用効果としては，まず第1に，例えば，作業プ

ロセスに関するリスクは既に確認されているため、その対策はマニュアルに組み込まれていたが、他に関心が払われていた結果、作業エラーが発生し事故や失敗に至るケースに対する防止といった事例である。意思決定レベルでは、マニュアルで想定されている前提に対する変化の認識が十分でないといった事例への対処である。

　第2としては、リスクの構造としては、自社あるいは、他社の経験から既知ではあるが、心理的バイアスの介在により十分認知できない、あるいは、これまでは環境的には発現せずにきていたが、前提が一部変更になったために意思決定や行動レベルにおけるマニュアルが十分機能しなかったり、その前提が不適合となったなどの理由により、リスクを軽視したり、経験的成功による過信から無視した結果、リスクが発現し事故や失敗に至るケースへの防止である。

図9-10　行動リスクマネジメントの基本構造（静態型から動態型へ）

〈静態型〉

〈判断上のリスクに対する組織構成員・組織のリテラシー向上〉
① 心理的バイアスと不適切なリスクテイキングの関係についての意識改革
② 上記に関する知見の蓄積
　Learning by Learning
　Learning by Doing

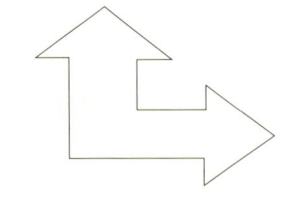

〈プロセス統制型の防止・是正メカニズムの導入〉
① 経営重要事項意思決定時のサブルーチンの導入（ex. リスク管理委員会など）
② 判断上のリスクをモニタリングする時の留意点
　ⅰ）異なるフレームによる協議・メタ思考の担保
　ⅱ）リスクの未知性に応じた保守的なリスクリミットの設定
　ⅲ）ストレステストに基づく影響度分析
③ リスク処理における留意点
　ⅰ）意思決定のタイミングの選択
　ⅱ）事業縮小・撤退条件の事前設定とコンティンジェンシー対策の強化

〈動態型〉
動態型行動リスクマネジメントで追加される要素

戦略策定時に前提となった要素の変化に対する早期警戒態勢の構築。
環境変化の有無、戦略変更の判断にも、上記プロセス統制型メカニズムを活用。
　（出所）著者作成。

第9章 サブプライムローン問題の検証とリスクマネジメントの再構築　237

これに対して，動態型は，これまでの環境が質的な変化を起こし，前提としている戦略構造が適合しなくなる場合の意思決定に適用される。このレベルの変化は，会社活動のあらゆる局面に影響を及ぼすと共に，対処如何によっては会社を破綻に導く恐れがある。

それ故，動態型の行動リスクマネジメントを導入するためには，経営管理のあらゆる領域にこの仕組みを浸透させていく必要がある。例えば，図9-11のように，リスクコミュニケーション，リスクガバナンス，リスクマネジメント，クライシスマネジメントに反映させ，これらを相互に連環させ，意思決定の合理性を全体として担保していくよう整備する必要がある。

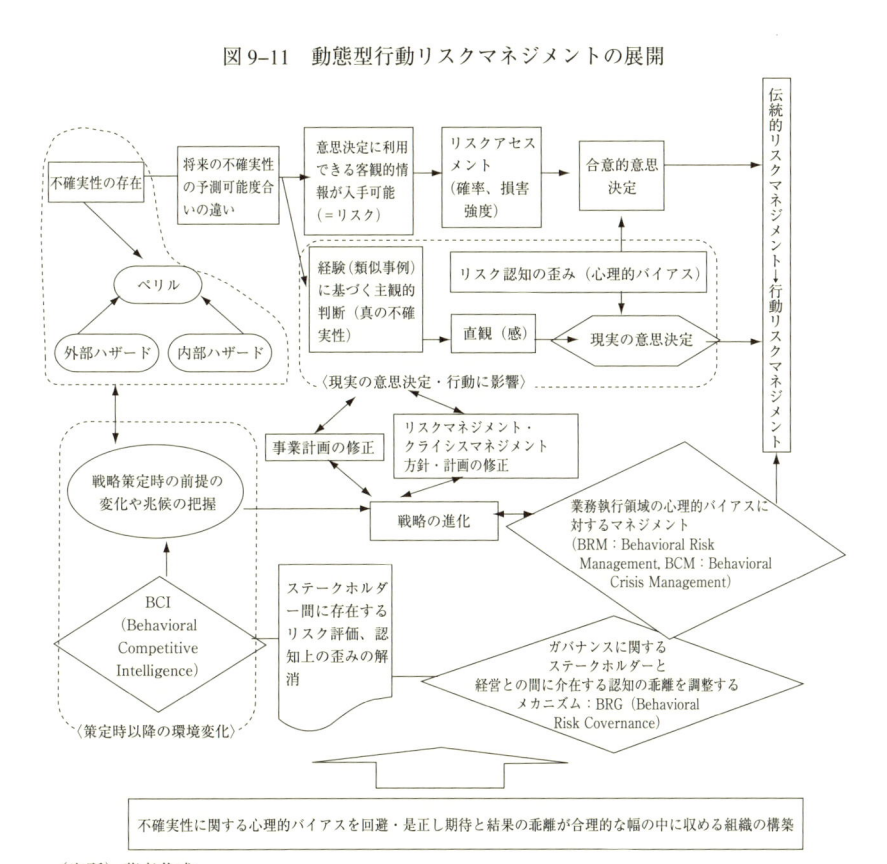

図9-11　動態型行動リスクマネジメントの展開

（出所）著者作成。

7．戦略経営における行動リスクマネジメントの意義

　林昇一・高橋宏幸（2003）は，激動の世界において，経営に戦略的視点を重視して，「戦略を中心としてマネジメントを行うこと」を強調して，実践における「戦略経営」の重要性を強く主張している[25]。企業が戦略を強力に推進しようとすると，不確実性への対応力を強化する必要がある。金融危機のような未曽有の現象を未知のリスクとして扱うのではなく，リスクマネジメントの枠組みの拡大と捉えて，環境の変化への対応力を強化していく姿勢が重要である。

　経営環境の変化が激しい現代においては，企業はリスクに対していっそう敏感でなければならない。リーダーの条件は，「組織に夢を与えられること」「夢をかなえる道筋を示せること」だと言われてきた。しかし今日，「リスク感覚を持ち常に適切な警告を組織に与え，予め合理的な準備を指示すること」を付け加える必要があろう。

　著者は，リスクをできれば避けたいものという消極的なスタンスではなく，むしろリスクと積極的に向き合い能動的に対処していこうとするスタンスが，これからの戦略経営のダイナミズムには欠かせない，と考えている。

　行動リスクマネジメントは，企業経営に対しどのような質的効果とイノベーションをもたらすのか？

　ここでは3つの側面を指摘しておきたい。1つ目は，リクテイキングの構造を組織構成員が意識し，理解しようとすることから，自らが日常の意思決定において，自らを客観的に観察しようとする文化を醸成すること。さらに，心理的バイアスに陥らず，判断上のリスクを回避しようとする自浄能力の向上が期待できる。つまり組織構成員の意識改革に寄与する点を挙げておきたい。（メタ認知によるリスクリテラシーの向上）

25）　林，高橋（2003）1-14 ページ。

2つ目は，たとえ個人が心理的バイアスに陥ったとしても，企業価値に大きな影響を及ぼす意思決定に際し，組織として検証し是正する仕組みを予め組み入れることを意味する。つまり，構成員の自発的活動と組織管理が補完しあい，企業競争力を高めていく枠組みであることを挙げておきたい。

3つ目に，リスクリテラシーを個人として，組織として高めることにより，リスクをマネージし，不確実性を内在したチャンスに挑戦するパワーを向上させ，企業活動のダイナミズムを飛躍的に高める可能性を強調しておきたい。

ゲイリー・ハメルとビル・ブリーン（2007）は，『経営の未来』[26]の中で，21世紀の企業を取り巻く環境変化は，かつてないほど激しくなっているが，経営管理の手法はそれ程進化していない，と指摘する。そして，こんな時代こそ「経営管理イノベーション」が必要だと説く。

著者は，グローバル化した現代，リスクが複雑化し，連鎖する時代には，競争力維持のため，変化の兆候を先取りし，変化の中に機会（チャンス）を見つけ出すことに専心するスタンスから，リターンの裏のリスクにより深い注意を払い，「リスクは戦略を変える」といったスタンスへの意識変革の中から，経営管理イノベーションは起こると考えている。本章が，リスクマネジメントの発展と企業の不確実性に対する意思決定の合理性管理にとって，参考になれば望外の幸せである。

参考文献

アイアン・ミトロフ（2001）『クライシス・マネジメント』上野正安，大貫功雄訳，徳間書店。
アンドリュー・ロス・ソーキン（2010）『リーマンショックコンフィデンシャル』加賀山卓朗訳，早川書房。
依田高典（2010）『行動経済学』中央公論新社。
上田和勇（2005）『企業価値創造型リスクマネジメント第2版―その概念と事例―』白桃書房。

---

[26] The Future of Management 2007 の邦訳。

岡本浩一・今野裕之編著（2003）『リスクマネジメントの心理学』新曜社。
小幡績（2008）『すべての経済はバブルに通じる』光文社新書。
ギルボア，シュマイドラー（2005）『決め方の科学―事例ベース意思決定理論―』浅野貴央，尾山大輔，松井彰彦訳，頸草書房。
キンドルバーガー，C. P.（2004）『熱狂，恐慌，崩壊―金融恐慌の歴史―』吉野俊彦，八木甫訳，日本経済新聞社。
ゲイリー・ハメル，ビル・ブリーン（2007）『経営の未来』藤井清美訳，日本経済新聞社。
後藤茂之（2004）「認知のバイアスと内部統制システム構築」（『危険と管理第35号』），169-188 ページ。
後藤茂之（2006）「リスクマネジメントにおける意思決定の課題」（『危険と管理第37号』），95-110 ページ。
後藤茂之（2007）「リスクテイキングの構造に関する考察」（『危険と管理第38号』），190-202 ページ。
シドニー・フィンケルシュタイン（2004）『名経営者が，なぜ失敗するのか？』橋口寛監訳，酒井泰介訳，日経 BP 社。
島義夫（1998）『格付け会社』ライフ社。
シーナ・アイエンガー（2010）『選択の科学』櫻井祐子訳，文藝春秋。
ジェームズ・リーズン（1999）『組織事故』塩見弘監訳，高野研一，佐相邦英訳，日科技連出版社。
ジェームズ・リーズン，アラン・ホッブズ（2005）『保守事故』高野研一監訳，佐相邦英，弘津祐子，上野彰訳，日科技連出版社。
ジョン・K・ガルブレイス（2008）『大暴落 1929』村井章子訳，日経 BP 社。
ジョン・K・ガルブレイス（2008）『新版バブルの物語』鈴木哲太郎訳，ダイヤモンド社。
ジリアン・テット（2009）『愚者の黄金』平尾光司監訳，土方奈美訳，日本経済新聞出版社。
友野典男（2006）『行動経済学』，光文社新書。
長瀬勝彦（2008）『意思決定のマネジメント』東洋経済新報社。
ナシーム・ニコラス・タレブ（2009）『ブラック・スワン―不確実性とリスクの本質―』ダイヤモンド社。
芳賀繁（2004）『失敗の心理学』日経ビジネス人文庫。
ハーバート・A・サイモン（1987）『意思決定と合理性』佐々木恒男・吉原英樹訳，文眞堂。
ハーバート・A・サイモン（1999）『システムの科学第 3 版』稲葉元吉，吉原英樹訳，パーソナルメディア。
林昇一・高橋宏幸編（2003）『戦略経営ハンドブック』中央経済社。
広田すみれ，増田信也，坂上貴之，編著（2006）『心理学が描くリスクの世界　改訂版―行動的意思決定入門―』慶応義塾大学出版会。
マッテオ・モッテルリーン（2008）『経済は感情で動く』泉典子訳，紀伊国屋書店。
Finkelstein, S., Whitehead, J. and Campbell, A. (2008) *Think Again*, Boston : Harvard

Business Press).

Goto, S. (2007) "The Bounds of Classical Risk Management and the Importance of a Behavioral Approach", *Risk Management and Insurance Review* 2007, Vol.10, No. 2, 267–282.

Goto, S. (2009) "Behavioral Risk Management for Improper Risk Taking", *Advances in Management, 2009, Vol. 2 (4) April, 7〜15*.

Kahneman, D. and A. Tversky, (1979) "Prospect Theory : an Analysis of Decision Under Risk", Econometrica 47 : 263–291.

Kawai, T. (2009) "New Development of Strategic Management", *Journal of Strategic Management Studies*, Vol. 1. No. 1 Aug. 2009.

Knight, F. H. (1921) "*Risk, uncertainty and profit*", New York : Houghton Mifflin.

第 10 章

生活導線マーケティング
──購買者・消費者・生活者調査の3層モデル──

はじめに

　マーケティング領域において消費者概念の拡大が研究の対象として取り上げられるようになったのは70年代以降である。消費者概念の拡大の背景要因の1つは，マーケティング分野で常套文句のように唱えられる消費者ニーズないしは消費者行動の多様化や個性化という言葉に象徴されるように，消費の成熟化とともにマーケティングが対象とする消費者行動が捉えにくくなってきたからに他ならない。

　消費者概念の拡大は，マーケティングの研究対象領域を生活領域にまで拡大することを意味する。外国における先行研究としてP. Kotler の"humanistic marketing"，や"customer as friends"の顧客概念[1]，WJ. Stanton, C. Futrell の生活の質を高める社会的責任と人間性に基づいたマーケティング実施の主張[2]，また，W. Lazer, E. J. Kelley の"consumer-citizen"の概念[3]が挙げられるが，これらは生活者という新たな概念に基づくマーケティングを示唆するものである。

---

1) Philip Kotler (1987), p.272.
2) WJ. Stanton, W. J., Futrell, C. (1987), pp. 13–15.
3) Lazer, W. and Kelley, E. J. (1973), pp. 236–242.

社会・経済環境や生活・消費環境の急速な変化に伴なって，従来のマーケティング調査技法では，ますます消費者像の捉えにくさは増大している。そのような状況を踏まえて，今日，購買者・消費者を内包する生活者という視点からの新たな調査技法の創出・活用とそれに基づくマーケティングの展開が強く要請される。

本章の「生活導線マーケティング」という概念は，「日記調査」と「グループインタビュー」を主体とするこれまでの調査研究過程を経て創出されたものである。発端は従来の伝統的マーケティングを基盤とする手法では，購買者・消費者の心の深層に在る生活者のニーズが把握できないという仮説的問題意識にある。さらに，問題意識に内在する追究すべき点を挙げるならば，購買の背後にある消費者の生活実態をみるうえで，①アンケート調査の有効性の問題，②衝動購買比率の矛盾，③一方通行的なマーケティング理論への疑問，の3点が課題として挙げられる。

本章では，上述の3点を研究課題として据え，これまでの調査研究の成果である「日記調査」という調査手法と関連させながら，本章の中核理論として3層モデル（概念構成体モデル）を基盤とした生活導線マーケティングについて論考し，提唱する。

1. 従来の消費者調査（アンケート調査）の限界と衝動購買の固定観念

アンケート調査は，消費者の意識・行動を把握する上で主要な調査の位置づけにあるが，アンケート調査では，商品やサービスに関して消費者の本音や消費者自身も無意識の領域にある購買動機が把握できないという問題がある。アンケート調査は，調査票設計者がもつ設計上の問題があり，また，被調査者である回答者（消費者）にも問題がある，これら両者の要因によって消費者の本音部分まで把握するのが困難な状況にあるといえよう。

以下，アンケート調査の限界（問題）に関して，調査票設計者と回答者の両側面から考察してみる。

1–1　調査票設計者の限界

　アンケート調査は，調査側のもつ調査票設計上の問題を抱えている。ここでの"問題"すなわち"限界"とは調査範囲や対象者，サンプリング方法，質問項目および構成など慎重に検討した上で，十分に科学的データとして信頼性を保障する代表性のある調査設計がなされたとしてもなお残る問題を指す。

　アンケート調査は，アンケート設計者である質問者の予想や期待に基づいて作成されるため，質問者がわかっていることを追認することが可能であっても，質問者が想定できない回答を得ることは難しい。例えば，共稼ぎやサークル活動など外出する機会の多い主婦の場合，「料理する時間は短い」という一般的な固定観念を持って調査した結果，実は「調理などに熱心である」ということがわかる。こうした結果からもわかるとおり，調査者の思い込みでアンケートを設計すると，その「期待」に応じた範囲内でしか回答が得られない可能性がある。

　このことは回答者側の限界に関連している。回答者も「予想」「期待」あるいは漠然とした「イメージ」で回答する可能性が高いので，意識と実態の乖離を生ずる。アンケート調査で事実（facts）を訊いても，意識（opinion）として回答する可能性がある。

1–2　回答者の限界

　今日，インターネットによるアンケート調査が全盛の時代で，生活者の考えが即座に入手できるというメリットをマーケターは享受しているといえよう。しかしながら，アンケート調査は，あくまで意識（opinion）を訊くもので，生活実態（facts）は見えてこない。意識が同じ人でも違う行動タイプが混在してしまうことにマーケターは注意を払うべきである。

　主婦を対象に著者が行ったアンケートおよび日記調査で，初めに食生活における健康志向に関するアンケート調査を行い，その後に同じ対象者に毎日の買い物行動と食事メニューを日記式で2週間記入してもらうという実験（experimental research）の結果，オピニオンレベルで「健康志向がかなり強い」と回答

した主婦は，ファクツレベルで2つのタイプに分類できることがわかった。

第1グループは，健康を考えたバランスのとれたメニュー作りをしたり，定期的な運動をしたりと，日記データからも健康をめざすファクツが見られる主婦である。このグループは「健康志向がかなり強い」と回答した主婦の約半分であった。

第2グループは，残りの半数の主婦で，食事メニューをみると，外食や惣菜が多く，レトルトや加工食品も使っているなど，アンケートでは「健康志向がかなり強い」と答えていながら，ファクツレベルの実際の食行動からは，はたして健康に気をつけているのか疑問視せざるを得ない生活像が浮かびあがってきたのである。ただし，この第2のカテゴリーに分類できる主婦でも，外食の時には必ずサラダを注文していたり，毎朝市販の野菜ジュースを飲んでいたりと，健康を気にする事実も見受けられた。

本実験のアンケート調査では「健康志向がかなり強い」と回答した主婦でも実際の食事メニューをみると，こだわりや考えが全く違うタイプの主婦もいるという事実の発見がある。これはメニューを含む日記調査で明らかになった1つの発見で，アンケート調査にだけ頼ってクラスター分析すると，同じクラスターの中にまるで違う食行動タイプが含まれてしまう危険性があることを示唆している。

2. 衝動購買調査からみる消費者の購買行動の実態

2-1 衝動購買"7割"の仮説検証

消費者のブランド（銘柄）選択の理由や店舗において商品を購入する予定があったのかどうかについては，従来の店頭マーケティングでも重要テーマのひとつであり，「非計画購買」，すなわち，衝動購買として研究が進められてきた。

衝動購買を非計画購買と位置づけて測定する方法として，デュポン調査[4]が

---

4) Lead, T. W. and German, G. A. (1978), p. 269.

有名である。米国のデュポン社は，購買時点広告協会（POPAI：Point-of-Purchase Advertising Institute）と共同で，量販店で購入される全品目のうち店内で決定される比率が何パーセントであり，来店前に決定している割合がどのくらいであるかを以下の調査視点で調べた。

(1) 来店者に，どのような銘柄を買う予定か，面接調査を実施し記録する。
(2) 同じ顧客がレジを通過して出てきた際に，再度，面接調査をして購入品目を調べる。
(3) 購入した全品目のうち，まったく計画していなかった品目の割合を非計画購買比率（衝動買い比率）として算出する。

表10-1 アメリカにおける衝動購買比率に関する調査結果

購買決定状況	1949年	1954年	1965年	1977年
1. 特定品目を計画していた	33.4%	29.2%	31.3%	35.2%
2. 一般的に計画していた	26.7%	21.0%	17.2%	14.8%
3. 代品として購入した	1.5%	1.8%	1.8%	3.2%
4. 非計画購買	38.4%	48.0%	49.9%	46.8%
合計	100.0%	100.0%	100.0%	100.0%
来店後の購買決定（2＋3＋4）	66.6%	70.8%	68.9%	64.8%

（出所）T. W. Lead and Gene A. German, Food Merchandising, Lebhar-Friedman, 1978, p. 269.

1977年の調査では，対象者4,000名が購入した総品目数が53,000品目のうち，46.8%が予定外のものを買う「非計画購買（項目4）」にあたることが判明した[5]。

本調査（表10-1）で定義している「一般的に計画していた（項目2）」とは，商品レベル（例えばバター）を買うことを計画しているが，銘柄（例えば「四つ葉バター」）レベルまでは細かく決めていなかったものであった。つまり来店後に銘柄を決めたものであり，こうした「一般的な計画」も大きな枠組みの中では非計画購買と捉えられている。

---

5) 大槻博（1986），20ページ。

同様に「代品として購入した（項目3）」は，店内巡回中に予定商品または予定銘柄他の品目に代替されたものの比率をさしているので，これについても大きな枠組みで「非計画的な購買」とも解釈できる。

以上のように来店後に購買を決定した（項目2＋項目3＋項目4）ものを「広義の衝動購買」と捉えることになり，一般的に衝動購買比率とは，約6～7割（表では64.8%～70.8%）とされるようになった。

日本では衝動購買比率はもっと高いといわれている。例えば，流通経済研究所が行っている調査によると，来店時にどのような銘柄を買うか予定していた品目と，レジを通過後に実際に購入した購入品目を比べた場合に，約7割の購入品目が「来店時には予定されていなかった非計画のもの」であるという報告がある。

以上のような調査推移から，メーカー・流通関係者の間では「衝動購買が7割」ということが常識的見解となり，そのことが，「マーケティングにおいて"店頭施策"が非常に重要」という論理が定着したものと考えられる。

電通とくらしHOW研究所の共同調査（日記調査）によると，衝動購買率は，団塊世代の主婦で17.5%から19.5%，団塊ジュニア世代（1970-1974年生まれ）の主婦で18.5%から20.9%と，いずれも2割前後である。

表10-2　日記調査による衝動購買比率

	団塊世代のミセス		団塊ジュニア世代のミセス	
	購入商品数	衝動購買率(%)	購入商品数	衝動購買率(%)
GW前後の14日間	5,544	18.3	4,860	18.5
夏の14日間	4,702	19.5	3,712	20.9
秋の14日間	4,093	17.5	4,477	20.3

（出所）電通・リビングくらしHOW研究所調査　2007年～2008年。

さらに，店内で購入を決定した衝動購買率が「7割」でなく「2割程度」という結果について，日記調査の追加調査として日記調査の対象者である主婦にグループインタビューを行い，以下のような回答を得た。

グループインタビューから推測されることは，生活者にとっては「計画的な

第10章　生活導線マーケティング　249

表10-3　グループインタビュー結果からの衝動購買の定義

衝動購買にあたる	衝動購買ではない
後に高いモノを買ったと後悔した場合	すぐ使うモノを予定外で購入した場合
迷ったときに買わなかったことを後悔するより，いま買ったほうがいいと思う場合	店頭でブランド（銘柄）を変えた場合
イライラしたときなど，ストレス発散のために買う場合	特売で買う保存食品など，いつか使うモノを購入した場合

買物だったかどうか」よりも，「賢い買物だったかどうか」ということの方が衝動購買を決定づける要因ではないかということである。「衝動購買は7割」一般的通説は，あくまでメーカーや流通側のデータであって生活者の視点ではないということがいえよう。「計画された購買」と「非計画な購買」の概念定義は，より生活者の視点から生活実感を加味して考える必要がある。

2–2　計画的購買の定義

　購買行動を2分法的（dichotomy）に区分するならば，前述の衝動購買，すなわち，「非計画な購買」と「計画購買（planned buying）」になる。本節では計画購買について述べてみたい。計画購買については「事前に何らかの計画をもって購買する場合」と定義し，さらに「銘柄まで計画」する場合と，大雑把で銘柄まで明確でない「一般的な計画購買」に分類した（図10–1）。

　「銘柄までの計画」とは，入店前に細かい購入計画を立てることで，最終品目単位で銘柄を決定して買物リストを持っていくような場合にあたる。例えば，夕食におでんを作ろうと思って買い物に出る場合，はんぺんは「紀文」にするなどと決めていく場合である。このような計画購買を「狭義の計画購買」と呼ぶ。これは，デュポン式の定義では「特定品目を計画していた（表10–1の第1項目）」にあたる。

　これに対して，「一般的な計画購買」とは漠然と大雑把な購買計画をしている場合で，前述の例では「おでん」にしようと事前に計画しているものの，具については詳細について銘柄を考えず，店頭で銘柄を決定する場合である。

両者とも，店頭に欲しい品があった場合は「計画通り購入」することになるが，最終銘柄まで決めていない「一般的な計画」の場合，店頭で銘柄を決める「銘柄選択」が起きる。

次に，店頭で（欠品等で）商品が見つからなかったり，（価格，プロモーションなど）店頭情報の影響で計画通りの品を買わなかった「計画変更」の場合，買物そのものを諦める「購買中止」と，品目やブランド（銘柄）を変える「代替購買」が生じる。

こうした decision tree を構築した上で，あらためて「衝動購買」はどの範囲を示すのかを考えると，どこまでを計画購買とするか，あるいは，どこまでを衝動購買とするかを決めることは難しいといえる。

生産財（産業財）場合は，購買部や資材部で計画的に購買計画が立てられるが，消費財では最終銘柄まで綿密に計画を立てることはあまり考えられない。特に，指名買い（ブランド想起）が多いラグジュアリーグッズ（luxury goods）と違って，最寄品や食料品を購買する場合，多くの生活者は品目や銘柄単位で計画購買リストを必ずしも用意してはいない。

日記調査では，団塊世代の主婦の約4割，団塊ジュニア世代の主婦の約3割が店頭で献立を決めており，店頭にある商品をショッピングリストとして見立てている実態が明らかである[6]。銘柄を決めない「一般的な計画購買」は，実は，店頭にある商品をショッピングリスト代わりにして，必要商品や不足商品を計画的に選択しているとも解釈できる。したがって，衝動購買的でありながら，そうした衝動購買を計画的に活用しているわけである。こうした購買形態を ironical な表現であるが「計画的衝動購買」と呼ぶ[7]。

2-3 男の論理への疑義

伝統的なマーケティング理論は，消費者はあらかじめ知っている商品を「指

---

6) 電通消費者研究センター＆リビングくらし HOW 研究所（2008），24ページ。
7) ただし，この呼び方はある程度定着した呼び方である。宮澤永光・亀井明宏（2003），187ページ。

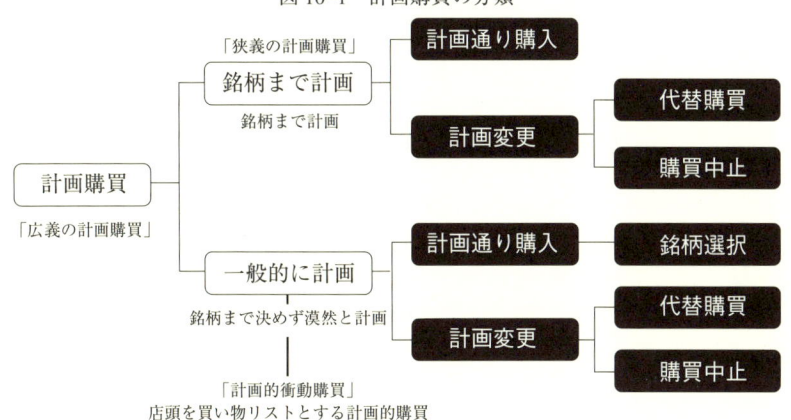

図 10-1　計画購買の分類

```
計画購買 ──┬── 銘柄まで計画 ──┬── 計画通り購入
「広義の　　　「狭義の計画購買」　　　　　　　　　　　　
 計画購買」　　銘柄まで計画　　　└── 計画変更 ──┬── 代替購買
　　　　　　　　　　　　　　　　　　　　　　　　　└── 購買中止
　　　　　　　
　　　　　　└── 一般的に計画 ──┬── 計画通り購入 ── 銘柄選択
　　　　　　　　銘柄まで決めず漠然と計画
　　　　　　　　　　　　　　　　　└── 計画変更 ──┬── 代替購買
　　　　　　　　　　　　　　　　　　　　　　　　　└── 購買中止
　　　「計画的衝動購買」
　　　　店頭を買い物リストとする計画的購買
```

名買い（nomination buying）」しているという計画的な購買の論理に基づいて構築されているため，「計画を立てる主婦」が「賢い主婦」という前提に立っているが，それは"男の論理"に立つ見解という疑問を生ずる。女性の目から見れば，必ず使う商品を「安く買う」のは合理的で「計画を立てない主婦」の方が「賢い主婦」であった。醤油のように保存がきくものが安売りしていたとして，それを買った場合，衝動購買とは感じていない。いつか使うものであれば安く買えたことの方が利口であり，価格につられて衝動買いしたわけではないということである。

逆に，必要な時に「定価で買わなければならなくなったら負け」という見方もある。在庫をチェックし，欠品をメモに書いて，そのメモ通りに買うというのが「計画的購買」であるが，それが結果的に「高い買物」になっていたとすれば「賢い買物」とはいえない，という論理である。

同様に，調査研究途上で学習したことだが，調理時間が短い主婦は「手抜き」の主婦と考えがちであったが，それは「男の論理」に過ぎない。女性の立場からすれば調理時間を短くできることは「賢い主婦じゃないかしら」ということになる。手早く作れる技があること，電子レンジやコンロなど同時に調理道具を使えること，短い調理時間を他の有意義なことに回せること，などが女性側

から見た論理である。惣菜をメニューに加えることに対しても、多くの主婦は「手抜き」の後ろめたさを感じていないことが調査で明らかになった[8]。

グループインタビューでも「調理に手を抜いても、食事時間が充実していれば良い」という発言があった。ファミリー・レストランでの食事においても、家族そろって話が弾めば、その時間を作ったことは賢い選択だったということになる。賢い選択とは、生活を豊かにする時間選択でもある。

3. 一方通行的マーケティング理論への疑問

3-1 AIDA モデルへのアンチテーゼ

広告がじゅうぶん機能しなくなってきているのではないかという問題意識を持つに至っているが、その中で、一方通行的な伝統的マーケティング理論のひとつ、AIDA モデルについて論じてみたい。

マーケティングは、消費者自身も気づかぬニーズをいち早く発見して、そのニーズに応えるソリューションを提供し、結果として消費者に満足してもらう一連の活動であるが、その過程に、消費者自身が新しいニーズに気づき、そのニーズを満たすと思える製品（サービス）を購入しようとする心理的な変化があると考えられてきた。

その変化に最初に着目したのが、セント・エルモ・ルイス（Lewis, E. St. Elmo）で、1898年に、消費者は注目（Attention）し、興味（Interest）を持ち、欲しい（Desire）と思い、購買行動（Action）を起こすと提唱した。ところが、皮肉なことに、その時から、AIDA の呪縛はマーケティング関係者を悩ませてきた。

例えば、新車を投入する時、広告を打って認知度（Attention）を上げ、試乗会を開いて興味（Interest）をもたせ、具体的商談を通じて購買意欲（Desire）を高め、最後は値引きやオプションで買って（Action）もらおうとするが、広告も見ていないし、試乗会の DM は捨てる、セールストークにも乗らない消費者もいる。むしろ、乗用車を買う切っ掛けとなるのは、3世代そろって温泉へ

---

8) 電通消費者研究センター＆リビングくらし HOW 研究所、前掲書、20ページ。

家族旅行をしたら思ったより，3列目の座席スペースが狭かったことを経験する瞬間だったりする。消費者は生活の中で思わぬニーズに気づき，急に購買を思い立つわけである。

　AIDAのような心理変容モデルはよく整理されればされるほど説得力を増すが，現実の消費者は，必ずしも，そのような「整理された筋道」のレールを通って購買にたどり着くわけではない。従来の統合マーケティングはタッチポイントを心理変容モデルにあわせて用意するが，消費者はそのタッチポイントに順番通りに必ずしも接してはいないのではないか，という疑問がある。

ペット撮影会の事例

　ペットカフェでの犬の定期的撮影会の事例を紹介する。ドッグカフェでは，季節に合わせてセットと衣装を用意し，プロのカメラマンが撮影基本料をもらい，衣装をレンタルし，撮影後，その場でプリントアウトした写真と，その写真データを入れたCD-ROMを販売している。

　顧客は，PCのモニターで撮影した写真の中から好きなものを選択し，その場でプリントアウトした写真を購買するか，気に入った写真が多い場合や選びきれない場合にはデータをCD-ROMで購入する。

　ある子供連れの家族が愛犬と一緒に撮影を楽しんでいた。撮影終了後，モニターをみて，他の顧客と同様，その家族は愛犬のかわいさに盛り上がり写真の購入を検討していたが，その後，家族会議が始まった。その場で，写真選びをめぐって家族が話し合うことはよくある光景であるが，その家族はPCとプリンターを持ってないため，データは欲しいが，その後どうするか，ということで会議をしていたのである。やがて家族会議を終え，その家族が笑顔でCD-ROMを購入するという結論に達した。その家族は直ぐに，PCとプリンターを家族で買いに行くのだという。

　この事例はいくつかの示唆を提示してくれる。第1は，購買行動は，AIDAのような心理変容モデルで必ずしも生じないということである。PCやプリンターを製造している企業から見ると，製品の広告をして認知を高め，それを出

発点に購買につなげようとするが，生活者の視点に立てば思わぬニーズが購買の出発点なのである。

第2は，生活の中にある小さなイベントや，人々が集まる場所（後述する「コミュニケーション・ハブ」）で情報が活発に提供されるということである。この事例の場合，データを販売する主催者が，PCやプリンターの使い方を自然な形で説明していたことが，購買に大きな影響を与えたと考えられる。

第3は，生活者の求めるソリューションは生活の中に深く根ざしているということである。この場合，PCやプリンターを購買対象とする理由は一般的なPCのニーズではなく，今，撮れた（あるいは偶然にも気に入った表情の）愛犬の写真をデータとして保存し，自由に取り出して印刷したいという個別のニーズに対するソリューションであった。もしかしたら，子供のはしゃぎようや父親の誇らしげな姿から，家族の一体感を得たいというのが真のソリューションであるのかもしれない。

4. 生活導線マーケティング

4-1 生活導線マーケティングの研究動機

状況に応じて常に変化する消費者を捉えるには，定点的調査や一方通行的な理論では対応できなくなっている。例えば，店頭プロモーションは店頭で衝動購買を誘因しようとしているが，それは店頭という定点での手段であって，生活者がどのような理由で店頭に向かい，その後，どのような生活をしているかは見えてこない。

一方で，本稿で紹介している主婦の日記調査を読込むことで，日常的な生活イベントが大きな消費を生むという確信も得た。消費者にはそれぞれの生活者としてのストーリーがあり，店頭での購買はそれらのストーリーを踏まえてレジというゲートを通り抜けていくのである。したがって，マーケターはレジを通る消費者を，その瞬間の姿（例えば購買データ）だけで見るのではなく，それぞれの生活の中にある物語をイメージしていかなければならない。それを，本章では"生活導線"という言葉で表した。

4–2 生活導線マーケティング・コンセプト

　生活導線マーケティングとは，消費者を生活者という観点から，生活の導線（一連の生活意識・行動の流れ）という視点で捉え，今まで見えなかったニーズや消費行動・購買行動に結びつくトリガー（導火線）を発見して，商品やサービスの市場創造を志向するソリューション志向マーケティングである。

　ここでいう「生活導線」は，生活者が買物を思い立って購買行動を起こし，商品・サービスを購入，それを消費するまでの過程を意味しており，その過程の行動と心理的作用の関係を明らかにすることで，購買行動の背景，理由を明確にし得るという仮説に立つものである。

　生活導線をたどることで，日常の中で埋もれていた今まで見えなかったインサイトや新しいニーズの発見に結び付く可能性は大きい。さらに，生活導線上からブランド体験，対象顧客とのコミュニケーションチャンスや購買に結びつく trigger（導火線）も発見し得るであろう。生活導線という消費から生活の場に踏み込むことによって，消費者の生活実態に迫り，生活の文脈の中で消費をとらえることをねらいとするものである。

　本研究における生活導線というコンセプトは，従来の店頭マーケティングにおける「動線」を意識している。ここで，従来のマーケティングにおける「動線」と「導線」両者の概念比較をすることから，生活導線マーケティング・コンセプトをより明確にしたい。

4–3 「動線」と「導線」の概念

（1）定点的観測 vs 心理的洞察

　よく使われる店頭マーケティングでの「動線」（flow line）という用語は，建築における都市計画や家屋設計の手法として知られている。道路や駅の構内で，自動車や乗客の「流れ」を調べる交通量調査があるが，これも動線研究である。店舗や商品陳列を行う場合においても顧客の「動き」を考慮して設計される。コミュニケーションの分野でも屋外広告などメディア接触の「ポイント」を探すために「動線」が意識される。しかし，こうした「流れ」「動き」「ポイ

ント」を探す動線は，人々の行動を設計者や売り手の都合でとらえた断面的で定点的な分析に過ぎない。

伝統的な動線研究は，歩行者，乗降客，顧客が通過するという客観的な事実だけを分析することを目的とするもので，生活者の心の内面や生活時間の相互関連について考慮するものではない。これに対して，生活導線マーケティングでは，生活者の生活の中に入り込んで，その心理的な変化にも着目しながら，生活者自身の視点で行動パターンを分析しようとするものである。

(2)「鳥の目」と「虫の目」

伝統的な「動線」手法では，交通量調査でいえば路上でカウンターを押す調査員の視点や，店舗における定点観測カメラからの視点など客観的な「目」が重視される。これに対して，生活導線マーケティングでいう「導線」では，生活者の「心」の動きに着目する。例えば，多くの人が集まる場所があったとしよう。その場合，動線は，それを記念撮影的にスナップショットするだけだが，導線というコンセプトでは，なぜ，そんなに多くの人が集まっているのだろうかと考える。

また，ファッションメーカーは定点的に街の歩行者を撮影して，服装の色やスタイルの動向を分析している。しかし，一方で，結婚年齢も出産年齢もまちまちになってきた女性たちが，毎日のようにファッションスタイルを変える現状に直面し，見た目でセグメンテーションするスナップショット的な分析に限界を感じている。

もちろん，こうした「鳥の目」的な定点観測はファッションの流れや方向性を知る上で必要であろうが，問題は，なぜ，その日，その場所にその服装で現れたのかという心理的動向は不明である。十人十色，あるいは一人十色に変化する消費者を知るコンシューマー・インサイトでは，生活者と共に歩む「虫の目」でみることが大切になってきている。その中で得られる「小さな気づき」こそが大きなヒット商品を生み出すものといえる。

街を動線という視点から考察するならば 都市計画的に区画された通りやすい通り，人が集まりやすい場所といった空間設計上の工夫から人が集まるとい

うことはある。しかし，それだけでないことは明らかである。渋谷や新宿の街を例にあげるならば，渋谷でいえば，宮益坂から青山学院大学に向かう道は整然としているが，人々は道玄坂や百人町の方向にも流れる。新宿でいえば，都庁のある西口は工学的に設計されているが，人々は雑然とした歌舞伎町にも集う。人々は工学的な設計や都市再開発として整然と区画された場所だけではなく，都市工学的な設計とは無関係な雑然とした街でも，気軽に楽しめる，時間つぶしのできる場所ということでも人々が集まる。

(3) 受動的断面 vs 能動的な道筋

伝統的な「動線」というコンセプトは，環境が作る受動的(passive)な通行者の一段面を捉えているに過ぎない。これに対して，「導線」というコンセプトでは，生活者自身が自ら創り出す能動的(active)な道筋を探求しようしている。したがって，伝統的な「動線」では，ある場所を「通過点」として見ているにすぎないが，生活導線マーケティングにおける「導線」という考え方では，「集合・滞留・吸引」といった要素が重視される。

通常の「動線」研究では，限定された地域の人々の動きを定点観測的に見るが，生活導線マーケティングでいう「導線」研究では，家，職場，お買い場を結ぶ，かなり広域のエリアを対象にしており，導線上のポイントの相互関係にも関心をもっている。その解明のための調査手法が日記調査である。生活者に，どんな場所で誰と何をしたか日記として記録してもらい，外出やショッピングの切っ掛けや，その動機を探求しようとしとするものである。動線および導線

表10-4 「動線」調査と「導線」調査の概要

	動線	導線
対象	環境が作る受動的な動き	生活者が自ら創り出す道筋
分析ポイント	通過点として動きを分析	集合・滞留・吸引の原因を分析
手法	定点観測的に調査	生活時間の相互関連を日記で分析
視点	売り手や設計者	生活者

の概念に関しては両者の調査方法の視点からその特性をあげる（表10–4）。

5. 生活文脈視点からの研究

5–1　モノからコトへ

「導線」を生活者が創り出す「能動的（active）な道筋」だと論拠づけるのは，人々が生活の中での消費および購買行動に費やす時間を楽しんでいることを，これまでの日記調査および関連するグループインタビュー調査から発見したからである。チラシを見る主婦は，毎日，必ずチラシを見るが，見ない主婦はまったく見ない。それは，チラシのための時間が生活の文脈の中にあるかどうかという違いである。チラシを毎日見るということは，それが楽しみ時間になっていると考えられる。チラシを眺める場所は長閑な陽射しのさし込む日当り良い部屋かも知れない。家事の合間やちょっとした息抜きの時間，少なくとも積極的な「暇つぶし」として，チラシを見ることが大切な生活の一部になっていると推測される。

物質的な豊かさより精神的な豊かさと叫ばれ，モノからコトへといわれて久しいが，コトとは何であろうか。それは，提供する側からすれば，サービスであったり，イベントであったり，場所であったりするが，生活者の側からすれば誰かと出会うコトであったり，感動するコトであったり，学習するコトである。いわば「大切な時間」や「豊かな時間」，「楽しみな時間」の一部を形成しているといい換えられよう。生活導線マーケティングとは生活の文脈の中から，そうした時間を見つけ出して消費に結びつけることをねらいとするものである。

5–2　日記調査による生活導線

前述したように，客観的に衝動購買であっても，あるいは，結果的に余計なものを買っていても，生活者にとって「良かった」「買って得をした」と感じさせることができれば，それは心理的には衝動購買にあたらないということがいえる。

これまでの店頭プロモーションは，店頭こそが衝動購買の場という前提に立ってきた。したがって，店頭での衝動買調査を実施する場合，入店直前に質問票を渡し，退店直後に面接をする「事前事後面接法」ともよばれるデュポン方式に基づくものである。デュポン方式は店に来る前の生活や，店から出た後の心理的変化はまったく考えない定点観測的な調査である。仮に，この調査を「D＝Delivery（配給的）発想」に基づく調査と呼ぶ。

　これに対して，店をショッピングリストとみなす積極的な「計画的衝動購買」という新しい知見を得た。本章での日記調査手法を基盤とする購買行動調査は，デュポン方式のような店頭調査ではなく来店前の生活導線や，退店後の生活導線の脈絡から消費者の購買行動を捉えるという研究視点に基づくものである。日記調査は消費者が来店する前や後のことを書いてもらうことによって購買行動を生活との文脈の上で捉えようとするものである。

　前述した従来のマーケティングでの購買行動調査としてのデュポン方式と本章で提案する生活導線調査についての発想，つまり発想モデルとして述べるならば，購買の楽しみを記憶する退店後の生活導線を「After Store」の「A」とし，購買のために店舗に出かける衝動を作り出す来店前の生活導線のことを「Before Store」の「B」とする。その「A」と「B」を結ぶ接点をコミュニケーション（Communication），「C」の場として店頭を位置づける。店頭は商品を売る場ではなく，食や暮らしに関する情報を発信しながら，生活者とともに問題の解決をはかる拠点であるべきという研究発想である。つまり，「ABC」があって，初めてD（デリバリー）がスムーズに消費者に届けられるのである（図10-2）。

　Communication に関しては，消費者の購買行動上，重要な機能を内包するものとして後述する。

図 10-2　ABC＋D 発想モデル

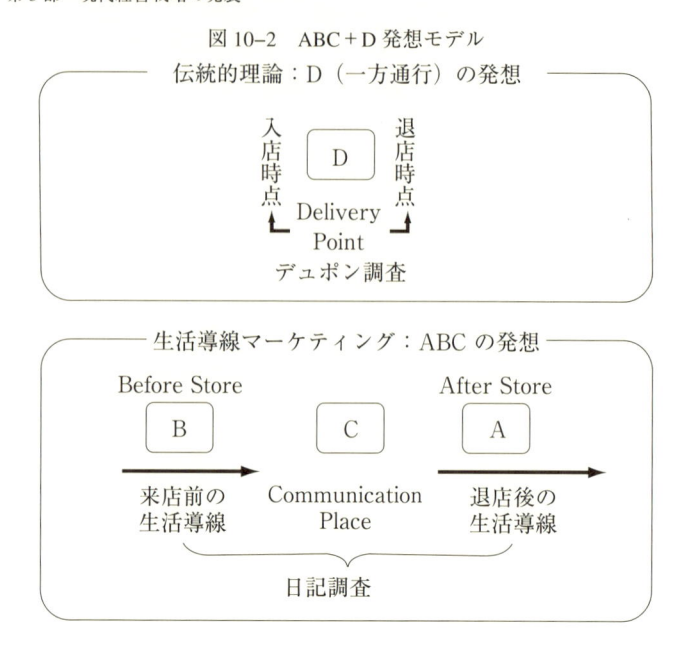

```
┌─── 伝統的理論：D（一方通行）の発想 ───┐
│                                          │
│   入           退                         │
│   店   ┌───┐ 店                         │
│   時   │ D │ 時                         │
│   点   └───┘ 点                         │
│       Delivery                           │
│        Point                             │
│      デュポン調査                         │
└──────────────────────────────────────────┘

┌─── 生活導線マーケティング：ABC の発想 ───┐
│                                            │
│   Before Store              After Store    │
│   ┌───┐        ┌───┐        ┌───┐        │
│   │ B │        │ C │        │ A │        │
│   └───┘        └───┘        └───┘        │
│   来店前の   Communication   退店後の      │
│   生活導線      Place        生活導線      │
│         └──────┬──────┘                   │
│              日記調査                      │
└────────────────────────────────────────────┘
```

6. 生活導線マーケティングと3層モデル：
生活者・消費者→shopper→purchaser

6-1　3層モデルの概念構成

　生活者としての人間は暮らしがあり，消費があり，消費のために購買行動を起こす。生活という文脈から，消費，購買（店舗間買物行動，商品・サービス購買行動）という関連でマーケティングのあり方を考察するならば，消費者を生活者→shopper→purchaser の 3 層モデルの構成者という視点から捉える必要があろう。マーケティング領域では生活者を 3 層構成者として捉えることが，より的確に消費者ニーズや消費行動の実態に接近できる可能性が高い。以下，概念構成体モデルとしての 3 層モデルの構成者要素について述べる。

(1) 生活者と消費者

　生活者概念には，社会学，経済学，マーケティングなどそれぞれの学問分野において，様々な定義がある[9]が，本章でいう生活者とは，単純に「生活を営

む人」のことである。生活者の時間を分割すると，日々の暮らしには，非経済的活動（寝ていたり，ぼんやり過ごす休息の時間）と，経済的活動がある。経済的活動は，消費活動（モノやサービスを消費する時間）と生産活動（仕事をしていたり，職場で過ごす時間）に分けられる[10]。生活者の時間は，以下に説明する「消費者」や「shopper」や「purchaser」とは異なり，途切れはなく，一日中続いている。

消費者（consumer）とは経済学的には生産者に対する概念であり，産業財ユーザーに対する消費財ユーザーと定義される[11]。ここでは，単純に「モノやサービスを消費する人」「消費生活[12]を営む生活者」あるいは「消費生活に着目した生活者の姿」を，消費者と定義したい。したがって，消費者の時間は消費生活という時間に区切られている。寝る時間や生産に従事する時間は除外された，生活者のひとつの断面である。ただし，大量消費社会である現代において，現代人の生活の大半は消費生活とみなすことができる。

(2) ショッパー（shopper）

shopperとは，この消費者が店舗など買物をする場に登場した姿である。shopperは，店舗・店内（売場）を回遊して商品を見て回る。ある時は商品を決めて店舗に立ち寄ることもあるが，店頭を通り過ぎるだけで必ずしも購買するとは限らない。ウィンドウショッピングを楽しむ消費者も含め，店舗に登場

---

9) 生活者は様々に定義されている。電通広告用語事典プロジェクトチームでは，「独自の価値観やライフスタイルを持ち，日々の生活や人生全体を充実しようとしている全人格的な存在」と定義されている。天野正子によれば，政治家やマスコミの書く「生活者」は「庶民感覚をもつふつうの人間」のことをさす場合が多い。

10) もちろん，生産と消費を完全に分けることは難しい。例えば，主婦の労働は経済学では市場で売買されないので非経済活動になるが，消費活動ともいえない。

11) 消費者はユーザーとの対比でも定義される。ユーザーという言葉が，生産財の使用者にしばしば使われることや，生産財のユーザーが組織的な意思決定を行うのに対して，消費者は主権者で自由な購買決定者であるという議論から，狭義の消費者とは消費財の最終消費者（ultimate consumer）のことを意味する。

12) 消費生活とは，他人の生産成果を活用する生活で，購買した商品を使用する生活の側面を意味している。消費は産業革命によって分業が進展し，生活が生産と消費に分割されたことによって生まれた。消費概念そのものが生まれたのは19世紀になってからである。

する消費者が shopper である。

(3) パーチェサー (purchaser)

purchaser とは，購買データで捉えた消費者の姿であり，レジを通過した直後の購買者をさす。消費者は購買した商品を消費している人間であるが，purchaser は購買したレジ直後で捕らえた消費者の1つの断面である。消費者は消費するという「線」で表せるが，purchaser は購買時点という「点」で捉えられる。

shopper と purchaser を区別するのは，売場を回遊する消費者が，購買を決定して商品を手に取る「ファイナル・アームレングス（手を伸ばす最後の腕の長さ）」に関心があるからである。

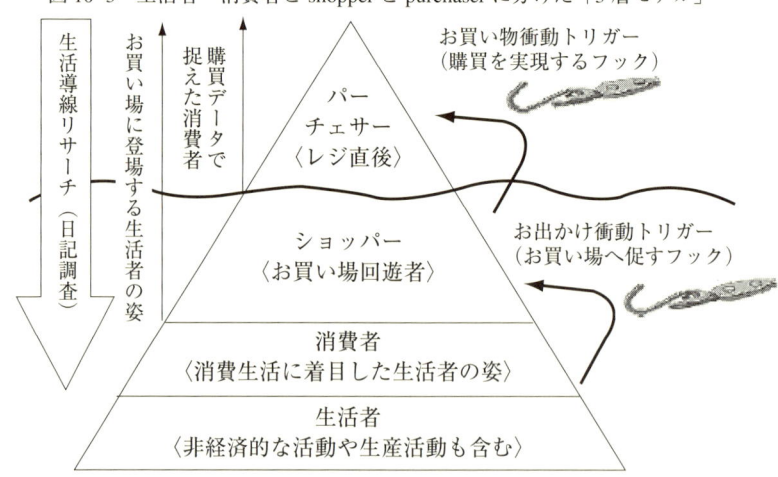

図10-3 生活者・消費者と shopper と purchaser に分けた「3層モデル」

- 生活導線リサーチ（日記調査）
- お買い場に登場する生活者の姿
- 購買データで捉えた消費者

パーチェサー〈レジ直後〉
← お買い物衝動トリガー（購買を実現するフック）

ショッパー〈お買い場回遊者〉
← お出かけ衝動トリガー（お買い場へ促すフック）

消費者〈消費生活に着目した生活者の姿〉

生活者〈非経済的な活動や生産活動も含む〉

6-2　3層モデルにおける生活者

　企業からみて最も実態をつかみやすいのはレジを通過した後の purchaser である。レジの POS データで購買結果が分かるし，TSUTAYA の T カードのようにカード保有者の購買履歴が分かる場合もある。

　企業から見て purchaser に次いで把握しやすいのは shopper である。shopper

は売場に登場するのでその姿が見える。どんなプロモーションやPOPに，どの客層が反応するか観察することができる。しかし，購買センターモデル[13]のように，purchaserやshopperは必ずしも消費者ではない。購買された商品が別の誰かによって消費されることもあり，その商品がどのように使われているかという消費の実態は売り手からはわかりにくい。つまり，購買履歴は本当の消費履歴ではないし，購買時に登場する人が消費の実態を示してくれるとは限らない。したがって，shopper以下は3層モデルの最上部に位置するpurchaserの水面下にいることになる。

さらに生活者という位置づけでは，どのような生活の中でどの商品がどのように消費されているかという消費（使用，廃棄）実態が一層分かりにくく，売り手にとって生活者はもっと「見えない」存在になる。生活者は売り手から見て最も遠い所にいるという意味で，3層モデルでは一番下に位置づけている（図10-3）。

6-3 購買を決定する2つのtrigger

伝統的なマーケティングはマクロ的には経済・社会動向，流行現象などに向けられ，ミクロ的には所得のような生活基盤，仕事や住居などの生活環境，結婚や子供の数を決定するライフステージ，生活の在り様を左右するライフスタイルなどに注目してきた。しかし，生活導線マーケティングでは2つの要因に注目している。第1は，生活者をshopperに変えるtriggerである。例えば，子供の送迎など外出機会や趣味の仲間と会うというような場である。顧客創出の切っ掛けとなることから，著者の研究活動では「お出掛け衝動trigger」と称している。

第2はshopperをpurchaserに変える要因である。これは企業側からのマー

---

13) 購買センターモデル（buying center model）とは，産業財マーケティングで知られる理論で，製品の使用者（例えば製造部門）と，購買者（例えば資材部門）と意思決定者（例えば技術部門）が異なる場合，複数のセンターが購買にかかわっているという考え方。消費財でも高級子供服などは，ユーザー（子供），お金を払う人間（祖父母）と意思決定者（母親）が異なることがある。

ケティング活動の作用が大きい。チラシやPOP，店内イベント，陳列技法，ポイントカード，ショッピングカートのサイズなどの工夫によって，shopperはpurchaserに変身する。このことについては「衝動購買trigger」と称している。

例えば，ここに，ガーディニングを楽しんでいる団塊主婦がいたとしよう。彼女は料理が得意だが，最近はあまりクッキングに凝らないようになった。子供たちが独立してしまった今，夫のためだけにキッチンに長く立つことはなくなったのである。著者の研究調査においては調理時間は孤食化と比例して短くなる，という調査結果を得ている。この主婦が庭いじりに精を出し，冷蔵庫の食材だけを使って食事を作ったとしたら，その日の消費は金額的にゼロである。

しかし，週末に子供をつれて娘がやってくるという電話があったとしよう。この「週末に孫が来る」という情報は，主婦の消費行動を大きく変える可能性がある。料理が得意な主婦は週末のメニューを考えるだろうし，食材だけでなく，孫を喜ばせるための小さなプレゼントを買うために外出するかも知れない。この場合，「孫が来る」ということが，「お出かけ衝動trigger」にもなるし「衝動購買trigger」にもなる。

生活導線を追いかけることによって，このような小さなイベントが大きな消費を生み出す実態にたびたび出会う経験は，生活導線上で消費者行動を把握することの必要性の認識を高めたということも，研究成果の1つである。

おわりに

状況に応じて常に変化する消費者を捉えるには，従来型の調査ではなく生活者と長期的な関係を構築し，生活文脈の中で消費の瞬間を捉えることが必要である。その中で試行錯誤的に誕生したのが，日記調査にグループインタビューを組み合わせる「生活導線リサーチ」という調査手法である。

本章は「生活導線リサーチ」という調査技法を通じて，消費者を適切に調査研究するには，消費者行動の購買時点の側面だけでなく生活文脈との関係性を

構築する必要があるという認識の基に論述してきた。

　生活導線の結節点，すなわち，暮らしの場，shopperとしての場，purchaserとしての場それぞれに人々が集い，独自の情報を積極的に交換する場があること，すなわち，生活導線上で独自の情報交流化が起こることに関しては，とくに本章では論述しなかったが，生活者・消費者，shopper, purchaserの生活導線上の結節点では，マーケッターにとってこれまで見えなかったニーズが頻繁に交換されるコミュニケーションが発生する。そうした独自の情報交流が起こる場所を「コミュニケーション・ハブ（communication-hub）」として捉えることも，今後の重要な研究課題である。

　コミュニケーション・ハブは家族・親戚でいえば定期的に集まる祖父母の家，子育てミセスでいえば幼稚園の送り迎えで生じる待ち合いの場，習い事や趣味の集まりでいえばその後のランチの場，OLでいえばお弁当をいつも食べる職場の会議室など，生活の様々な場面で生じる。そして，そのハブでは，①定期的に繰り返されるなど生活の中に根づいていること，②時間的にもある程度の間，その場に滞留でき，積極的に情報交換ができること，③家族や職場・趣味・子育てなどを通じて同じ帰属意識や，何らかの関係性をもつ人々が集まっていること，などの状況が観察される。

　もちろん，企業や自治体の提供するイベント広場や，店舗にある休憩所／遊戯・食事施設や，広告などで意図的に作られたコンタクトポイントも候補になるが，それらが生活者に受け入れられていることが前提であり，単純な集客ポイントや一方通行的なプロモーションの場所ではなく，自然な形で自主的に情報交換が生じる場所であることが条件として備わっていなければならない。

　コミュニケーション・ハブに着目する理由のひとつは，それが商品情報やサンプリングと密接につながっているからである。オーラルケアに関するグループインタビューでは，「見るのはハンズ，買うのは口コミ」という発言があった[14]。電動歯ブラシ，歯間ブラシ，舌ブラシなどは，見て面白いと思っても，

14）　日記調査に基づいて2009年9月に行われたグループインタビュー。

買うきっかけは使っている人のひと言であったりする。その場合，OL のほとんどが，昼食後に職場のトイレで歯磨きをしていて，気軽にオーラル・グッズについて話すこともわかった。

　この事例の場合，購買決定は店頭（ハンズ）ではなく，意外な場所（トイレ）であった。また，都心のオフィス街にある弁当屋が集合している施設には近隣の企業で働く派遣社員も登場するが，彼女たちはパソコンに向かって孤独な作業を行っていることが多い。その彼女たちが派遣社員同士でランチをとる場は大きなコミュニケーション・ハブになっている。その時，食後に使うオーラルケアや口紅などのサンプルを提供すれば，ハブでの話題にものぼるだろうし，食後の歯磨きや化粧直しで試供品のトライアル比率は高くなると考えられる。

　コミュニケーション・ハブは，商品情報（contents）を自然な形で交流させ，購買意欲を刺激する場（context）であるが，今後の課題としてコミュニケーション・ハブの活用において，どのような商品情報をどのタイミングで，どのように伝えるべきかという状況（コンテクスト）設定（マーケティング情報の提供方法）のあり方が挙げられる。これまでの研究調査によって，試供品を渡すシーン，渡し方，スタッフのモチベーシまでが影響するのである。つまり，コミュニケーション・ハブに集う人々の行動特性と心理状況を知って，シナリオを設定し，サンプリングすることによって，商品の訴求力が高まり，口コミを発生させる効果が違ってくるという調査成果を得ている。

　コミュニケーション・ハブというコンセプトを踏まえて，生活導線マーケティングの目指すものは，生活導線という文脈（context）で商品や商品情報（contents）を見つめ直すということである。

参 考 文 献

安部文彦（1991）『生活者志向のマーケティング』白桃書房，260–261 ページ。
天野正子（1996）『「生活者」とはだれか』中央公論社，125–157, 162–168 ページ。
天野正子（1996）前掲書，4 ページ。
大槻博（1986）『店頭マーケティング』中央経済社，20 ページ。
金子泰雄・中西正雄・西村林編著（1998）『現代マーケティング辞典』中央経済社，160–161 ページ。

電通消費者研究センター&リビングくらしHOW研究所 (2008)『20のお買い物語』,24ページ。
電通消費者研究センター&リビングくらしHOW研究所,前掲書,20ページ。
電通広告用語事典プロジェクトチーム (2001)『改訂 新広告用語辞典』。
宮澤永光・亀井明宏 (2003)『マーケティング辞典』同文舘出版,187ページ。
A. Fuat Firat,Alladi Venkatesh (1995), "liberatory postmodernism and the Reenchantment of Consumption", *Journal of Consumer Research*, Vol. 22 (December), Journal of Consumer Research Inc., pp. 245, pp. 259-261.
Kotler, Philip. (1987) *Philosophical and Radical Thought in Marketing*, Lexington Books, p. 272.
Lazer ,W. and Kelley, E. J. (1973), *Social Marketing : Perspectives and viewpoints*, IRWIN, 1973, pp. 236-242.
Lead, T. W. and German, G. A. *Food Merchandising*, Lebhar-Friedman, 1978, p. 269.
Sharon Zukin and Jennifer Smith Maquire (2005), "Consumer and Consuption" edited by Margaret K Hogg, *Consumer Behavior I : Research and Influences*", SAGE Publications, pp. 375-377.
Stanton, W. J., Futrell, C. (1987), *Fundamentalsmarketing*, Mcgraw-Hill, pp. 13-15.
Stefan Schwartzkopf (2009), "Discovering the Consumer", *Journal of Macromarketing*, Vol. 25 No. 1 (March SAGE), pp. 8-17.

第 11 章

産業の立地変化による都市体系の2極化

はじめに

わが国の2005年における47都道府県の都市規模を表す都市人口を順位 - 規模表に配置すると，47の都市規模分布の約半数においていわゆる2極化現象が見て取れる[1]。すなわち，1つの最大規模都市と多数の小規模都市が存在し，中規模都市がないあるいはほとんどないという都市人口分布となっている。このような分布は多種多様な生産および消費の経済的活動の作用，またそれらの相互作用により形成されてきていると考えられる。すなわち，世界規模で展開されている経済活動とりわけ生産活動，そして経済発展とともに変化している人々の財の消費活動のあり方は都市体系の様態に大きな影響を与えていると考えられる。

2極化する都市規模分布が地域において望まれる都市体系であるか，あるいはなんらかの政策により変化させられ，いくつかの階層を有する都市規模分布が形成されるべきかなどの問題については当該地域における経済のみならず自

---

1) 例えば，地域経済総覧（2009）を参照。このような現象は他の多くの国々においても見られると思われる。例えばスウェーデンにおいては都市体系が明確にある20県の内7県で都市規模分布において2極化現象が確認できる。（スウェーデン統計局の資料を参照）

然環境にも配慮した広い視座から考察されねばならい[2]。いずれにしても各地域における最適な都市規模分布や都市の立地体系に関する考察においては，上記の生産活動および消費活動が個別の都市や地域における都市体系一般に対して，いかなる機構によりどのような影響を及ぼしているのかの分析は不可欠であると思われる[3]。

　最初に本章は，規制緩和と関税の引き下げにより生じる市場地域の拡大が大企業間の競争を加速して生産工程を細分化し，その生産活動を広域化させる過程を考察する。この考察により企業の生産活動の広域化は都市体系にどのような機構を通して影響を与えるかを説明する。続いて，本章の主眼である消費活動と都市体系の関係の考察に入る。第1に人々による各種財の消費活動と小売経営の市場地域と競争様態の分析を行う。これにより財の種類とその財の市場地域の広さの関係を中心に説明する。次いで，経済発展とともに低下すると考えられる運賃率の変化に対して，各種類の財の市場地域の広さはまったく異なる変化をすることを理論分析から説明する。これにより中規模都市を特徴付ける財を扱う小売経営の市場地域の変化は，いくつかの中規模都市の小売経営を消滅させ，中規模都市の数を減少させる過程を明らかにする。次いで消費者密度が小売経営の市場地域の広さに与える影響を考察する。これらの市場地域に関する理論的分析によって中規模都市の衰退が地域における都市体系を2極化させる重要な1因であることを明らかにする。

　本章は生産活動と消費活動の2つの分析視座から地域における2極化する都市規模分布の解明を試みるものである。

---

2) 地域経済に対して個別都市により構成される都市体系の持つ重要性に関してはCapello（2007, pp. 183-205）において手際よく整理されて示されている。

3) 47都道府県の都市体系の特徴を数値化し，それを総所得額に関係付けてみると，2極化した都市体系を有するほど総所得額が高いが，都市体系と1人当り所得との関係はほとんどないことが判明する。ただし，後者の関係に関しては1980年代以降において微妙な変化が見られ注意深い分析が必要であると考えられる（石川，2009を参照）。

1. 広域化する生産経営の活動と中規模都市の衰退

1-1　1市場地域の拡大による生産活動および都市の変化

　現在の経済社会において地域や都市そして企業の競争力を決定する重要な要因の1つとして，それらが享受できる規模の経済あるいは集積経済の程度がある。その程度は生産活動これに関連して市場・需要規模の水準に依存する。したがって多くの経済主体は市場地域の拡大を指向することになる。それゆえ関税引き下げや規制緩和による地域の市場統合への動きはごく自然な流れであるといえる。財を生産・販売する企業の立場からすれば，地域の市場統合は必ずしも望ましいわけではない。すなわち，関税と規制により国内に限定されていた企業間の競争枠組が国際的に拡大化し競争は激化せざるをえないからである。国際化した企業間競争は，市場拡大によって全経営はなんらかの恩恵を与るであろうという期待を退けて弱体企業を市場から撤退させることになる。市場拡大と弱体企業の退出による需要増加，それにより生み出される生産活動における規模の経済を享受できるのは少数の強力企業に限定されることになる。

　拡大された市場地域に生き残る企業間において競争がなくなるわけではなく新たな形態で競争が生じることになる。製品や生産方法における開発競争などに加えて，価格競争したがって生産費削減競争も激化し，それに伴い経営による生産方式のあり方にも変化が生じてくる[4]。Dluhosch（2000），Pontes（1992）らの考察を援用すれば，生産方式の変化に関しては次のように考えられる[5]。企業は生産費の削減を目指して財の生産工程の細分化を図る。生産工程の細分化は，各生産工程を単純化させるので作業内容が簡単化され機械化も進み，作業効率を上昇させる。簡潔な工程は未熟練労働者の使用を容易にして賃金率を低下させられることになる。細分化された生産工程の作業内容はより鮮明にな

---

[4]　経済活動の広域化と生産活動の変化そしてその経済的作用に関する理論分析は多くある。次の一連の理論分析は上記の問題を考察する上で示唆に富み興味深いものである。Dluhosch（2000, 2006 a, b）そしてBurda-Dluhosch（2002）。また杉浦（2009）による考察も明快で大いに参考になる。

[5]　ここでの考察に関しては石川（2006）も参照。

りその工程の性質が明確化され，その性質に合致する性格を有する生産地点に生産を移動させることも可能となる。これらの理由により生産費用はより低下させられ，細分化された各工程は総じて賃金率の低い，あるいは生産効率の良い地方の都市へ分散する傾向を有することになる。

　生産のこのような地方都市への分散傾向は次のような変化からも促進される。すなわち，細分化された工程は単純化しており比較的小資本，少人数で遂行される。また比較的大きな生産規模であっても用いられる設備・機械は比較的単純なため維持・管理，修理も容易であり未熟練労働力の雇用も多くできる。また整備された交通網と情報技術の進展は地方都市で生産することによる費用増加を抑制する。さらに，ある生産工程を牽引する地点は他の企業や産業の同じ性質の工程も引き付けることになり，重要な集積経済である地域化の経済が生じて経営の生産費用全般をより低下させることも期待される。さらに進んで新しい生産技術や製品開発の可能性もそこで生まれてくる。地方の各都市はその性質に合致する性格を有する産業により経済的基盤のほとんどを形成することになる。また，ここでの考察の範囲を超えることになるが，地方のいくつか都市は，低生産費用を指向するのみではなく，生産技術や専門的知識で主導される産業地域を形成する可能性を持つと考えられる。

　一方，生産工程の細分化は次のような変化を企業の生産活動において引き起こすことになる。すなわち生産工程が細分化され空間的に分離されると原材料から中間財そして最終製品までの生産工程が拡大する。これにより，各工程間における物的財の貯蔵，積載，輸送関係，それらに関連する情報処理，そして中間財に関する移転価格と関連する金融処理の作業，さらに生産技術と雇用関係などを取り扱う業務などが不可欠となる。これらの業務は大規模なものになり多くの各種の専門・熟練労働者と施設設備を必要とする。またこれらの作業を支援する多種多様な機能が必要とされることになる。生産支援機能と施設は地域の中核都市に立地することになり，多くの専門・熟練労働者を牽引し，地方都市とは異なる経済的機能と様態を持つことになる[6]。

1–2 地域における中心的都市の経済活動

　前述したように，広域な地域に立地し固有で特長的な性格を持つ各都市は，それぞれその性格に合致する生産工程を牽引し，各々固有な産業で経済基盤を形成する傾向を有する。これに対して地域の中心的都市は多種多様で専門的熟練労働者を牽引して生産活動一般を支援する事務的な業務を特徴とする。これに加えて地域的な大都市は次のようないくつかの固有な局面を有している。第1に，かつてVernon（1966）が指摘したように大都市は新製品を生み出す有力な場所である。各時代における先端技術を駆使し多くの専門・熟練労働者を必要とする新製品を試作，製造する地点である[7]。上記のように専門・熟練労働者による生産およびその支援活動は多くの種類の単純労働の支援により支えられている。

　一方，上記労働者がその業務から離れれば消費者になり各種消費財を消費し日常生活を維持することになる。高所得を得る消費者の消費傾向はより多品種少量消費になり，その製造・販売において多種類の単純労働力を必要とする。大都市の本質は専門・熟練労働者によって特徴づけられるが，実質的には大量で多くの種類の労働者により労働市場が形成されることである。

　多くの労働者を引き付ける大都市は必然的に大規模で多種類の消費財の市場となる。消費財の大きな市場を形成する大都市は市場指向する経営，例えば重量の重い消費財の経営を牽引することになる。さらに多くの部品を集合，組み立て最終製品にする耐久消費財の経営も，製品の輸送費用の削減と修理作業の利便性などの理由により大都市とその近郊地域に立地することになる。したがって地域における大都市の経済・産業活動の特徴は次のように整理される。

---

6) このような傾向は，一方では中心的都市と地方の都市の間においての経済的格差，そして労働者間においての経済的格差を生じさせる1因になる。他方では生産地点を地域に分散させ雇用の場を拡散するので都市間と労働者間における経済的格差を縮小させる1要因ともなりうる。
7) 例えば，最近の事例としては受注型の生産をするロボット産業がある。この経営は多くの産業が存在する大都市において製品を試作，製造して多くの専門・熟練労働力を必要とする。

すなわち地域の中核都市は企業の生産活動を管理・統括する事務活動とそれを支える多くの支援機能の事務活動，大量で多種類の専門・熟練労働者を必要とする産業の生産活動そして大規模な消費財市場を指向する消費財の生産活動で特徴付けられる[8]。

1-3 生産活動の空間的拡大による中規模都市の衰退

市場の地域的統合により生じてくる生産活動の空間的拡大と都市体系の関係を考察すれば次のようになる。市場の地域的統合により，比較的少数の大・中規模の都市に集積していた経営の生産工程は細分化され，各細分化された工程はその性質に合致する都市を求めてかなり長距離移動し，生産工程は地域的に分散する傾向を持つ。（ただし，上記のように最終製品に向けて部品組み立てを担当するような工場は中心的都市への指向を維持する。）さらに，大規模および中規模都市に立地し比較的高い地代と賃金率により生産活動をしている経営においては，工程の細分化とその空間的移動による生産費削減の魅力は大きい。すなわち，大都市においてのみ享受できていた交通・通信などに関する優れた生産基盤の地方への拡張，したがってその都市の集積経済がもつ牽引力の相対的な低下は，経営に生産工程の空間的移動を勧めることになる。このような一般的傾向は多くの地方に存在する小都市へ一定数の工場労働者を移動させることになり，工場労働者数の空間的分布はより平準化されると考えられる。他方，生産活動を調整・統合する中枢管理機能はより大きな都市へ集中することになり，この機能に従事する労働者数の空間的分布は1極集中化することになる。

このような現象は中規模都市に負の大きな影響を与え衰退させることになる。すなわち中規模都市に立地する経営はより低い地代と賃金率を求めて工場を地方の小都市に立地させることになり，中規模都市の生産活動を低下させる。また中枢管理機能は大規模都市へ1極集中することになり中規模都市から離れて行く。経済活動が広域化する時代においては，中規模都市が生産活動あ

---

[8] 大都市に関する興味深い分析として神野（2004）の考察がある。

るいは中枢管理機能の面でかなりの優位性,有用性を示さない限り[9],従来のような規模を維持することは困難であると考えられる。

したがって,次のように結論することができよう。地域の市場統合により,地域に形成される都市体系においては,中都市は生産活動および管理・調整機能を低下させて衰退し,1つの大都市と多数の小都市という形態が作り出され,都市人口分布は2極化現象を呈することになる。これら2種類の都市での産業構成についてみると,地方における多数の小都市の経済基盤はそれぞれ固有の特徴を有する単一産業で形成される。他方,大都市は高度な技術と熟練労働を要する産業と単純労働の産業で構成され複雑な産業構成を見せることになる。

2. 小売経営の市場地域の変化による都市規模分布の2極化

各種の生産・販売活動および生産支援機能に従事する労働者はその職場を離れれば消費者になり種々の消費財を消費し日常生活を維持している。消費者に各種消費財を販売する小売経営はそれぞれ異なった市場地域を有しながらも一定の規則性をもった立地体系を地域において形成している。各種類の小売経営の立地体系は消費者の社会生活圏にほぼ納まるような空間的規模であり,財の生産活動の範囲が広域的であるのに対し,この活動の空間的な範囲は比較的小規模のものである。

しかし,地域の都市体系の生成において各種小売経営の果たす役割はきわめて大きなものである。というのは,各種の小売経営の市場地域により定められる小売立地体系は人々の生活を支える基盤を形成して地域の都市体系を構築するからである。このため,各種の小売経営の市場地域と都市の立地体系の関係は古くから考察が進められており,Christaller (1933) と Lösch (1942) による中心地論はその代表的な研究として知られている。本節では小売経営の市場地域に関する分析視座から2極化する都市規模分布と都市の立地体系について考

---

9) 中都市の優位性,有用性としては比較的高い地代や賃金率を相殺して余りある生産効率,都市に固有の生産技術,生産組織などが考えられる。

察を進めることにする。

2-1 消費財の種類と小売経営の競争様態

本節では，小売経営の店頭渡価格と市場地域の分析を行うために消費財の種類と小売経営の競争様態に関して以下のように想定する。

一般的に消費者の購入する消費財は最寄品と買回品に大きく分けられ，これらは以下のようにそれぞれ2つに分類できる。最寄品は，消費者が特に利便性を重視しコンビニエンス店で販売されるような財（コンビニエンス財），そして消費者が品質および価格の両面を重視する商品でありスーパーマーケットで販売されるような財である（スーパーマーケット財）の2種類に分けられる。次に買回品は，消費者が自身の好みおよび価格の両面に重点をおいて購入するような財であり総合スーパーあるいは中規模百貨店で主として扱われる財（中規模百貨店財），そして消費者が自身の好みをできる限り重視する財であり大規模百貨店で主として扱われる財（大規模百貨店財）に2分類できる。

このような4つの消費財の種類により特徴付けられる小売経営の市場地域の広さ，したがって小売経営間の距離を，人口密度や交通環境などをほぼ一定と仮定して考察すればそれぞれ次のようになる。

(i) コンビニエンス財を取り扱う小売店間の距離は，消費者が財の購入における利便性を最も重視するので最も短くなる。

(ii) 財の品質・様態および価格が重視されるスーパーマーケット財の小売経営の間隔は，財の生産・販売における規模の経済を生かして，引渡価格をできる限り抑える必要があるため，市場地域はコンビニエンス店のそれより広くなり小売経営間の距離は長くなる。

(iii) 中規模百貨店財に対して消費者は引渡価格に自身の好みを加味して財を選択し購入する。したがって総合スーパーそして中規模百貨店はより広い市場地域を必要とし店舗間の距離はスーパーマーケット間よりさらに長くなる。

(iv) 最後に大規模百貨店の市場地域は，消費者が自身の好みを最大限重視して財を選択購入し購入回数は少ないためかなり広く，大規模百貨店の店舗の

間隔はかなり広くなる。

　上記の全小売経営はそれぞれ競争状態に置かれるが，各種類の小売経営間の価格競争のあり方は，取り扱う財に対する消費者の選好基準と小売経営間の距離により異なる。これは以下のように整理されるであろう。

　(i) コンビニエンス店を利用する消費者は財の価格より購入の利便性を重視するので店舗間の距離は短い。したがってコンビニエンス店経営は競争関係にある経営との価格差は容易に認知できその差に敏感になる。コンビニエンス店経営は競争関係にある経営の価格がより低ければ，この差に対して即応し同一価格を目指すことになる。

　(ii) スーパーマーケット経営の場合には店舗間に比較的長い距離があり，また財の品質・様態から生じる購入の習慣性から，価格差を認知してもそれに対応する時間はコンビニエンス経営ほど短くはない。

　(iii) 総合スーパーや中規模百貨店の舗間の距離はスーパーマーケット経営間より長いため，経営は周囲にある複数の競争経営との価格差の正確な認知に時間を要する。また中規模百貨店が扱うような財に対して消費者は引渡価格と自身の好みを勘案して財を選択し購入するため，経営は価格差に即応する必要性は比較的低い。

　(iv) 大規模百貨経営の場合においては，その市場地域は広く，消費者は自身の好みを最大限重視することによる財の選択と購入行動のため大規模百貨経営間の価格差への対応は一定の時間をかけてなされるものとなる。ここでは低価格は競争の主要な要因とはならない傾向があるといえる。

　このように消費財の種類によって小売経営間の市場地域の広さは異なり，さらに各小売経営間の競争様態も相違するものとなる。以下の節では独占的競争の特徴がよく示され，また都市体系に強く影響を与えると思われる上記の (i) 〜 (iii) の小売形態を主として取り上げ分析を進めることにする。

2-2　自由参入競争均衡における小売経営の店頭渡価格と市場地域

　本小節では上記の想定を基礎にして，自由参入競争均衡における小売経営の

店頭渡価格と市場地域の広さについて理論分析を進め，その結果を都市体系の考察に繋げて行くことにしたい。

小売経営が置かれる競争状態の内容は取り扱う消費財の性質などによりそれぞれ相違するが，すべての小売経営は基本的には自由参入競争の下にあるといえる。ここでは次のように分析を進めることにする。最初に，ある1種類の消費財のみを仮定して分析を開始する。次いで，順次上記4種類の財の分析に考察を拡張させてゆく。

以下のように仮定しよう。広大な平面で示される地域に消費者が密度Dで均等に分布しており，各消費者はある財に対して次式で示される線形の需要関数を有している。

$$q = a - p - tu \tag{1}$$

ただしqは需要量，aは最大需要価格，pは販売される消費財の店頭渡価格，tは運賃率，uは消費者から小売経営までの距離である。広大な平面市場に居住する消費者の需要は多くの同一の性質を持つ小売経営によって賄われる。各小売経営の費用関数は（2）式で示される。

$$c = kDQ + F \tag{2}$$

cは総費用，kは限界費用，Dは消費者密度，Qは消費者密度が1の場合における販売量，Fは固定費用である。各小売経営の市場地域の形状は正6角形であり，平面市場は正6角形市場地域で覆い尽くされることになる。各小売経営の販売量Qは次式で求められる[10]。

---

10) 市場地域の形状は正6角形に限定されないが，ここでは市場地域分析において一般的に用いられる正6角形を想定する（Ishikawa-Toda, 1990）。

$$Q = 12\int_0^{\pi/6}\int_0^{U/\cos\theta}(a-p-tu)ududθ \tag{3}$$

Uは小売経営の市場地域の内接円の半径である。θは小売経営と市場地域の境界線上の中点を結ぶ線と小売経営と境界線上の任意の1点を結ぶ線が形成する角度である。小売経営の利潤Yは(4)式で示される。

$$Y = (p-k)DQ - F \tag{4}$$

小売経営間の競争は自由参入競争であるので空間的競争均衡が生じることになる。その均衡においては各小売経営の利潤はゼロであり、各経営は利潤最大化の価格付けを行うので、空間的競争均衡においては次の2式が満たされねばならない。

$$Y = (p-k)Q - F/D = 0 \tag{5}$$

$$dY/dp = (p-k)(dQ/dp + \partial Q/\partial U \cdot dU/dp) + Q = 0 \tag{6}$$

したがって、(5)と(6)式の連立方程式をUとpについて解くことにより、空間的競争均衡にある小売経営の市場地域の広さとその店頭渡価格が求められることになる。

ところで(6)式のdU/dpの値は、小売経営がその価格を変化させる場合に、その市場地域の内接円の半径がどれほど変化するかの推測を示す値である。これは経営間の競争形態によって定められ、次の(7)式で与えられる。すなわち、この値は価格の推測的変分dp'/dpに依存する。p'は当該小売経営の周囲に立地する競争者の店頭渡価格である。

$$dU/dp = (dp'/dp - 1)/2tRH \tag{7}$$

$$RH = 2/3^{0.5}$$

　価格の推測的変分 dp'/dp は様々な値をとりうるものであり,この値を前述の4種類の財を扱う各小売経営の価格競争に関連づけることが可能である。

　コンビニエンス財のように消費者が購入において利便性を重視する場には小売経営間の距離は短くなり,経営は競争経営との価格差に敏感であり即応しその差を解消しようとする。したがってコンビニエンス経営に対しては,価格の推測的変分を dp'/dp = 1 と想定できる。というのは,この想定は,小売経営がその価格を変化させる場合,競争相手の価格は自己と同じにしてくると予測し価格を変化させる様式を表すからである。小売経営間の距離が接近していて,経営間の価格競争が激しいと考えられる場合には,このような想定は妥当なものであろう。このような小売経営間の競争形態は Lösch 型競争均衡と呼ばれる[11]。

　次いでスーパーマーケット財に対するように消費者が引渡価格とともに財の品質・様態を重視する場合,経営間の距離は比較的長くなり価格差の認知に一定の時間を要し,さらに経営は認知された価格差に対してある程度の時間をかけて対応する。このような価格競争の状況にあるスーパーマーケット経営については,その価格決定において推測的変分を dp'/dp = 0 と想定することができる。これは Nash 型競争とよばれ,経営がその価格を変化させる場合,競争相手の価格は不変と推測し価格決定行動することを意味する。

　最後に,総合スーパーと中規模百貨店財に対するように消費者が財の購入において自身の好みを勘案し,経営間の間隔が比較的長い場合には,総合スーパーと中規模百貨店経営は財の価格差の認知にやや長い時間を要し,その価格差に対して時間をかけて対応する。このような総合スーパーと中規模百貨店経営に対しては価格の推測的変分は dp'/dp = −1 と想定することが可能である。価格の推測的変分をマイナス1とする競争様式は Greenhut-Ohta 型とよばれる

---

11) Capozza-Van Order (1978) を参照。

ものであり，これは小売経営がその価格を変化させる場合，競争相手の価格は逆に変化すると推測するものである[12]。このため価格の推測的変分をマイナス1と仮定することは一見合理性を欠くように思われる。しかし，小売経営の市場地域が最適な広さに近く[13]，競争相手がその利潤の最大化を目指して価格付けをしていると考えられる場合には，このような推測値は経営にとって整合的であることが示されている（Schölerを参照）[14]。

さて，価格の推測的変分 dp'/dp が異なれば，消費者の持つ最大需要価格や小売経営の固定費用が同じであっても，次になされる空間的競争均衡に関する数値計算によっての分析で示されるように，小売経営の店頭渡価格と市場地域の広さは異なることになる。すなわち Lösch 型競争均衡が成立する場合には，店頭渡価格は高く市場地域は小さい。これに対して Greenhut-Ohta 型競争均衡では店頭渡価格は低く市場地域は広くなる。そして Nash 型競争均衡においての店頭渡価格と市場地域は Lösch 型競争均衡と Greenhut-Ohta 型競争均衡の中間の値をとることになる。

いま，固定費用 $F=0.05\,a^4$，限界費用 $k=0$，運賃率 $t=1$，消費者密度 $D=1$として，Lösch 型，Nash 型，Greenhut-Ohta 型の競争均衡に対して (5) と (6) 式の連立方程式を解き，それぞれの競争均衡型における小売経営の店頭渡価格と市場地域を導出する。それらは表 11–1 において示されている。表 11–1 に示されるように，Lösch 型競争均衡において市場地域は最も小さく，Greenhut-Ohta 型競争均衡が成立する場合に小売経営の市場地域は最も広くなる。

---

12) Greenhut-Ohta（1973）による分析自体はこのような価格の推測的変分を用いてはいない。
13) 小売経営の固定費用が高い場合には，競争均衡にある市場地域はその最適な広さに近いものとなる。
14) 大規模百貨店のように大型の設備を有するような業態においてその市場への参入はかなり困難であり，その競争は寡占的になりやすくその市場地域は最適な広さに近いものと想定される。

表 11-1　自由参入競争均衡における小売経営の店頭渡価格と市場地域

競争型	dp'/dp の値	店頭渡価格	市場地域の半径
Lösch	1	0.3925 a	0.3061 a
Nash	0	0.2530 a	0.3336 a
Greenhut-Ohta	−1	0.1873 a	0.3744 a

　上記の3種類の消費財を取り扱う小売経営に対応させてそれぞれに異なる最大需要価格と固定費用，そして価格の推測的変分 dp'/dp を想定して，自由参入均衡における店頭渡価格と市場地域の広さを求めることができる。ここでは2種類の消費財を取り上げ以下のような仮定の下でそれらを数値計算により導出してみよう。すなわち，コンビニエンス店経営とスーパーマーケット経営の取り扱う財の性質は大きく変わらないので最大需要価格は同じでありaとする。固定費用に関してコンビニエンス経営では低く $0.01\,a^4$，スーパーマーケットのそれはやや高く $0.04\,a^4$，そして価格の推測的変分に関してコンビニエンス店経営間では Lösch 型競争になるため1，スーパーマーケット経営間に対しては Nash 型競争になるため0とそれぞれ仮定する。この仮定の下におけるコンビニエンス経営とスーパーマーケット経営の空間的競争均衡における店頭渡価格と市場地域の広さは表 11-2 A, B でそれぞれ示される。コンビニエンス店経営と比較してスーパーマーケット経営の店頭渡価格はより低くその市場地域はより広くなる。店頭渡価格と市場地域の広さは2つの小売経営間における競争様式と固定費用の相違によりかなり異なることが数値計算による分析からも判明する。

表 11-2 A　コンビニエンス経営の店頭渡価格と市場地域

小売形態	固定費用	dp'/dp の値	店頭渡価格	市場地域の半径
コンビニエンス店	$0.01\,a^4$	1	0.4589a	0.1171a

表 11-2 B　スーパーマーケット経営の店頭渡価格と市場地域

小売形態	固定費用	dp'/dp の値	店頭渡価格	市場地域の半径
スーパーマーケット	$0.04\,a^4$	0	0.2388a	0.2955a

同様なことが総合スーパーと中規規模百貨店間に関して妥当することになる。具体的数値では示されないが，スーパーマーケット経営に比較した場合におけるこれらの経営の持つ性質は表 11-3 により示される。

表 11-3　中規模百貨店経営の店頭渡価格と市場地域

小売形態	固定費用	dp'/dp の値	店頭渡価格	市場地域
中規模百貨店	高	-1	やや高い	広い

2-3　小売経営の市場地域と都市立地体系の構築

労働者は職場を離れれば消費者となり，その生活を種々様々な財を消費することで維持する。消費者は消費財の全てを同一の小売経営から購入するわけではない。消費者は異なる競争形態の下に置かれ立地点も相違するような様々な小売店舗に出かけて財を購入する。この場合，消費者は各小売店舗までの輸送費と時間的負担をできる限り抑え財自体の購入量を多くすることを望むことになる。したがって消費者は輸送費を最小化するように，小売経営全体の立地体系網が形成されることを期待する。

他方，各種の小売経営の市場地域の広さは，扱う財の種類により相違するので各種類の小売経営の立地は相違することになる。しかし各種類の小売経営は消費者の財の購入における輸送費用と時間的負担を最小化し，利潤を最大化するという視点から立地点を最大限一致させようとする。すなわち，小売経営は消費者とともに，買い物行動においての輸送費と時間的負担をできる限り抑えるような小売経営全体の立地体系網を指向することになる。

異なる広さの市場地域を組み合わせ，輸送費全体を最小化するような小売経営全体の立地体系網は既に Lösch（1942）に精緻に分析され，いくつかの立地体系網が提案されている。ただし Lösch によって提案されている立地体系網には 1 つの弱点がある。すなわち Lösch は，上記のような財の種類に関係なく常にいわゆる Lösch 型競争均衡において生じてくる広さの市場地域のみを利用して立地体系網を構築する。そのためその構築においては，種々様々な広さの各市場地域の網を平面市場においてそれぞれ回転させるという方法により，各種

の小売経営の立地点をできる限り一致させる立地体系網を見出すという方法をとる。各種の小売経営の立地点をできる限り一致させる立地体系網を構築するために，各種の小売経営の市場地域の網をそれぞれ回転させるというのはかなり技巧的かつ硬直的方法であるといわざるをえない。

　前述のように自由参入競争の様態は Lösch 型に限定されず，Nash 型や Greenhut-Ohta 型もある。それらの競争均衡型においては，表 11-1 で示されたように同じ固定費用水準および同じ最大需要価格が仮定されるにしても，小売経営の市場地域の広さを相違させられることになる。異なった広さの市場地域の網を複数使用することにより，各種の小売経営の立地点をより多く一致させる小売経営全体の立地体系網を容易かつ伸縮性を持って構築できるのである[15]。図 11-1 は自由参入競争の下にあるコンビニエンス店経営，スーパーマーケット経営，総合スーパーおよび中規模百貨店経営，これに加えて大規模百貨店経営を想定して，4つの市場地域を想定し，各広さの市場地域の網を回転させることなく，構築された小売経営全体の立地体系網，すなわち中心地体系を示している。この中心地体系は都市の立地体系を形成するものである。ここでは各種の小売経営の市場地域の広さは次のように想定されている。コンビニエンス店経営の市場地域の内接円の半径は 0.08 a，スーパーマーケット経営のそれは 0.16 a，総合スーパーと中規模百貨店経営（以下では表記をまとめて中規模百貨店経営とする）に対しては 0.32 a，大規模百貨店経営のそれは 0.8 a と想定されている。

　図 11-1 の点 L_1 と L_3 では 4 種類すべての小売経営が一致する中心地であり，多くの消費者を集め多くの人口も牽引して大都市を生成することになる。点 L_2 では中規模百貨店の立地がない中心地である。そのため大規模百貨店が立地しているが，小売機能の基盤が弱く脆弱な大都市となる。点 M_i（i＝1, 2, 3....）で示される地点はコンビニエンス店経営，スーパーマーケット経営そして中規模百貨店経営の立地が一致して中規模中心地を形成し，地域の都市規

---

15) 石川（2002）を参照。

第 11 章 産業の立地変化による都市体系の 2 極化　285

図 11-1　4 種類の市場地域により生成される都市立地体系

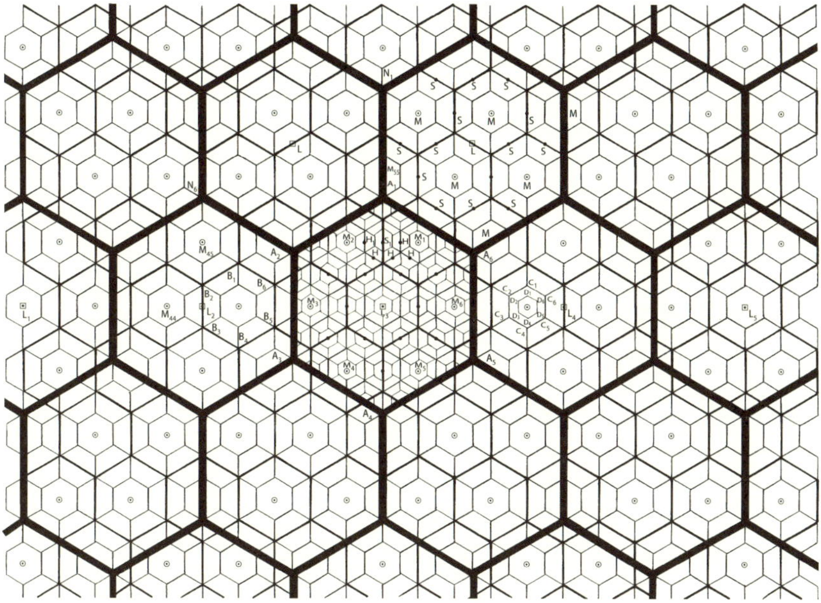

模分布において第 2 位の位置を占める中規模都市を生成する。以下，点 S_i（$i=1, 2, 3, \ldots$）ではコンビニエンス経営とスーパーマーケットの立地が一致し，点 H はコンビニエンス経営のみが立地して，それぞれ小規模都市と最小規模都市が形成されることになる。ここでは 4 種類の小売経営を想定して都市の立地体系が構築され，5 種類の規模の都市とその立地体系が示されている。このようにして消費者の財の消費と小売経営の販売活動の視座から，地域における都市の規模分布および立地体系を考察することが可能になる。

3. 運賃率の低下による小売経営の市場地域の変化

上述したように，小売経営の固定費用や消費者の持つ最大需要価格の水準が同じであったとしても小売経営間における競争形態が異なれば，競争均衡において生じてくる小売経営の店頭渡価格と市場地域の広さは相違する。この事実に加えて，小売経営間の競争形態の相違は次のような別の経路で小売経営の店頭渡価格と市場地域に対して作用する。すなわち，運賃率がある最大の値から

低下するにつれて小売経営の店頭渡価格と市場地域を変化させるが，その変化の方向は，経営間の競争形態，すなわち価格の推測的変分 dp'/dp の値の相違により，まったく異なることになる（Ishikawa-Toda, 1998）。

Ishikawa-Toda（1998）の分析は次のことを示している。すなわち，小売経営の固定費用を 0.05 a^4，消費者密度を 1,消費者の最大需要価格を a と仮定する。この仮定の下では小売経営が平面市場に存在できる最大の運賃率は 1.468 である。運賃率がこの値を超えると小売経営は存在できない。そしてこの最大値に関しては推測的変分の値から影響を受けない。そこで運賃率がこの 1.468 から順次低下してゆくと想定する。

価格の推測的変分が 1 であり Lösch 型競争が経営間で行われている場合には運賃率の低下に伴い小売経営，ここでの想定ではコンビニエンス店経営の店頭渡価格は上昇し，市場地域は縮小してゆく。

次に価格の推測的変分が 0 であり Nash 型競争が経営間で行われている場合には，運賃率の低下に伴い小売経営，ここでの想定ではスーパーマーケット経営の店頭渡価格ははじめに一旦上昇し以後低下してゆく。市場地域は初めにかなり縮小するが，以後拡大し最初の広さに戻りさらにやや拡大することになる。

最後に，価格の推測的変分が－1 であり Greenhut-Ohta 型競争が経営間で行われている場合には運賃率の低下に伴い，小売経営，ここでの想定では中規模百貨店経営の店頭渡価格は低下し市場地域は一旦縮小するが，以後拡大し最初の広さよりかなり拡大する。表 11-4 は中規模百貨店経営の店頭渡価格と市場

表 11-4　運賃率の低下に伴う中規模百貨店の
店頭渡価格と市場地域の変化

運賃率	店頭渡価格	市場地域の半径
1.4	0.2424a	0.4095a
1.2	0.2153a	0.3798a
0.80	0.1585a	0.3809a
0.40	0.096a	0.4382a
0.20	0.0595a	0.5293a

地域がいかに変化するかを数値計算により示している。

ここでの分析では消費者密度は1，中規模百貨店の固定費用は 0.05 a^4 と想定され，また分析の簡単化のために消費者の最大需要価格は a と仮定されている。表 11-4 では運賃率が 1.4 から 0.2 まで低下するにつれて，中規模百貨店経営の市場地域が一旦低下し，次いで拡大して行く傾向が示されている[16]。

4. 運賃率の低下による都市立地体系の変化

運賃率の低下が都市の立地体系にいかに影響するかを考察しよう。この考察では都市の立地体系の構築に用いられた最初の仮定，すなわち全小売経営は同じ市場地域の形状と広さを有するという条件そして空間的競争均衡条件は緩められる。この仮定の変更理由は小売経営の立地が固定されているからである。

運賃率の低下に対して，コンビニエンス店経営のように競争状態にある小売経営の市場地域が縮小してゆくのであれば，運賃率の低下は，図 11-1 で示されるような既存のコンビニエンス経営店の立地体系を急速に変化させることはない。運賃率がかなり低下し，コンビニエンス店経営の市場地域が新規経営の平面市場への参入を許すほどに縮小する場合において初めてコンビニエンス店経営の立地体系の様相は，新規参入経営の立地によって，変化することになる。

他方，表 11-4 において示されるように運賃率の低下により競争状態にある中規模百貨店経営のようにその市場地域の広さが拡大してゆく場合には，運賃率の低下は既存の中規模百貨店経営の立地体系を急速に変化させる強い圧力になる。中規模百貨店経営はより低い店頭渡価格により市場地域を拡大できるという期待の下に行動することになるからである。この場合においては潜在的に不利な販売条件の下にあり必要な広さの市場地域を確保できない中規模百貨店経営は地域から撤退を余儀なくされることになり，図 11-1 で示される中規模百貨店経営の立地体系は大きく変化することになる。

---

16) 大規模百貨店経営の市場地域は中規模百貨店経営とほぼ同じ変化をし，市場地域は運賃率低下とともに拡大傾向を有する。

大都市において大規模百貨店と立地を同じくする中規模百貨店は，潜在的に優位な販売条件を有しその市場地域を容易に拡大することができると考えられる。これに対して大都市の周囲にある中規模百貨店経営は特に優位な販売条件を持たないので必要な広さの市場地域を確保できず，大都市の周囲にある中規模百貨店は消滅することになる。図11-2の点 M_i（i=1, 2, 3...）で示される地点に立地している6つの中規模百貨店経営は，点 L_3 に立地する中規模百貨店経営によりそれらの市場地域を侵略され市場から撤退することになり，これに伴い6つの中都市も小都市へ縮小することになる。さらに点 M_{45} に立地する中規模百貨店とその北側に立地する2つの中規模百貨店の市場地域は，大都市周囲にある中規模百貨店経営の市場地域の消失により比較的市場地域を拡大しやすくなっている複数の経営によって，侵略されることになりそれらの経営は市場から撤退する。これにより3つの中都市が小都市へ移行することになる。

　このような低下する運賃率の影響によりいくつかの中規模百貨店経営の市場地域は消滅する。図11-2の白色で示された地域は撤退を余儀なくされる中規

図11-2　中規模百貨店経営の市場地域構成

模百貨店経営の市場地域を示している。このような地域は競争に勝ち残った小売経営の市場地域に繰り込まれることになる。これにより生き残った中規模百貨店経営の市場地域は拡大し正の利潤を有することになる。この拡大する市場地域の広さは中規模百貨店経営の立地点により異なり，利潤の水準は市場地域の広さによって相違することになる。

　ここで次のような可能性について考慮せねばならない。すなわち点 N_i（i＝1, 2, 3..6）で示される地点の周囲においては3つの中規模百貨店の市場地域が同時に消失するので，点 N_i（i＝1, 2, 3..6）の場所に，新たな1つの中規模百貨店が，高い店頭渡価格かつ小さい市場地域を持って参入する可能性が生じることである。既存の中規模百貨店はより低い店頭渡価格で広い市場地域を持つことを指向するが，点 N_i（i＝1, 2, 3..6）の周囲のように空白地域が比較的広い場合には，上記の仕方で新規小売経営が参入できることになる。そのため，この地点に中規模百貨店経営のみで形成されるやや脆弱な経済基盤を有する中都市が生まれる可能性が生じることになる。

　結局，運賃率の低下により大都市周辺における6つの中規模百貨店の立地は消失し，大都市から最も遠方にある地点において3つの立地が消失し1つの新規の中規模百貨店の立地が生まれてくる。この結果生じてくる中規模百貨店経営の市場地域は図11–3により示されることになる。

　図11–3で示されるように，中規模百貨店経営の市場地域は4種類の異なる形状になる。大都市にある中規模百貨店経営の市場地域はより大きい正6角形の市場地域をもつ。点 M_{55} で示される場所の経営の市場地域は長方形，点 M_{44} で示される場所に立地する経営の市場地域は正3角形になる。点 N_i（i＝1, 2...）示される場所に立地する経営の市場地域は3つの双曲線が組み合わされた形状をもつことになる。同じ中規模百貨店経営が立地する地点であっても，その市場地域の広さは異なり財の販売量も相違する。究極的にはこれらの地点における経済活動一般の水準にも差異が生じ人口規模も異なってくる。中規模百貨店経営の立地により特徴付けられる中都市の経済活動水準や人口規模はかなりの多様性をもってくることになる。

290　第3部　現代経営戦略の発展

図11-3　中規模百貨店経営の4種類の市場地域の形状

　運賃率の低下により生じてくる小売経営全体の立地体系網，したがってまた都市体系は以下のように整理されるであろう。コンビニエンス店経営の立地数は増加するが，スーパーマーケット経営の立地数はほとんど同じに保たれる。中規模百貨店経営の立地はかなり減少する。これに伴い都市の立地体系と規模分布も大きく変化する。最小都市および小都市の数は増加して地域全体にわたって比較的小規模な都市がより周密に分布する。中都市を特徴付ける中規模百貨店経営の消失は，中都市における第3次産業の活動一般を衰退させて人口を牽引する力を弱化させ，多くの中都市を小都市化する。他方，地域における最大都市は財の販売活動のみならず経済活動一般の水準を上昇させ人口を牽引しより大きな都市となる。

　繰り返しになるが，以上の考察において最も注目すべき点は以下のようである。運賃率の低下は総合スーパーおよび中規模百貨店経営の必要最小市場地域を拡大させる。これにより地域において第2階層を形成する中都市に立地する中規模百貨店経営の多くが消滅する。この小売経営の消滅は中都市の第3次産

業の活力を削ぎ経済活動全体を衰退させ小都市化する。また生き残った中規模百貨店経営の市場地域の広さはかなり多様であり，中規模都市の経済的活動水準は変化に富むものとなる。中規模都市の衰退と変化は地域における都市規模分布を2極化し，比較的規模の小さい都市間に多様性を生じさせる要因になる。

5. 消費者密度の低下による都市立地体系の変化

　消費者密度の変化も運賃率の変化と同様に，小売経営の市場地域に影響を与えることにより，都市の立地体系と都市規模分布に作用することになる。消費者密度の変化の作用は，運賃率の作用に比べてより明白である。小売経営間の競争形態にかかわらず，消費者密度の減少（上昇）は小売経営の市場地域の広さを拡大（縮小）することになる。消費者密度の上昇は小売経営の市場地域を縮小させるので，既存の都市の立地体系を急速に変化させることはない，それが変化するとすれば，小売経営の市場地域が，新規小売経営の参入を許す程度にまで縮小する場合である。

　これに対して，消費者密度の低下は，すべての種類の小売経営の市場地域の必要最小な広さを拡大することになるので，都市の立地体系に与える影響は既存の都市の立地体系全体に対して大きな変化を与えることになる。その変化の程度は，消費者密度がどのような水準から減少するかによることになる[17]。地域における都市体系が高密度の消費者分布で構成されていれば，消費者密度の低下が都市の立地体系に与える影響は少なく，その変化は緩やかである。さらにまた，大規模百貨店経営の場合には，その市場地域の広さが常にほぼ最適に近いので，低下する消費者密度の作用は軽微であると想定される。したがって，都市の立地体系に対して消費者密度の低下の影響は急速には現れず緩やかにその影響は進行すると予想される。他方，地域における都市の立地体系が低密度の消費者分布で構成されている場合，消費者密度の低下は中小規模の小売

---

17)　Ishikawa-Toda（1995）を参照。

経営の必要最小市場地域を急速に拡大させ中・小規模都市の商業活動を急速に弱化させる。さらに最小規模都市のいくつかは消滅することになる。消費者密度の低下はその上昇よりも急速に地域における都市立地体系を変化させ，都市規模分布を2極化する要因の1つになると考えられる。

おわりに

　世界各地域の都市規模分布の多くにおいていわゆる2極化現象がみられる。これは経済活動水準の高い地域と低い地域の両地域でみられるものである。両地域における2極化現象は基本的には経済効率の最大化という同じ経済原則が作用しているものと考えられる。本章では企業の生産活動と消費者および小売経営による財の消費・販売活動を理論的に考察するという2つの視座から，都市規模分布の2極化現象と都市の立地体系を分析した。両視点からの考察は次のことを示唆している。都市規模分布において，地域における大都市はより多様化し大規模化する可能性をもつ。すなわち企業の生産活動を統括・管理する機能は大都市を指向し，その活動を支える多くの支援機能もまた大都市に立地し多くの人口を牽引する。さらに人口の多い都市は大市場として市場指向産業を引き付けより多様化した大規模都市となる。他方，企業の生産工程は，経済活動の広域化によって激化する競争のため細分化され，細分化された生産工程は高い地代と賃金率を避け地方の小都市を指向する。これにより，大・中都市から市場指向しない多くの生産活動が乖離することになる。とりわけ中都市は生産工程を引き止められず，また生産活動を統括・管理する機能を牽引する力が弱いため，その経済活動全般の活力を失う可能性が高い。このため多くの中都市が経済的基盤を弱めて，多様な様態を持ちながら小規模都市の集団の中に入ることになる。

　中都市の衰退は，財の販売活動の面からも加速されることになる。総合スーパーおよび中規模百貨店経営の市場地域の必要最小規模は，運賃率の低下と消費者密度の低下により拡大することになる。これにより多くの中都市に立地する総合スーパーと中規模百貨店経営はその市場地域を維持できず，市場から退

出する。中規模都市を特徴付けるこのような小売経営の退出は，新規の同種小売経営の参入を引き起こすが，その数は比較的少なく，多くの中都市の第3次産業活動を弱化させて，それらの都市を多様な水準で小規模化することになる。このような中都市の経済活動全般の衰退が地域における都市規模分布における2極化現象を引き起こす1要因として考えられる。

(本章は中央大学経済研究所，Discussion Paper Series No.135,『中規模都市の衰退による都市規模分布の2極化』に加筆し展開したものである。)

参考文献

石川利治（1994）「運賃率の変化と市場境界の価格および形状」35, 4, 389-401ページ，『経済学論纂』。

石川利治（2002）「空間的均衡分析と中心地体系の構築」32(I), 127-143ページ，『中央大学経済研究所年報』。

石川利治（2006）「空間経済における生産工程と中心地体系の立地的関係」47, 1-2, 87-111ページ，『経済学論纂』。

石川利治（2009）「都市の立地体系における最適人口規模分布」40, 309-320ページ，『中央大学経済研究所年報』。

神野直彦（2004）「都市における革新から都市のための革新へ」『都市経済と産業再生』岩波書店。

杉浦章介（2009）『トランスナショナル化する世界 ―経済地理学の視点から―』慶応義塾大学出版会。

地域経済総覧（2009）東洋経済新報社。

Burada, M.–Dluhosch, B. (2002) Cost competition, fragmentation, and Globalization, *Review of International Economics*, 10, 3, pp. 424–441.

Capello, R. (2007) *Regional Economics*, Routledge.

Capozza, D., and Van Order, R. (1978) A Generalized Model of Spatial Competition, *American Economic Review*, 68, pp. 896–908.

Christaller, W. (1933), *Die zentralen Orte in Süddeutschland*, Jena.

Dluhosch, B. (2000) *Industrial location and economic integration*, Edward Elgar.

Dluhosch, B. (2006a) Integration, fragmentation and the Geography of welfare, *Scandinavian Journal of Economics*, 108, 3, pp. 459–479.

Dluhosch, B. (2006b) Intraindustry trade and the gains from fragmentation, *North American Journal of Economics and Finance*, 17, pp. 49–64.

Greenhut, M. L., and Ohta, H. (1973) Spatial Configurations and Competitive Equilibrium, *Weltschaftliches Archiv*, Bd. 109, SS. 87–104.

Ishikawa, T., and Toda, M. (1990) Spatial configurations, competition and welfare, *Annals of Regional Science*, 24, pp.1–12.

Ishikawa, T., and Toda, M. (1995) An unequal spatial structure of location and price with consumer density, *Economic Record*, 71, pp. 167-178.

Lösch, A. (1942), *Die räumliche Ordnung der Wirtschaft*, Jena, G. Fischer.

Pontes, J. P. (1992) Division of labor and agglomeration economies, *Estudos de Economia*, XII, 2, pp. 123-132.

Schöler, K. (1993) Consistent conjectural variations in a two-dimensional spatial market, *Regional Science and Urban Economics*, 23, pp. 765-778.

Statistics Sweden, http : //www.scb.se

Vernon, R. (1966) International investment and international trade in the product cycle, *Quarterly Journal of Economics*, 80, pp. 190-207.

執筆者紹介 （執筆順）

高橋　宏幸　研究員（中央大学経済学部教授）
林　　昇一　研究員（中央大学総合政策学部教授）
西藤　　輝　客員研究員（総合政策研究科元客員教授）
丹沢　安治　研究員（中央大学総合政策学部教授）
伍　　華佳　客員研究員（中国・復旦大学管理学院副教授）
秋山　史彦　中国・復旦大学管理学院博士課程
閑林　享平　準研究員（中央大学大学院経済学研究科博士後期課程）
原　　正則　準研究員（武蔵野学院大学大学院国際コミュニケーション研究科兼任講師）
北島　啓嗣　客員研究員（福井県立大学経済学部准教授）
申　　淑子　客員研究員（中国人民大学外国語学院准教授）
後藤　茂之　客員研究員（三井住友海上火災保険（株）理事　リスク管理部長）
菅原　昭義　客員研究員（LEC東京リーガルマインド大学総合キャリア学部教授）
井原　久光　東洋学園大学大学院現代経営研究科教授
石川　利治　研究員（中央大学経済学部教授）

現代経営戦略の展開　　　　中央大学経済研究所研究叢書　53

2011年3月31日　発行

編著者　　林　　昇一
　　　　　高橋　宏幸
発行者　　中央大学出版部
代表者　玉造　竹彦

東京都八王子市東中野 742-1
発行所　中央大学出版部
電話 042(674)2351　FAX 042(674)2354

© 2011　　　　　　　　　　　　　電算印刷

ISBN 978-4-8057-2247-3

——— 中央大学経済研究所研究叢書 ———

6. 歴 史 研 究 と 国 際 的 契 機　　中央大学経済研究所編　A5判　定価1470円

7. 戦 後 の 日 本 経 済──高度成長とその評価──　中央大学経済研究所編　A5判　定価3150円

8. 中 小 企 業 の 階 層 構 造　　中央大学経済研究所編　A5判　定価3360円
　　──日立製作所下請企業構造の実態分析──

9. 農 業 の 構 造 変 化 と 労 働 市 場　中央大学経済研究所編　A5判　定価3360円

10. 歴 史 研 究 と 階 級 的 契 機　　中央大学経済研究所編　A5判　定価2100円

11. 構 造 変 動 下 の 日 本 経 済　　中央大学経済研究所編　A5判　定価2520円
　　──産業構造の実態と政策──

12. 兼業農家の労働と生活・社会保障　中央大学経済研究所編　A5判　定価4725円〈品 切〉
　　──伊那地域の農業と電子機器工業実態分析──

13. ア ジ ア の 経 済 成 長 と 構 造 変 動　中央大学経済研究所編　A5判　定価3150円

14. 日 本 経 済 と 福 祉 の 計 量 的 分 析　中央大学経済研究所編　A5判　定価2730円

15. 社 会 主 義 経 済 の 現 状 分 析　　中央大学経済研究所編　A5判　定価3150円

16. 低 成 長・構 造 変 動 下 の 日 本 経 済　中央大学経済研究所編　A5判　定価3150円

17. ME技術革新下の下請工業と農村変貌　中央大学経済研究所編　A5判　定価3675円

18. 日 本 資 本 主 義 の 歴 史 と 現 状　中央大学経済研究所編　A5判　定価2940円

19. 歴 史 に お け る 文 化 と 社 会　中央大学経済研究所編　A5判　定価2100円

20. 地方中核都市の産業活性化──八戸　中央大学経済研究所編　A5判　定価3150円

中央大学経済研究所研究叢書

21. 自動車産業の国際化と生産システム　中央大学経済研究所編　A5判　定価2625円
22. ケインズ経済学の再検討　中央大学経済研究所編　A5判　定価2730円
23. AGING of THE JAPANESE ECONOMY　中央大学経済研究所編　菊判　定価2940円
24. 日本の国際経済政策　中央大学経済研究所編　A5判　定価2625円
25. 体制転換——市場経済への道——　中央大学経済研究所編　A5判　定価2625円
26. 「地域労働市場」の変容と農家生活保障
    ——伊那農家10年の軌跡から——　中央大学経済研究所編　A5判　定価3780円
27. 構造転換下のフランス自動車産業
    ——管理方式の「ジャパナイゼーション」——　中央大学経済研究所編　A5判　定価3045円
28. 環境の変化と会計情報
    ——ミクロ会計とマクロ会計の連環——　中央大学経済研究所編　A5判　定価2940円
29. アジアの台頭と日本の役割　中央大学経済研究所編　A5判　定価2835円
30. 社会保障と生活最低限
    ——国際動向を踏まえて——　中央大学経済研究所編　A5判　定価3045円〈品切〉
31. 市場経済移行政策と経済発展
    ——現状と課題——　中央大学経済研究所編　A5判　定価2940円
32. 戦後日本資本主義
    ——展開過程と現況——　中央大学経済研究所編　A5判　定価4725円
33. 現代財政危機と公信用　中央大学経済研究所編　A5判　定価3675円
34. 現代資本主義と労働価値論　中央大学経済研究所編　A5判　定価2730円
35. APEC地域主義と世界経済　今川・坂本・長谷川編著　A5判　定価3255円

中央大学経済研究所研究叢書

36. ミクロ環境会計とマクロ環境会計　A5判　小口好昭編著　定価3360円
37. 現代経営戦略の潮流と課題　A5判　林昇一・高橋宏幸編著　定価3675円
38. 環境激変に立ち向かう日本自動車産業　A5判　池田正孝・中川洋一郎編著　定価3360円
　　——グローバリゼーションさなかのカスタマー・サプライヤー関係——
39. フランス——経済・社会・文化の位相　A5判　佐藤　清編著　定価3675円
40. アジア経済のゆくえ　A5判　井村・深町・田村編　定価3570円
41. 現代経済システムと公共政策　A5判　中野　守編　定価4725円
42. 現代日本資本主義　A5判　一井・鳥居編著　定価4200円
43. 功利主義と社会改革の諸思想　A5判　音無通宏編著　定価6825円
44. 分権化財政の新展開　A5判　片桐・御船・横山編著　定価4095円
45. 非典型型労働と社会保障　A5判　古郡鞆子編著　定価2730円
46. 制度改革と経済政策　A5判　飯島・谷口・中野編著　定価4725円
47. 会計領域の拡大と会計概念フレームワーク　A5判　河野・小口編著　定価3570円
48. グローバル化財政の新展開　A5判　片桐・御船・横山編著　定価4935円
49. グローバル資本主義の構造分析　A5判　一井　昭編　定価3780円
50. フランス——経済・社会・文化の諸相　A5判　佐藤　清編著　定価3990円
51. 功利主義と政策思想の展開　A5判　音無通宏編著　定価7245円
52. 東アジアの地域協力と経済・通貨統合　A5判　塩見英治・中條誠一・田中素香編著　定価3990円

＊定価は消費税5％を含みます．